Manual do Residente:
Medicina do Sono

Manual do Residente:
Medicina do Sono

Editores

Fernanda Louise Martinho Haddad
Luis Carlos Gregório

Coeditores

Danilo Anunciatto Sguillar
Fábio de Azevedo Caparroz
Milena de Almeida Torres Campanholo
Rafael de Andrade Balsalobre
Renato Stefanini
Rodrigo de Paiva Tangerina
Tatiana de Aguiar Vidigal

Copyright © 2017 Editora Manole, por meio de contrato com os editores
Logo © Instituto do Sono

Este livro contempla as regras do Acordo Ortográfico da Língua Portuguesa.

Editor-gestor: Walter Luiz Coutinho
Ilustrações: HiDesign Estúdio, Sirio Cançado
Editoração eletrônica: Luargraf Serviços Gráficos
Projeto gráfico: Departamento de arte da Editora Manole
Capa: Departamento de arte da Editora Manole

Dados Internacionais de Catalogação na Publicação (CIP)
(Câmara Brasileira do Livro, SP, Brasil)

Manual do residente: medicina do sono / editores Fernanda Louise Martinho Haddad, Luis Carlos Gregório. – Barueri, SP : Manole, 2017.

Vários autores.
Bibliografia
ISBN 978-85-204-5143-4

1. Apneia 2. Síndrome da apneia do sono 3. Sono 4. Sono - Distúrbios 5. Sono - Distúrbios - Tratamento 6. Residentes (Medicina) - Manuais, Guias, etc I. Haddad, Fernanda Louise Martinho. II. Gregório, Luis Carlos.

16-07723	CDD-616.8498
	NLM-WM 188

Índices para catálogo sistemático:
1. Sono : Distúrbios : Medicina   616.8498

Todos os direitos reservados.
Nenhuma parte deste livro poderá ser reproduzida, por qualquer processo, sem a permissão expressa dos editores.
É proibida a reprodução por xerox.

A Editora Manole é filiada à ABDR – Associação Brasileira de Direitos Reprográficos.

Editora Manole Ltda.
Av. Ceci, 672 – Tamboré
06460-120 – Barueri – SP – Brasil
Fone: (11) 4196-6000 – Fax: (11) 4196-6021
www.manole.com.br – info@manole.com.br

Impresso no Brasil | *Printed in Brazil*

A Medicina é uma área do conhecimento em constante evolução. Os protocolos de segurança devem ser seguidos, porém novas pesquisas e testes clínicos podem merecer análises e revisões. Alterações em tratamentos medicamentosos ou decorrentes de procedimentos tornam-se necessárias e adequadas. Os leitores são aconselhados a conferir as informações sobre produtos fornecidas pelo fabricante de cada medicamento a ser administrado, verificando a dose recomendada, o modo e a duração da administração, bem como as contraindicações e os efeitos adversos. É responsabilidade do médico, com base na sua experiência e no conhecimento do paciente, determinar as dosagens e o melhor tratamento aplicável a cada situação. Os autores e os editores eximem-se da responsabilidade por quaisquer erros ou omissões ou por quaisquer consequências decorrentes da aplicação das informações presentes nesta obra. Durante o processo de edição desta obra, foram empregados todos os esforços para garantir a autorização das imagens aqui reproduzidas. Caso algum autor sinta-se prejudicado, favor entrar em contato com a editora.

Editores

Fernanda Louise Martinho Haddad
Professora do Departamento de Otorrinolaringologia e Cirurgia de Cabeça e Pescoço da Universidade Federal de São Paulo (Unifesp). Médica Otorrinolaringologista com área de atuação em Medicina do Sono. Mestrado e Doutorado pela Unifesp.

Luis Carlos Gregório
Professor Associado e Chefe do Setor de Rinologia do Departamento de Otorrinolaringologia e Cirurgia de Cabeça e Pescoço da Universidade Federal de São Paulo (Unifesp). Médico Otorrinolaringologista com área de atuação em Medicina do Sono. Mestrado e Doutorado pela Unifesp.

Coeditores

Danilo Anunciatto Sguillar
Médico Otorrinolaringologista com área de atuação em Medicina do Sono. Mestre pela Universidade Federal de São Paulo (Unifesp). Médico Assistente do Setor de Otorrinolaringologia do Hospital Beneficência Portuguesa de São Paulo.

Fábio de Azevedo Caparroz
Médico Otorrinolaringologista com área de atuação em Medicina do Sono. Especialização em Rinologia pela Universidade Federal de São Paulo (Unifesp). Doutorando do Departamento de Otorrinolaringologia e Cirurgia de Cabeça e Pescoço da Unifesp.

Milena de Almeida Torres Campanholo
Médica Otorrinolaringologista com área de atuação em Medicina do Sono. Mestranda do Departamento de Otorrinolaringologia e Cirurgia de Cabeça e Pescoço da Universidade Federal de São Paulo (Unifesp).

Rafael de Andrade Balsalobre
Cirurgião-dentista especialista em Ortodontia, com Certificação em Odontologia do Sono. Mestre em Ciências da Saúde pela Universidade Federal de São Paulo (Unifesp). Doutorando do Departamento de Neurologia da Unifesp.

Renato Stefanini
Médico Otorrinolaringologista com área de atuação em Medicina do Sono. Mestre pela Universidade Federal de São Paulo (Unifesp). Doutorando pelo Departamento de Otorrinolaringologia da Unifesp.

Rodrigo de Paiva Tangerina
Médico Otorrinolaringologista com área de atuação em Medicina do Sono. Mestre pela Universidade Federal de São Paulo (Unifesp).

Tatiana de Aguiar Vidigal
Médica Otorrinolaringologista com área de atuação em Medicina do Sono. Mestre pela Universidade Federal de São Paulo (Unifesp). Doutoranda pelo Departamento de Psicobiologia da Unifesp.

Autores

Andrea Bacelar
Especialista em Neurologia pela Academia Brasileira de Neurologia (ABN). Especialista em Medicina do Sono pela Associação Médica Brasileira (AMB). Especialista em Polissonografia pela Sociedade Brasileira de Neurofisiologia Clínica (SBNC). Mestre e Doutora em Neurologia pela UNIRIO. Diretora Médica da Carlos Bacelar Clínica (RJ).

Andréia Gomes Bezerra
Mestre e Doutoranda em Ciências pelo Departamento de Psicobiologia da Universidade Federal de São Paulo (Unifesp). Biomédica formada pela Unifesp.

Anna Karla Alves Smith
Mestre em Psicobiologia/Medicina do Sono pela Universidade Federal de São Paulo (Unifesp). Especialista em Neurologia e Neurofisiologia pela Universidade de São Paulo – Ribeirão Preto e em Medicina do Sono pela Unifesp. Membro titular da Academia Brasileira de Neurologia, da Sociedade Brasileira de Neurofisiologia Clínica e da Sociedade Brasileira de Medicina do Sono.

Artur Filhou José
Especialista em Psiquiatria pela Escola Paulista de Medicina da Universidade de São Paulo (EPM-Unifesp). Coordenador do Programa Ambulatório Longitudinal de Psiquiatria, supervisor do Setor de Interconsulta e Medicina Psicossomática (Intermep) e da Residência do Sono da EPM-Unifesp.

Cibele Dal Fabbro
Cirurgiã-dentista. Doutora em Medicina e Biologia do Sono pelo Departamento de Psicobiologia da Escola Paulista de Medicina da Universidade Federal de São Paulo (EPM-Unifesp). Mestre em Reabilitação Oral pela Faculdade de Odontologia de Bauru da Universidade de São Paulo (USP). Especialista em Disfunção Temporomandibular/Dor Orofacial pelo Conselho Federal de Odontologia (CFO). Especialista em Morfologia/Concentração em Músculos da Mastigação pelo Departamento

de Anatomia da EPM-Unifesp. Aperfeiçoamento em Periodontia pelo Instituto de Ensinos Odontológicos (IEO-Bauru). Membro do Corpo Clínico e de Pesquisa do Instituto do Sono da EPM-Unifesp. Coordenadora da Divisão Odontológica do Instituto do Sono da EPM-Unifesp. Presidente da Associação Brasileira do Sono (ABROS) – biênio 2015-2017.

Cristiane Fumo dos Santos
Especialista em Pediatria pela Universidade Estadual de Campinas (Unicamp) e em Pneumologia Pediátrica pela Universidade Federal de São Paulo (Unifesp). Membro do Departamento de Pneumologia Pediátrica da Sociedade de Pediatria de São Paulo (SPSP). Membro do Departamento de Medicina do Sono em Crianças e Adolescentes da SPSP.

Danilo Anunciatto Sguillar
Médico Otorrinolaringologista com área de atuação em Medicina do Sono. Mestre pela Universidade Federal de São Paulo (Unifesp). Médico Assistente do setor de Otorrinolaringologia do Hospital Beneficência Portuguesa de São Paulo.

Fábio de Azevedo Caparroz
Médico Otorrinolaringologista com área de atuação em Medicina do Sono. Especialização em Rinologia pela Universidade Federal de São Paulo (Unifesp). Doutorando do Departamento de Otorrinolaringologia e Cirurgia de Cabeça e Pescoço da Unifesp.

Fatima Dumas Cintra
Especialista em Cardiologia pela Sociedade Brasileira de Cardiologia (SBC). Especialista em Arritmias Cardíacas pela Sociedade Brasileira de Arritmias Cardíacas (SOBRAC). Doutora em Ciências pela Escola Paulista de Medicina da Universidade Federal de São Paulo (EPM-Unifesp). Pós-doutorado pela Fundação de Amparo à Pesquisa do Estado de São Paulo (Fapesp). Professora Livre-Docente em Cardiologia pela EPM-Unifesp. Médica Cardiologista do corpo clínico do Hospital Israelita Albert Einstein (SP).

Fernanda Louise Martinho Haddad
Professora do Departamento de Otorrinolaringologia e Cirurgia de Cabeça e Pescoço da Universidade Federal de São Paulo (Unifesp). Médica Otorrinolaringologista com área de atuação em Medicina do Sono. Mestrado e Doutorado pela Unifesp.

Fernando Morgadinho Coelho
Neurologista e Especialista em Medicina do Sono. Membro Titular da Academia Brasileira de Neurologia. Professor Doutor Adjunto da Disciplina de Neurologia Clínica da Universidade Federal de São Paulo (Unifesp). Orientador da Disciplina de Biologia e Medicina do Sono da Unifesp.

Gilmar Fernandes do Prado
Professor Associado Livre-Docente do Setor de Neuro-Sono da Disciplina de Neurologia do Departamento de Neurologia e Neurocirurgia da Escola Paulista de Medicina (EPM-Unifesp). Mestre e Doutor em Neurologia (EPM/Unifesp). Pós-doutorado em Medicina do Sono pela Jonhs Hopkins Medical Institutions (Baltimore). Especialista em Neurologia, Medicina do Sono e Neurofisiologia Clínica (EPM-Unifesp). Presidente da Academia Brasileira de Neurologia (ABN).

Gláucia Carneiro
Médica Endocrinologista pela Escola Paulista de Medicina da Universidade Federal de São Paulo (EPM-Unifesp). Especialista em Endocrinologia e Metabologia pela Sociedade Brasileira de Endocrinologia e Metabologia (SBEM). Doutorado em Medicina pela Unifesp (Disciplina de Endocrinologia) com linha de pesquisa na área de síndrome metabólica e apneia obstrutiva do sono. Médica colaboradora do ambulatório de obesidade da EPM-Unifesp.

Gustavo Antonio Moreira
Doutor em Ciências. Especialista em Pediatria e Medicina do Sono. Médico e Pesquisador do Instituto do Sono. Médico do Setor de Pneumopediatria do Departamento de Pediatria da Universidade Federal de São Paulo (Unifesp).

Helena Hachul
Doutora em Medicina pela Universidade Federal de São Paulo (Unifesp). Professora Afiliada da Disciplina de Medicina e Biologia do Sono do Departamento de Psicobiologia da Unifesp. Médica Responsável pelo Setor Sono na Mulher da Unifesp. Professora Assistente do Setor de Gineco-Endocrinologia do Hospital Santa Marcelina.

Henrique Celestino Lima e Silva
Especialista em Cirurgia e Traumatologia Buco-Maxilo-Facial (CTBMF).

Lenise Jihe Kim
Mestre em Medicina e Biologia do Sono pelo Departamento de Psicobiologia da Universidade Federal de São Paulo (Unifesp).

Lia Rita Azeredo Bittencourt
Mestre em Pneumologia pela Universidade Federal de São Paulo (Unifesp). Especialista em Pneumologia pelo Hospital do Servidor Público Estadual (HSPE). Doutora em Pneumologia pela Unifesp. Professora Associada I e Livre-Docente da Disciplina de Medicina e Biologia do Sono do Departamento de Psicobiologia da Unifesp.

Luciana Balester Mello de Godoy
Otorrinolaringologista pelo Núcleo de Otorrinolaringologia e Cirurgia de Cabeça e Pescoço de São Paulo. Especialista em Medicina do Sono pela Associação Médica Brasileira. Doutoranda no Departamento de Psicobiologia da Universidade Federal de São Paulo.

Luciana O. Palombini
Médica especialista em Medicina do Sono pela Academia Americana do Sono (AASM) e pela Associação Médica Brasileira (AMB). Doutorado em Ciências Médicas pela Universidade Federal de São Paulo (Unifesp). Médica da equipe do Instituto do Sono de São Paulo.

Luciane Bizari Coin de Carvalho
Mestre em Psicologia pelo Instituto de Psicologia da Universidade de São Paulo (IP-USP). Doutora em Psicologia pelo IP-USP. Pós-doutorado em Medicina do Sono pela Escola Paulista de Medicina da Universidade Federal de São Paulo (EPM-Unifesp). Professora Afiliada do Setor de Neuro-Sono da Disciplina de Neurologia do Departamento de Neurologia e Neurocirurgia da EPM-Unifesp. Presidente da Associação Neuro-Sono. Diretora Executiva da Revista Neurociências.

Luciano Ribeiro Pinto Junior
Mestre em Neurologia pela Universidade de São Paulo. Especialista em Neurologia pela Faculdade de Ciências Médicas da Santa Casa de São Paulo e Academia Brasileira de Neurologia (ABN). Especialista em Neurofisiologia Clínica pela Sociedade Brasileira de Neurofisiologia Clínica. Especialista em Medicina do Sono pela ABN. Doutor em Ciências pela Universidade Federal de São Paulo. Presidente da Associação Brasileira do Sono. Coordenador da Unidade de Medicina do Sono do Hospital Alemão Oswaldo Cruz.

Lucila Bizari Fernandes do Prado
Mestre e Doutora em Ciências pela Escola Paulista de Medicina da Universidade Federal de São Paulo (EPM-Unifesp). Especialista em Pediatria, Medicina do Sono, Neurofisiologia Clínica e Medicina de Tráfego pela EPM-Unifesp. Professora do Setor de Neuro-Sono da Disciplina de Neurologia do Departamento de Neurologia e Neurocirurgia da EPM-Unifesp. Presidente do Departamento de Sono da Sociedade Brasileira de Pediatria (SBP) e da Associação Brasileira de Medicina de Tráfego (ABRAMET).

Lúcio Huebra Pimentel Filho
Especialista em Neurologia pela Universidade Federal de Minas Gerais e em Medicina do Sono pela Universidade Federal de São Paulo. Membro da Academia Brasileira de Neurologia.

Maria Christina Ribeiro Pinto
Terapeuta comportamental-cognitiva para insônia.

Milena de Almeida Torres Campanholo
Médica Otorrinolaringologista com área de atuação em Medicina do Sono. Mestranda do Departamento de Otorrinolaringologia e Cirurgia de Cabeça e Pescoço da Universidade Federal de São Paulo (Unifesp).

Milton Maluly Filho
Cirurgião-dentista. Especialização em Prótese Dentária pela Faculdade de Odontologia de Bauru da Universidade de São Paulo (USP). Especialização em dentística restauradora pela Fundação para o Desenvolvimento Científico e Tecnológico da Odontologia – USP. Mestrado em Odontologia (Dentística) pela USP. Doutorado em Psicobiologia pela Universidade Federal de São Paulo (EPM-Unifesp), com ênfase na área de bruxismo e odontologia do sono.

Monica Levy Andersen
Professora Adjunta do Departamento de Psicobiologia da Universidade Federal de São Paulo (Unifesp).

Rafael de Andrade Balsalobre
Cirurgião-dentista especialista em Ortodontia, com Certificação em Odontologia do Sono. Mestre em Ciências da Saúde pela Universidade Federal de São Paulo (Unifesp). Doutorando do Departamento de Neurologia da Unifesp.

Renata Maria de Carvalho Cremaschi
Neurologista e Neurofisiologista Clínica. Membro Titular da Academia Brasileira de Neurologia e da Sociedade Brasileira de Neurofisiologia Clínica. Pós-graduanda da Disciplina de Biologia e Medicina do Sono da Universidade Federal de São Paulo (Unifesp).

Renato Stefanini
Médico Otorrinolaringologista com área de atuação em Medicina do Sono. Mestre em Ciências pela Universidade Federal de São Paulo (Unifesp). Doutorando pelo Departamento de Otorrinolaringologia da Unifesp.

Roberto Moreno
Especialista em Cirurgia e Traumatologia Buco-Maxilo-Facial (CTBMF). Mestrado em Medicina (Otorrinolaringologia) pela Universidade Federal de São Paulo (Unifesp). Doutorando em Medicina (Otorrinolaringologia) pela Unifesp. Cirurgião Buco-Maxilo-Facial dos Hospitais São Luiz Morumbi e Itaim e Hospital Israelita Albert Einstein.

Rodrigo de Paiva Tangerina
Médico Otorrinolaringologista com área de atuação em Medicina do Sono. Mestre pela Universidade Federal de São Paulo (Unifesp).

Sérgio Luís de Miranda
Especialista em Cirurgia e Traumatologia Buco-Maxilo-Facial (CTBMF). Especialista em Otorrinolaringologia, Cirurgia de Cabeça e Pescoço. Mestrado e Doutorado em Otorrinolaringologia e Cirurgia de Cabeça e Pescoço pela Universidade Federal de São Paulo (Unifesp). Ex-Presidente da Associação de Cirurgia Crânio-Maxilo-Facial. Cirurgião Crânio-Maxilo-Facial do Hospital Israelita Albert Einstein.

Sergio Tufik
Professor Titular do Departamento de Psicobiologia da Universidade Federal de São Paulo (Unifesp).

Silvério Garbuio
Biomédico pela Universidade Bandeirante de São Paulo (Uniban). Mestre em Ciências da Saúde pela Disciplina de Medicina e Biologia do Sono, Departamento de Psicobiologia, Universidade Federal de São Paulo (Unifesp). Experiência em técnica e análise de polissonografia. Consultor de Polissonografia do Centro de Estudos Multidisciplinar em Sonolência e Acidentes (CEMSA). Participação em protocolos de pesquisa clínica. Professor em cursos de atualização médica e formação técnica em Polissonografia.

Tatiana de Aguiar Vidigal
Médica Otorrinolaringologista com área de atuação em Medicina do Sono. Mestre pela Universidade Federal de São Paulo (Unifesp). Doutoranda pelo Departamento de Psicobiologia da Unifesp.

Sumário

Apresentação XIX

PARTE I – FISIOLOGIA NORMAL DO SONO

1 Neurofisiologia do sono... 2
Lenise Jihe Kim, Sergio Tufik, Monica Levy Andersen

2 Mecanismos circadianos e neurotransmissores do ciclo sono-vigília 10
Danilo Anunciatto Sguillar, Fábio de Azevedo Caparroz

PARTE II – POLISSONOGRAFIA NORMAL

3 Polissonografia normal 16
Silverio Garbuio

PARTE III – DISTÚRBIOS DO SONO

4 Classificação Internacional dos Distúrbios do Sono 30
Danilo Anunciatto Sguillar, Fábio de Azevedo Caparroz

DISTÚRBIOS RESPIRATÓRIOS OBSTRUTIVOS DO SONO: FISIOPATOLOGIA E DIAGNÓSTICO

5 Síndrome da apneia obstrutiva do sono 41
Fernanda Louise Martinho Haddad, Danilo Anunciatto Sguillar

6 Desfechos cardiovasculares da síndrome da apneia obstrutiva do sono ... 48
Fatima Dumas Cintra

7 Interações entre síndrome da apneia obstrutiva do sono e resistência
à insulina... 55
Gláucia Carneiro

8 Aspectos atuais da síndrome da resistência da via aérea superior 65
Luciana O. Palombini, Luciana Balester Mello de Godoy

9 Síndrome da hipoventilação-obesidade 73
Rodrigo de Paiva Tangerina

DISTÚRBIOS RESPIRATÓRIOS OBSTRUTIVOS DO SONO: TRATAMENTO CLÍNICO

10 Medidas comportamentais e posturais na apneia obstrutiva do sono 78
Milena de Almeida Torres Campanholo

11 Tratamento dos distúrbios obstrutivos com aparelhos de pressão positiva:
visão prática.. 83
Luciana Balester Mello de Godoy

12 Tratamento com aparelhos intraorais 91
Rafael de Andrade Balsalobre

13 Particularidades do sono na mulher 100
Helena Hachul, Andréia Gomes Bezerra

DISTÚRBIOS RESPIRATÓRIOS OBSTRUTIVOS DO SONO: TRATAMENTO CIRÚRGICO

14 Tratamento cirúrgico da síndrome da apneia obstrutiva do sono:
o papel do nariz 108
Tatiana de Aguiar Vidigal

15 Cirurgias faríngeas na síndrome da apneia obstrutiva do sono 113
Renato Stefanini

16 Cirurgias de base de língua... 122
Fábio de Azevedo Caparroz

17 Cirurgia craniomaxilofacial na síndrome da apneia obstrutiva
do sono 129
Sérgio Luís de Miranda, Roberto Moreno, Henrique Celestino Lima e Silva

DISTÚRBIOS RESPIRATÓRIOS CENTRAIS DO SONO

18 Apneia central e apneia emergente ao tratamento: fisiopatologia, diagnóstico e tratamento 140
    Lia Rita Azeredo Bittencourt, Sergio Tufik

INSÔNIAS

19 Diagnóstico da insônia 147
    Luciano Ribeiro Pinto Junior, Andrea Bacelar, Maria Christina Ribeiro Pinto

20 Tratamento farmacológico da insônia 161
    Andrea Bacelar, Luciano Ribeiro Pinto Junior

21 Terapia comportamental cognitiva para insônia 180
    Maria Christina Ribeiro Pinto

HIPERSONIAS

22 Hipersonias: diagnóstico diferencial e tratamento 186
    Renata Maria de Carvalho Cremaschi, Fernando Morgadinho Coelho

23 Narcolepsia 193
    Renata Maria de Carvalho Cremaschi, Fernando Morgadinho Coelho

PARASSONIAS

24 Parassonias do sono não REM e do sono REM 201
    Gustavo Antonio Moreira, Cristiane Fumo dos Santos

DISTÚRBIOS DO MOVIMENTO

25 Bruxismo do sono 207
    Cibele Dal Fabbro, Milton Maluly Filho

26 Movimentos periódicos dos membros durante o sono: diagnóstico e tratamento 216
    Gilmar Fernandes do Prado, Luciane Bizari Coin de Carvalho,
    Lucila Bizari Fernandes do Prado

27 Síndrome das pernas inquietas: doença de Willis-Ekbom 218
Gilmar Fernandes do Prado, Luciane Bizari Coin de Carvalho,
Lucila Bizari Fernandes do Prado

DISTÚRBIOS DO RITMO CIRCADIANO

28 Distúrbios circadianos: visão geral e prática 225
Anna Karla Alves Smith

29 *Jet lag* e trabalho em turnos: diagnóstico, tratamento e *up-to-date* 232
Anna Karla Alves Smith

DISTÚRBIOS NEUROPSIQUIÁTRICOS

30 Doenças neuropsiquiátricas associadas ao sono 238
Artur Filhou José, Lúcio Huebra Pimentel Filho

Índice remissivo 251

Apresentação

A medicina do sono abrange uma série de distúrbios que interferem na qualidade de vida e na sobrevida dos indivíduos, impactando diretamente nas atividades do dia a dia. A incidência desses distúrbios vem aumentando em decorrência da privação de sono, do estresse, do ganho de peso e do envelhecimento populacional. O manejo desses distúrbios envolve uma equipe multidisciplinar composta por médicos de várias especialidades, fisioterapeutas, psicólogos, fonoaudiólogos, dentre outros.

O desejo da realização deste livro surgiu de um grupo de profissionais que pesquisam e muito se empenham no tratamento desses pacientes e que compõem o serviço de Medicina do Sono do Departamento de Otorrinolaringologia e Cirurgia de Cabeça e Pescoço da Universidade Federal de São Paulo (Unifesp). Grupo este que tenho o prazer de coordenar e que tem me trazido muito orgulho nos últimos anos. O objetivo deste livro é abordar de forma sucinta e ampla a fisiologia do sono e seus principais distúrbios, e assim auxiliar todos os profissionais que atuam nessa área. Este livro contou com a ajuda de vários colegas de diversas especialidades e que são referência em medicina do sono no Brasil.

Profa. Dra. Fernanda Louise Martinho Haddad
Professora do Departamento de Otorrinolaringologia e Cirurgia
de Cabeça e Pescoço da Universidade Federal de São Paulo (Unifesp).
Médica Otorrinolaringologista com área de atuação em Medicina do Sono.
Mestrado e Doutorado pela Unifesp.

Parte I

Fisiologia normal do sono

1 | Neurofisiologia do sono

Lenise Jihe Kim
Sergio Tufik
Monica Levy Andersen

INTRODUÇÃO

O sono é um estado essencial para o organismo, ocupando cerca de um terço do tempo de vida. Diversos sistemas do corpo humano são regulados pelo sono, assim como diferentes mecanismos neurofisiológicos estão diretamente relacionados ao padrão e à ritmicidade do ciclo vigília-sono. Consequentemente, perturbações tanto na qualidade quanto na quantidade de sono estão associadas a disfunções no sistema nervoso central e a alterações cardiovasculares e metabólicas em curto e longo prazos. Dessa maneira, o estudo da neurobiologia do sono é de suma importância para a melhor compreensão dos aspectos fisiopatológicos dos distúrbios de sono.

Neste capítulo, serão abordados os principais mecanismos regulatórios do ciclo vigília-sono, destacando-se os sistemas de neurotransmissão e circuitos neurais envolvidos. Serão abordadas também as características eletroencefalográficas dos diferentes estágios de sono e as vias relacionadas a sua gênese.

REGULAÇÃO DO CICLO VIGÍLIA-SONO

O ciclo vigília-sono é regulado basicamente pela ação recíproca de sistemas circadianos e homeostáticos. Alexander Borbély foi o primeiro a descrever um modelo que explicasse a interação entre esses sistemas em 1982, denominando-o de "modelo de 2 processos de regulação do sono".[1] No modelo de Borbély, o componente circadiano foi definido como processo C, e o homeostático, como processo S. De modo geral, o processo S é responsável pela propensão ao sono, enquanto o processo C é caracterizado pela manutenção da vigília. Sendo assim, para que ocorra o sono, o processo S deve atingir um limiar superior e o processo C deve estar abaixo de seu limite inferior.

O processo S é constituído por mecanismos envolvidos na regulação da pressão para o sono. Ao longo do dia, a pressão para o sono progressivamente se eleva, atinge um pico máximo próximo ao horário de dormir e se dissipa ao longo da noite (Figura 1). O metabolismo energético neuronal é o principal responsável pela promoção do processo S.[2] Durante a vigília, o consumo energético de trifosfato de adenosina (ATP) pelos neurônios libera adenosina nas fendas sinápticas. A adenosina acumula-se progressivamente durante o dia em diferentes estruturas do sistema nervoso central, especialmente no prosencéfalo basal, com frequência denominado "homeostato do sono".[2,3] A ligação da adenosina aos seus receptores promove a inibição de neurônios colinérgicos e a ativação secundária de neurônios gabaérgicos (inibitórios), levando a uma propensão para o início do sono NREM (do inglês *non-rapid eye movement*).[2,3]

Paralelamente ao processo S, os mecanismos de regulação circadiana do processo C promovem os estados de vigília e alerta. Dessa maneira, o processo C apresenta uma variação oposta ao processo S ao longo do dia, tendo seu pico no início da manhã e uma redução próxima ao horário de dormir (Figura 1). O processo C é principalmente mediado pelo ciclo claro-escuro de 24 horas, e sua ritmicidade depende de fatores tanto biológicos como ambientais.[1] Diversas pistas ambientais, especialmente o estímulo luminoso, são processadas na retina e enviadas para o "relógio biológico" no sistema nervoso central, o núcleo supraquiasmático. As informações referentes ao dia, por um lado, processadas no núcleo supraquiasmático levam à ativação de estruturas relacionadas à vigília, proporcionando a elevação na temperatura corporal central, a inibição na liberação de melatonina e o aumento nas concentrações séricas de cortisol. Por outro lado, pistas ambientais do período noturno produzem um efeito inverso, levando a uma inibição global das estruturas relacionadas à regulação da vigília, o que favorece a redução na temperatura corporal central, a liberação de melatonina na corrente sanguínea e a redução de hormônios corticosteroides.[4,5]

MECANISMOS NEURAIS DO CICLO VIGÍLIA-SONO

Os primeiros relatos sobre as possíveis vias neuronais de gênese dos estágios de vigília e sono foram adquiridos por meio de estudos *post mortem*. Entre as décadas de 1920 e 1930, von Economo observou uma alta frequência de insônia e sonolência excessiva diurna em pacientes durante a epidemia mundial de gripe espanhola. Na autópsia dos pacientes, von Economo identificou lesões em comum em diferentes estruturas do sistema nervoso central, incluindo o hipotálamo lateral e o prosencéfalo basal. Mais tarde, outros estudos comprovaram que essas e outras regiões compõem os circuitos neurais de regulação do ciclo vigília-sono.

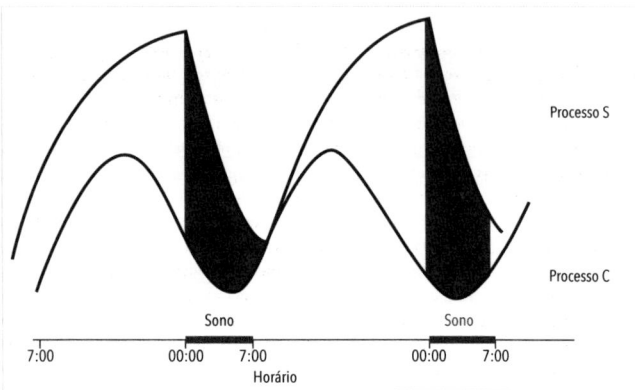

Figura 1   Representação esquemática da ação recíproca do processo S e do processo C da regulação do ciclo vigília-sono. Adaptada de Borbély, 1982.[1]

As redes neurais da regulação do ciclo vigília-sono são complexas e envolvem diferentes sistemas de neurotransmissão. Assim como para os processos S e C, diversos modelos teóricos foram descritos de maneira a esquematizar a ativação e a inibição dos centros de controle dos estados de sono e vigília. Um dos mais conhecidos é o "modelo da interação recíproca", que preconiza a classificação dos neurônios envolvidos na regulação do ciclo vigília-sono em dois tipos, diferenciando suas atividades durante a vigília e o sono REM (do inglês *rapid eye movement*): REM-*on* ou REM-*off*.[6] Nesse modelo, estabelece-se que a vigília é um estágio predominantemente modulado por monoaminas (REM-*off*), enquanto o sono REM seria principalmente colinérgico (REM-*on*) (Figura 2). Nesse sentido, para o início e a manutenção da vigília, é necessário, por um lado, que a neurotransmissão monoaminérgica REM-*off* esteja ativada concomitantemente com a inibição do sistema REM-*on* colinérgico. Por outro lado, para que ocorra a transição para o sono, especificamente o sono REM, deve haver uma atividade oposta, na qual as células REM-*on* sejam ativadas e as REM-*off* sejam inibidas.[6]

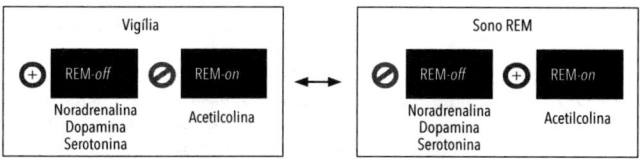

Figura 2   Modelo de interação recíproca. Fonte: adaptada de McCarley e Hobson, 1975.[6]

VIGÍLIA

Uma das principais vias neurais responsáveis pela promoção e pela manutenção do estado de vigília é o sistema ativador reticular ascendente (SARA), que se localiza na formação reticular no tronco encefálico. O SARA é constituído por um conjunto de fibras nervosas que se comunicam com diferentes estruturas do sistema nervoso central, incluindo prosencéfalo basal, mesencéfalo e hipotálamo lateral. As projeções ascendentes do SARA são compostas especialmente por neurônios monoaminérgicos (dopamina, noradrenalina e serotonina) e colinérgicos (acetilcolina). Essas fibras convergem em um sistema de ativação do córtex cerebral por meio da ativação de neurônios glutamatérgicos (excitatórios) na região (Figura 3), levando a um consequente estado de alerta.[3,7,8]

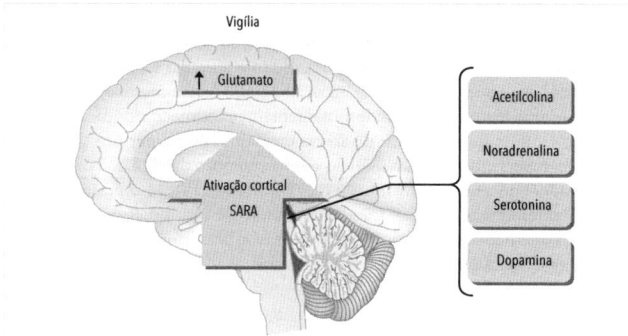

Figura 3   Via de ativação cortical do estágio de vigília pelo sistema ativador reticular ascendente (SARA).

SONO NREM

O início do sono NREM, como supracitado, está diretamente relacionado à ação recíproca dos processos S e C ao longo do dia. As pistas ambientais de fotoperíodo bem como o acúmulo progressivo de adenosina são fatores envolvidos nas vias de indução de sono NREM. Essas informações são processadas em diversas estruturas do sistema nervoso central e estimulam uma ação inibitória global dos neurônios do SARA. O sistema gabaérgico do núcleo pré-óptico ventrolateral (VLPO) localizado no hipotálamo anterior é o principal responsável pela ação inibitória das projeções colinérgicas e monoaminérgicas da formação reticular (Figura 4).[3,7,8]

SONO REM

A característica mais marcante na transição entre o sono NREM e o sono REM é a mudança no padrão eletroencefalográfico das ondas cerebrais, passando de uma atividade sincronizada para uma dessincronização cortical. O início e a manutenção do sono REM são mediados pela ativação de neurônios colinérgicos nos núcleos tegmental pedunculopontino (PPT) e tegmental dorsolateral (LDT) no tronco encefálico (Figura 5). Essas fibras colinérgicas ascendem ao tálamo e estimulam o córtex cerebral (projeções talamocorticais), produzindo frequências mistas de ondas cerebrais, que se assemelham ao estado de vigília.[9,10]

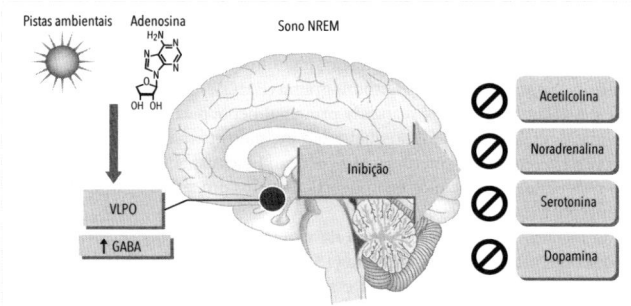

Figura 4 Representação dos mecanismos de indução de sono NREM por meio da ação inibitória global dos neurônios gabaérgicos do núcleo pré-óptico ventrolateral (VLPO) do hipotálamo anterior.

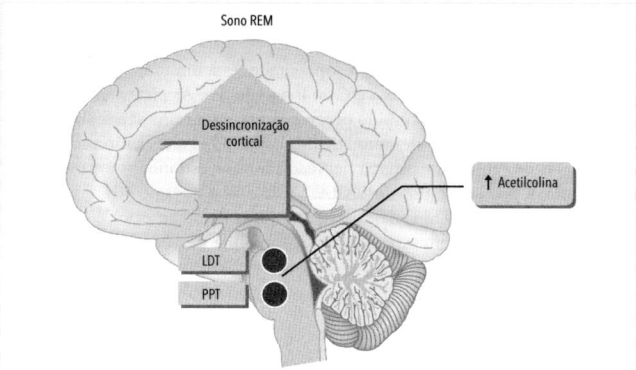

Figura 5 Projeções colinérgicas dos núcleos tegmental pedunculopontino (PPT) e tegmental dorsolateral (LDT) promovendo a dessincronização cortical e o início do sono REM.

ASPECTOS NEUROFISIOLÓGICOS DO CICLO VIGÍLIA-SONO

A vigília, o sono NREM e o sono REM apresentam diferentes mecanismos neurobiológicos, sendo o ciclo vigília-sono um resultado da interação e da intercalação de processos e sistemas de neurotransmissão em um período de 24 horas. Essas diferenças em suas gêneses proporcionam também peculiaridades em aspectos neurofisiológicos de cada estágio. Basicamente, o sono é avaliado por parâmetros eletrográficos, incluindo eletroencefalograma (EEG), eletro-oculograma (EOG) e eletromiograma (EMG).[11] A caracterização dos diferentes estágios do sono é realizada principalmente pela análise do padrão de atividade cerebral no EEG, no qual estão incluídos parâmetros como os tipos de ondas cerebrais e a sincronização cortical. Esses aspectos neurofisiológicos são resultantes dos circuitos talamocorticais e dos processos de despolarização e hiperpolarização neuronal.

O registro eletroencefalográfico da vigília mostra ondas cerebrais de alta frequência, incluindo as ondas beta (13 a 35 Hz) e alfa (8 a 13 Hz), conforme mostra a Figura 6. As ondas beta e alfa são geradas pela despolarização dos neurônios talâmicos e dos neurônios piramidais do córtex cerebral por estimulação de projeções monoaminérgicas e colinérgicas do SARA, produzindo um padrão dessincronizado no EEG. Além desses achados, a vigília caracteriza-se

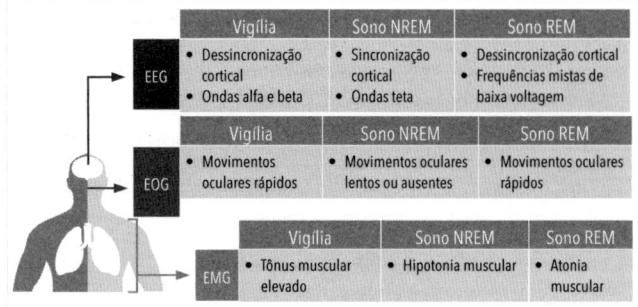

Figura 6 Principais achados eletrográficos da vigília, do sono NREM e do sono REM.
EEG: eletroencefalograma; EOG: eletro-oculograma; EMG: eletromiograma.

pelo tônus muscular preservado e por movimentos oculares rápidos, incluindo movimentos de leitura e piscamentos.[7]

Durante o sono NREM, há um progressivo aprofundamento do sono. Nos estágios N1 e N2, há o predomínio de ondas teta (4 a 7,5 Hz), enquanto o estágio N3 é composto por ondas delta (0,5 a 3,5 Hz). Os mecanismos específicos de gênese desses padrões de onda ainda não estão totalmente esclarecidos. O que se sabe é que as ondas delta surgem a partir do processo de hiperpolarização dos neurônios do circuito talamocortical por meio da ação inibitória de projeções gabaérgicas aos núcleos colinérgicos e monoaminérgicos localizados na formação reticular. O resultado dessa atividade inibitória são ondas de baixíssima frequência, alta amplitude e sincronizadas no EEG. Outra alteração eletrofisiológica importante do sono NREM é a redução significativa do tônus muscular (hipotonia muscular), por mecanismos de hiperpolarização na placa motora de fibras musculares. No EOG, o sono NREM pode mostrar a ausência de movimentos oculares ou a presença de movimentos oculares lentificados, especialmente nos estágios mais superficiais de sono.[7]

No sono REM, o EEG volta a apresentar uma dessincronização cortical, sendo composto por ondas com frequências mistas de baixa voltagem. Durante esse estágio, podem ser observados diversos tipos de ondas cerebrais no registro, incluindo ondas alfa e teta. O padrão dessincronizado do EEG é gerado pela ação de neurônios colinérgicos dos núcleos LDT e PPT da formação reticular, levando a "surtos" de despolarização dos neurônios talâmicos e piramidais. O sono REM também se caracteriza pela perda total do tônus muscular (atonia muscular) resultante do progressivo processo de hiperpolarização dos neurônios motores por ação de neurotransmissores inibitórios. Frequentemente, o sono REM ainda apresenta eventos fásicos de movimentos oculares rápidos no EOG.[7,9,10]

CONSIDERAÇÕES FINAIS

Os mecanismos envolvidos na regulação do ciclo-vigília sono são complexos e abrangem diversas estruturas e neurotransmissores do sistema nervoso central. De modo geral, as transições entre os estados de vigília e sono são promovidas por uma interação entre sistemas circadianos e homeostáticos de controle de parâmetros fisiológicos, como a liberação de melatonina. As ações recíprocas entre esses sistemas geram a ativação ou inibição de projeções neurais, levando à expressão de características eletrofisiológicas dos diferentes estágios de sono. Embora o conhecimento sobre a neurobiologia do sono tenha crescido expressivamente nos últimos anos, muitas vias neurais são ainda obscuras e têm sido alvo frequentes de estudos em pesquisas científicas.

REFERÊNCIAS BIBLIOGRÁFICAS

1. Borbély AA. A two process model of sleep regulation. Hum Neurobiol. 1982;1:195-204.
2. Porkka-Heiskanen T, Alanko L, Kalinchuk A, Stenberg D. Adenosine and sleep. Sleep Med Rev. 2002;6:321-32.
3. Alóe F, Azevedo AP, Hasan R. Sleep-wake cycle mechanisms. Rev Bras Psiquiatr. 2005;1:33-9.
4. Lima LEB, Vargas NNG. O relógio biológico e os ritmos w de mamíferos: uma contextualização histórica. Revista da Biologia. 2014;12:1-7.
5. Van Gelder RN. Recent insights into mammalian circadian rhythms. Sleep. 2004;27:166-71.
6. McCarley RW, Hobson JA. Neuronal excitability modulation over the sleep cycle: a structural and mathematical model. Science. 1975;189:58-60.
7. Brown RE, Basheer R, McKenna JT, Strecker RE, McCarley RW. Control of sleep and wakefulness. Physiol Re. 2012;92:1087-187.
8. Schwartz JR, Roth T. Neurophysiology of sleep and wakefulness: basic science and clinical implications. Curr Neuropharmacol. 2008;6:367-78.
9. Coleman CG, Lydic R, Baghdoyan HA. M2 muscarinic receptors in pontine reticular formation of C57BL/6J mouse contribute to rapid eye movement sleep generation. Neuroscience. 2004;126:821-30.
10. Lee MG, Hassani OK, Alonso A, Jones BE. Cholinergic basal forebrain neurons burst with theta during waking and paradoxical sleep. J Neurosci. 2005;25:4365-9.
11. Berry RB, Brooks R, Gamaldo CE, Harding SM, Lloyd RM, Marcus CL, et al. The AASM manual for the scoring of sleep and associated events: rules, terminology and technical specifications, Version 2.2. Darien: American Academy of Sleep Medicine; 2015. Disponível em: www.aasmnet.org. .

2 | Mecanismos circadianos e neurotransmissores do ciclo sono-vigília

Danilo Anunciatto Sguillar
Fábio de Azevedo Caparroz

RITMO CIRCADIANO – INTRODUÇÃO

Os ritmos circadianos estão presentes em diversas funções fisiológicas, neuroendócrinas e comportamentais do ser humano. No homem, eles foram descobertos em estudos do início do século XX que mostraram que ritmos gerados na ausência de pistas ambientais têm um período ligeiramente diferente de 24 horas, designado por período intrínseco (endógeno). A duração do período intrínseco do ciclo circadiano humano foi inicialmente considerada de 25 horas, mas estudos mais precisos têm apontado valores próximos a 24,3 horas.[1,2]

Normalmente, a sincronização do relógio endógeno ocorre com o dia exterior, por intermédio da estimulação ambiental. A luz é o principal estímulo ambiental sincronizador – classicamente chamada de *Zeitgeber*, que significa fornecedora do tempo ou temporizadora, em uma tradução adaptada do alemão. Há também sincronizadores não luminosos, como os horários rígidos de refeições, a atividade motora e as atividades sociais de forma geral.

A produção de melatonina, cortisol, hormônio do crescimento (GH), débito urinário e o próprio ciclo sono-vigília são exemplos de ritmos circadianos. Por sua vez, a secreção dos hormônios supracitados também tem influência direta e indireta no ciclo sono-vigília.

A principal área responsável pelo ciclo sono-vigília é o núcleo supra-quiasmático (NSQ), localizado no hipotálamo, superiormente ao quiasma óptico. Desde a década de 1970, detectou-se que lesões no NSQ conduziam à perda da ritmicidade circadiana, em variáveis como frequência cardíaca e secreção do cortisol, além do ciclo sono-vigília.

O NSQ divide-se em duas regiões bem distintas: a ventrolateral, com neurônios responsivos ao VIP (peptídio intestinal vasoativo) e à estimulação luminosa, e a dorsomediana, com neurônios responsivos a arginina-vasopressina e menos responsivos à estimulação luminosa.

A luz atua no NSQ ventral por meio da via retino-hipotalâmica (VRH), que é constituída por axônios de células ganglionares da retina. É dessa forma que a luz inibe a produção de melatonina.

Pesquisas recentes têm apontado para a estimulação de genes e a transcrição de proteínas que ocorrem no NSQ e também em outros tecidos em resposta à estimulação luminosa. Em ratos, por exemplo, a luz provoca uma rápida ativação dos genes *Per1* e *Per2* e a transcrição de *mPer1* e *mPer2* ("Per" deriva do gene *Period,* descoberto na *Drosophila*). Dessa forma, descobriu-se que a luz, quando administrada no início da noite, causa um atraso de fase em razão da elevação de *mPer1* e *mPer2*. Quando a luz é administrada no fim da noite, por sua vez, gera um avanço de fase pela elevação da expressão dos mesmos genes.

O NSQ possui relações com regiões do sistema nervoso central (SNC) que regulam o ciclo sono-vigília. O hipotálamo dorsomedial, por exemplo, parece ativar os neurônios produtores de orexina (ativadores da vigília), inativando, ao mesmo tempo, outro núcleo conhecido como ventrolateral pré-óptico (VLPO), responsável pela promoção do sono. Dessa forma, o NSQ pode ser considerado um promotor da vigília quando é estimulado.

Como já mencionado anteriormente, o NSQ tem influência direta na regulação do ciclo sono-vigília, mas também apresenta influência indireta no mesmo ciclo por meio da regulação circadiana dos hormônios que possuem relação com o sono ou influência nele. O cortisol, por exemplo, é baixo no princípio do sono noturno e tem pico de secreção ao acordar, pela manhã. A produção do GH também está fortemente relacionada ao sono. A quantidade de GH secretada durante o sono corresponde a cerca de dois terços do total secretado em 24 horas, enquanto a privação do sono diminui ou suprime a secreção de GH. A produção ocorre em pulsos, principalmente na primeira metade da noite, no início do sono de ondas lentas. A melatonina, por sua vez, tem sua produção quase exclusivamente durante a noite, quando a luz é quase inexistente, com pico por volta das 4 horas da manhã. Nesse momento, ocorre o decréscimo da temperatura, coincidindo com os níveis altos do hormônio.[3,4]

Outro exemplo de hormônio com ritmo circadiano é a prolactina (PRL), produzida pela hipófise anterior. Em humanos, esse hormônio é secretado principalmente na segunda metade da noite. Em pacientes com PRL, por exemplo, o sono de ondas lentas está seletivamente aumentado, o que mostra que o hormônio em grandes quantidades pode também modular o sono.

NEUROTRANSMISSORES DO CICLO SONO-VIGÍLIA

As hipóteses para a manutenção da vigília associam redes neurais ascendentes que se projetam do tronco encefálico, tálamo, hipotálamo e prosencéfalo basal ao córtex, produzindo a ativação cortical que faz o indivíduo permanecer acordado.

Há diversos neurotransmissores envolvidos na ativação cortical, entre eles a acetilcolina, presente na formação reticular (rede de células e fibras no tronco cerebral), no tálamo, no prosencéfalo basal e no córtex. Além do importante papel de ser indutor da ativação cortical, a acetilcolina está ligada à ativação do sono REM (e por isso denominado neurotransmissor REM-*on*). Além dela, glutamato, glicina e GABA (ácido gama-aminobutírico) são também considerados neurotransmissores REM-*on*. A noradrenalina, por sua vez, presente no *locus coeruleus*, no prosencéfalo e no córtex cerebral, além da dopamina, encontrada na substância negra e na área tegmental ventral, e a serotonina, presente em ponte e bulbo, são também responsáveis pela ativação cortical e o estado de alerta. A histamina é um potente neurotransmissor que participa da ativação cortical encontrada em neurônios do hipotálamo posterior. Por não exercerem atividade durante o sono REM, noradrenalina, dopamina, serotonina e histamina são denominadas neurotransmissores REM-*off*.

Além dos neurotransmissores, existem alguns neuropeptídios que participam da ativação cortical, entre eles as hipocretinas ou orexinas, exclusivamente sintetizados na área perifornical da região tuberal do hipotálamo. As hipocretinas, além do estado de vigília, exercem funções como as de regulação do comportamento alimentar, atividade motora e promoção de atividades neuroendócrinas. A redução da hipocretina está ligada à narcolepsia.

O sono tem início com ativação do sistema parassimpático e o "desligamento" do sistema ativador. Neurônios localizados no hipotálamo anterior, na região pré-óptica e no núcleo do trato solitário são responsáveis pela ativação parassimpática. Portanto, o estado de sono, em linhas gerais, consiste na inibição de áreas de ativação cortical, como tronco cerebral, tálamo, hipotálamo e prosencéfalo basal, e é mediado principalmente pelo neurotransmissor GABA. Acredita-se que a serotonina também esteja envolvida na indução de sono: uma das hipóteses é que o acúmulo de serotonina ao longo da vigília possa facilitar o início do sono. Já a adenosina é o produto químico da ativação celular que se acumula, ao longo do dia, gerando as sensações de cansaço e sonolência, que marcam o início do processo do sono. No organismo, existem outras substâncias que se ligam à chamada pressão do sono: opiáceos, hormônio estimulante de melanócitos, somatostatina, GH, insulina e interleucinas.[5]

CONSIDERAÇÕES FINAIS

Há uma regulação extremamente precisa e interligada no organismo que envolve o ritmo circadiano do ciclo sono-vigília, do qual participam hormônios, neurotransmissores e neuropeptídios específicos, além da expressão de genes e proteínas específicas sensíveis à estimulação luminosa. O NSQ, localizado no hipotálamo, é considerado a região responsável por interligar o relógio biológico, ao passo que a luz é considerada a principal, mas não única, sincronizadora (ou *Zeitgeber*) desse relógio.

REFERÊNCIAS BIBLIOGRÁFICAS

1. Czeisler CA, Khalsa SBS. The human circadian timing system and sleep-wake regulation. Principles and practice of sleep medicine. Philadelphia: WB Saunders; 2000. p.353-70.
2. Czeisler CA, Duffy JF, Shanahan TL, Brown EN, Mitchell JF, Rimmer DW, et al. Stability, precision, and near-24hour period of the human circadian pacemaker. Science. 1999;25(284)2177-81.
3. Takahashi JS, Zatz M. Regulation of circadian rhythmicity. Science. 1982;2178:1104-11.
4. Paiva T, Andersen ML, Tufik S (eds.). O sono e a medicina do sono. Barueri: Manole; 2014.
5. Tufik S (ed.). Medicina e biologia do sono. Barueri: Manole; 2008.

Parte II

Polissonografia normal

3 | Polissonografia normal

Silverio Garbuio

INTRODUÇÃO

Na medicina do sono, a polissonografia (PSG) ainda é um exame amplamente utilizado no diagnóstico de diversos distúrbios do sono, sendo, por exemplo, considerado o método padrão-ouro para diagnóstico dos distúrbios respiratórios do sono (DRS) pela Academia Americana de Medicina do Sono (AAMS).[1]

Geralmente realizada em hospitais, clínicas ou laboratórios, a PSG consiste na avaliação de diversas variáveis fisiológicas durante o sono, incluindo eletroencefalograma, eletro-oculograma, eletromiograma da região do queixo e dos músculos tibiais anteriores, eletrocardiograma, fluxo aéreo bucal e nasal, esforço respiratório, oximetria, ronco e posição do corpo.[2]

A AAMS tem publicado, desde 2007,[3] manuais de procedimentos para padronizar a colocação de eletrodos e sensores e a análise do estagiamento do sono e dos eventos associados e também para que sejam criados relatórios com as informações importantes do diagnóstico dos distúrbios do sono, na tentativa de manter a qualidade dos registros e diminuir a variabilidade entre analistas e laboratórios. Os manuais são mundialmente referenciados em pesquisas clínicas e utilizados em laboratórios do sono pela alta qualidade dos pesquisadores e dos clínicos que fazem parte desse grupo e pelos trabalhos de validação de metodologias, que são, frequentemente, publicados nos Estados Unidos. Além disso, como a PSG fornece uma quantidade de dados muito grande, a definição de quais dados são mais importantes sempre foi necessária.

Vale lembrar que, embora a tecnologia tenha evoluído no decorrer dos anos e diversos processos tenham passado a ser automatizados, é extremamente importante o papel do técnico da PSG, que realiza a montagem desse procedimento e, muitas vezes, a análise do exame.

MONTAGEM POLISSONOGRÁFICA

Na PSG realizada no laboratório de sono, recomenda-se o registro das variáveis descritas na Tabela 1,[2] porém a montagem pode ser modificada em situações especiais, como na titulação de pressão positiva contínua nas vias aéreas (CPAP) ou na avaliação de epilepsias, parassonias, distúrbios de movimento, entre outros exemplos.

O exame é geralmente realizado à noite, procurando seguir o horário habitual de ir para a cama e de levantar do paciente, permitindo o registro de aproximadamente de 7 a 8 horas. Durante o registro, o técnico de PSG acompanha a gravação do exame, atende as chamadas do paciente e corrige artefatos que normalmente ocorrem. Na Figura 1, observa-se uma época de polissonografia no momento em que as luzes foram apagadas e o exame foi iniciado.

Além desses canais, é recomendado utilizar um sistema de áudio e vídeo sincronizado ao registro das variáveis descritas anteriormente, para a avaliação de movimentos e sons emitidos durante o sono.

ANÁLISE POLISSONOGRÁFICA

Após a realização do exame, é possível acessar o registro e efetuar as análises sugeridas pela AAMS, como estagiamento do sono, marcação de despertares, eventos respiratórios e movimentos, e descrever os resultados relacionados a esses parâmetros, assim como a achados associados a outros parâmetros, como alterações cardíacas, neurológicas ou comportamentais. Essa análise é feita por

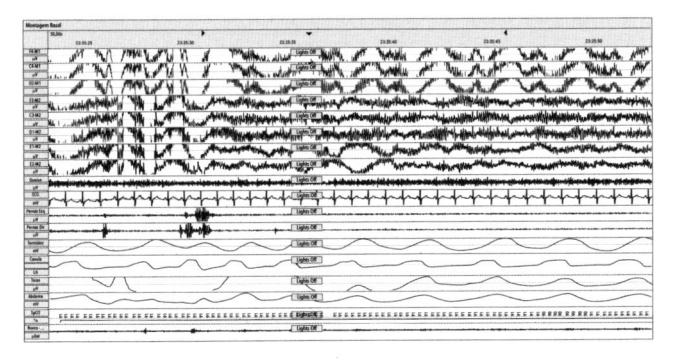

Figura 1   Exemplo de uma época de polissonografia.

um profissional especializado, em maior parte de forma manual, baseando-se em diferentes regras para adultos e crianças.

ESTAGIAMENTO DO SONO

No estagiamento do sono, EEG, EOG e EMG do queixo são as principais variáveis avaliadas, embora as outras possam participar, para fornecer informações complementares para a classificação das fases do sono.[2]

O sono é dividido em NREM (estágios N1, N2 e N3) e REM (estágio R). Para a realização do estagiamento do sono, com relação às ondas cerebrais, quatro fatores principais são considerados: amplitude, frequência, morfologia

Tabela 1 Exemplo de montagem polissonográfica recomendada pela AAMS[2]

Tipo	Número de canais	Derivação
EEG	6	F4-M1
		F3-M2
		C4-M1
		C3-M2
		O2-M1
		O1-M2
EOG	2	Direita
		Esquerda
EMG	3	Queixo
	2	Perna direita
		Perna esquerda
ECG	1	Montagem DII modificada
Fluxo aéreo	2	Nasal (transdutor de pressão)
		Oronasal (sensor de temperatura)
Esforço respiratório	2	Tórax (pletismografia de indutância)
		Abdome (pletismografia de indutância)
Oximetria	1	SaO_2
Microfone	1	Ronco
Posição	1	Posicionamento corporal

AAMS: Academia Americana de Medicina do Sono; ECG: eletrocardiograma; EEG: eletroencefalograma; EOG: eletro-oculograma; EMG: eletromiograma; SaO_2: saturação de oxigênio.

e a região que apresenta maior amplitude. O registro é dividido em páginas de 30 segundos de duração, chamadas épocas. Apesar de algumas épocas apresentarem mais do que um estágio do sono, de acordo com a AAMS, apenas um estágio deve ser marcado em cada época.

As principais características dos estágios do sono e dos grafoelementos observados durante o sono estão resumidas nas Tabelas 2 e 3.

Tabela 2 Resumo das atividades cerebrais e dos grafoelementos utilizados para o estagiamento do sono

	Atividades			Grafoelementos			
	Alfa	Frequências mistas de baixa voltagem (teta)	Ondas lentas (delta)	Onda aguda do vértex	Complexo K	Fusos do sono	Ondas em dente de serra
Frequência (Hz)	8 a 13	4 a 7	0,5 a 2	≥ 2	< 2	11 a 16	2 a 6
Morfologia	Sinusoidal	Mistas	–	Aguda	Bifásica (uma negativa seguida de uma positiva)	Fusiforme	Triangulares ou em serrote
Região	Occipital	–	Frontal	Central	Frontal	Central	Central
Amplitude	–	Baixa	≥ 75 µV	–	–	–	–

Tabela 3 Resumo das regras usadas para o estagiamento do sono

	EEG	EOG	EMG
Vigília (V)	≥ 50% alfa	Movimentos rápidos e lentos	Tônus aumentado
NREM1 (N1)	> 50% de frequências mistas de baixa voltagem (predominantemente teta), onda aguda do vértex	Movimentos lentos	Tônus menor que V
NREM2 (N2)	Teta, complexos K e fusos do sono	Sem movimentos	Tônus menor que N1
NREM3 (N3)	≥ 20% delta	Sem movimentos	Tônus menor que N2
REM (R)	Teta, ondas em dente de serra	Movimentos rápidos	Tônus menor que N3

EEG: eletroencefalograma; EOG: eletro-oculograma; EMG: eletromiograma; NREM: *non-rapid eye movement*; REM: *rapid eye movement*.

Além dessas definições, outras regras relacionadas à presença de mais do que um estágio do sono em uma época e transições dos estágios do sono também foram definidas pela AAMS,[2] porém essas regras não serão discutidas neste capítulo.

OUTROS EVENTOS ASSOCIADOS

Os despertares são descritos como uma mudança abrupta da frequência do EEG (frequências mais rápidas), incluindo alfa, teta ou frequências maiores que 16 Hz, mas não fusos do sono, com duração ≥ 3 segundos, após pelo menos 10 segundos de sono. No estágio R, um aumento simultâneo do EMG do queixo por pelo menos 1 segundo também deve ocorrer para que o despertar seja marcado.[2]

Vale ressaltar que a marcação da vigília possui regras diferentes da marcação dos despertares. As épocas marcadas como vigília impactam nos parâmetros de arquitetura do sono, como latência, eficiência e tempo acordado após o início do sono, utilizados para descrever privação e restrição de sono, enquanto a marcação dos despertares impacta o índice de despertar, marcador importante na definição da fragmentação do sono. Os despertares serão marcados inclusive nas transições de sono para vigília e nas épocas classificadas como vigília, desde que preencham os critérios. Não há critério de duração máxima do despertar.

A mudança da frequência deve ser visualizada principalmente nas derivações occipitais e centrais. Outras derivações do EEG ou outros canais, como fluxo e esforço respiratório, podem auxiliar na marcação dos despertares, mas não devem ser considerados isoladamente.

Os eventos cardíacos também devem ser identificados na PSG.[2] Caso haja uma ou mais arritmias, como taquicardia sinusal, taquicardias do complexo longo ou estreito, bradicardia, assistolia ou fibrilação atrial, elas devem ser relatadas no laudo polissonográfico, além da duração da pausa.

Na marcação de eventos respiratórios, as principais variáveis avaliadas são fluxo respiratório (termistor oronasal e transdutor de pressão conectado a uma cânula nasal), esforço respiratório (duas medidas de pletismografia de indutância), oximetria (oxímetro de pulso), ronco e os despertares associados a eventos respiratórios.[2]

Geralmente, a marcação dos eventos respiratórios é feita em páginas de 120 segundos, para facilitar a visualização de eventos de longa duração e a associação com despertares e dessaturações da oxi-hemoglobina, que geralmente ocorrem no final dos eventos.

As principais regras de marcação de eventos respiratórios de acordo com a AAMS estão descritas na Tabela 4.

Tabela 4 Descrição resumida das regras de marcação de eventos respiratórios em adultos observados na polissonografia

Apneia

- Redução ≥ 90% do fluxo oronasal (termistor)
- Duração ≥ 10 segundos

Obstrutiva – presença de esforço durante todo o período de ausência de fluxo
Central – ausência de esforço durante todo o período de ausência de fluxo
Mista – primeira parte sem esforço, seguida de esforço na segunda parte do evento

Hipopneia

- Redução ≥ 30% do fluxo nasal (transdutor de pressão)
- Duração ≥ 10 segundos
- Associação com dessaturação ≥ 3% ou um despertar

Obstrutiva – associação com ronco ou limitação de fluxo inspiratório ou respiração paradoxal
Central – ausência de todos os fatores descritos na hipopneia obstrutiva

RERA (*respiratory-effort related arousal*)

- Aumento do esforço respiratório (identificado por uma medida de pressão intratorácica) ou limitação de fluxo inspiratório
- Associação com um despertar
- Duração ≥ 10 segundos
- Não preencher os critérios de apneia e hipopneia

Respiração Cheyne-Stokes

- ≥ 3 apneias ou hipopneias centrais separadas pelo padrão respiratório crescendo/decrescendo ≥ 40 segundos
- ≥ 5 apneias ou hipopneias centrais/hora de sono associadas ao padrão respiratório crescendo/decrescendo ≥ 2 horas de registro

Hipoventilação

- Aumento na PCO_2 arterial (ou método alternativo) > 55 mmHg por ≥ 10 minutos ou
- Aumento na PCO_2 arterial (ou método alternativo) ≥ 10 mmHg durante o sono, em comparação com um valor de supino acordado, para valores > 50 mmHg por ≥ 10 minutos

Obs.: dessaturação da oxi-hemoglobina contínua não é suficiente para concluir o diagnóstico de hipoventilação

Dos mais frequentes movimentos identificados na PSG, podem ser descritos os movimentos periódicos de pernas (*periodic limb movements* – PLM).

De acordo com a AAMS, o movimento de perna deve preencher os seguintes critérios:

- Duração mínima de 0,5 segundo.
- Duração máxima de 10 segundos.

- Aumento ≥ 8 μV na amplitude do EMG de pernas, em comparação com o período em relaxamento, determinando o início do movimento.
- Diminuição da amplitude do EMG de pernas para até 2 μV acima do período em relaxamento, por pelo menos 0,5 segundo, determinando o final do movimento.
- Pelo menos quatro movimentos de pernas em sequência.
- Intervalo entre o início de cada movimento deve ter de 5 a 90 segundos.

É importante lembrar que os movimentos de pernas associados a eventos respiratórios em até 0,5 segundo, antes dos eventos ou depois de sua ocorrência, não devem ser marcados. Além disso, um PLM e um despertar estarão associados se ocorrerem simultaneamente ou se houver < 0,5 segundo entre o fim de um PLM e o início de um despertar e vice-versa.[2]

RELATÓRIO POLISSONOGRÁFICO

Após a marcação dos estágios do sono e dos eventos associados, geralmente o mesmo sistema computadorizado utilizado para a captação dos sinais também faz a compilação dos dados e emite os relatórios de acordo com as configurações definidas pelo usuário. A AAMS define uma série de informações que devem ser incluídas no relatório polissonográfico, como arquitetura do sono, fragmentação do sono e índices de eventos respiratórios.[2]

O sistema, além de calcular diferentes valores e índices, também cria gráficos, como é o caso do hipnograma, que revela a distribuição dos estágios do sono durante o registro. Esse recurso é muito utilizado para avaliar a associação dos eventos com diferentes variáveis, como estágios do sono e posição corporal.

Um grande ponto de discussão que ainda existe nos dias atuais relaciona-se aos parâmetros de normalidade polissonográficos. Sabe-se que, de modo geral, o adulto jovem sem queixas de sono inicia o sono em até 30 minutos com os estágios N1 ou N2, o sono NREM e o sono REM se alternam em ciclos de aproximadamente 90 minutos, e o sono de ondas lentas predomina no primeiro terço do sono, enquanto o sono REM predomina principalmente no último terço da noite. Além disso, o estágio N1 preenche de 2 a 5% do sono, o estágio N2 de 45 a 55%, o estágio N3 de 13 a 23% e o sono REM de 20 a 25% da noite. Porém, diversos fatores podem influenciar na alteração dessas porcentagens, como idade, sexo, uso de medicamentos e distúrbios do sono.[4]

A eficiência do sono, calculada pela razão entre o tempo total de sono e o tempo total de registro multiplicado por 100%, tende a diminuir com a idade, sendo que em indivíduos com idade entre 37 e 54 anos a porcentagem média é de 85,7%, chegando a valores próximos de 79,2% em indivíduos com mais de 70 anos.[5]

Com a mudança das regras de estagiamento do sono desde 2007, esses valores de normalidade parecem sofrer algumas alterações, principalmente pela adição de eletrodos de EEG na região frontal, na qual as ondas lentas do sono N3 apresentam maior amplitude se comparadas às da região central, aumentando a porcentagem de estágio N3, e pela mudança de regra do estágio N2, no qual complexos K associados a despertares em até 0,5 segundo não devem ser considerados na marcação do estágio N2, aumentando a porcentagem de sono N1 em detrimento da porcentagem de sono N2.[6]

Com relação à fragmentação de sono, sabe-se que o índice de despertar aumenta com a idade, sendo que indivíduos com idade entre 37 e 54 anos apresentam em média 16,0 despertares por hora de sono, os indivíduos com idade entre 55 e 61 anos apresentam em média 18,4 despertares por hora de sono, os indivíduos com idade entre 62 e 70 anos apresentam 20,3 despertares por hora de sono, e os indivíduos com 71 anos ou mais apresentam em média 21 despertares por hora de sono. Fatores como distúrbios respiratórios do sono e distúrbios de movimentos contribuem para o aumento desses valores.[5]

Quanto à classificação da gravidade da apneia obstrutiva do sono (AOS) na PSG realizada no laboratório de sono, a AAMS sugeriu, em 1999, que os adultos teriam a seguinte classificação:

- Normal: índice de apneia e hipopneia (IAH) < 5 eventos por hora de sono.
- Leve: IAH de 5 a 15 eventos por hora de sono.
- Moderada: IAH de 15 a 30 eventos por hora de sono.
- Grave: IAH > 30 eventos por hora de sono.

Essa classificação baseou-se no estudo Wisconsin Sleep Cohort, que mostrou um risco aumentado de hipertensão arterial sistêmica quando o IAH era maior do que 30 eventos por hora de sono.[7] E, embora ainda não existissem dados na literatura que justificassem os graus leve e moderado, o consenso optou por incluir essa classificação do IAH utilizando os valores de corte de 5 e 15.[8]

Em relação aos PLM, a Classificação Internacional de Distúrbios de Sono considera em adultos um índice de até 15 PLM por hora de sono dentro da normalidade. Contudo, o índice deve ser interpretado num contexto que considere as queixas do paciente, principalmente porque pacientes sem queixas podem apresentar índices considerados acima da normalidade. Se forem observados PLM mesmo sem a presença de queixas clínicas, eles podem ser considerados achados polissonográficos, mas não preenchem os critérios de diagnóstico do distúrbio de movimentos periódicos de pernas.[9]

TIPOS DE REGISTRO PARA DIAGNÓSTICO DA APNEIA OBSTRUTIVA DO SONO

Como mencionado anteriormente, a PSG completa no laboratório de sono é o método padrão-ouro de diagnóstico da AOS. Contudo, esse método exige a presença de um técnico especializado para a adequada colocação de eletrodos e sensores e acompanhamento do exame durante toda a noite, para correção de possíveis problemas. Além disso, as filas de espera dos laboratórios de sono são longas, pelo número reduzido de centros especializados, e os custos são altos. Com isso, monitores portáteis para diagnóstico da AOS ganharam espaço, principalmente em países como EUA, Canadá e Reino Unido.

A AAMS classificou os diferentes níveis de registro para diagnóstico da AOS, que posteriormente foram chamados de tipos de registro (descritos na Tabela 5).[10] A Figura 2 traz um exemplo de registro do tipo 3.

Tabela 5 Classificação dos tipos de registro para diagnóstico da apneia obstrutiva do sono

	Tipo 1	Tipo 2	Tipo 3	Tipo 4
	PSG assistida no laboratório de sono	PSG não assistida	Monitorização cardiorrespiratória	Registro contínuo de um ou dois parâmetros
Medidas (canais)	≥ 7 canais incluindo EEG, EOG, EMG do queixo, ECG, fluxo e esforço respiratório, oximetria	≥ 7 canais incluindo EEG, EOG, EMG do queixo, ECG, fluxo e esforço respiratório, oximetria	≥ 4 canais incluindo pelo menos duas medidas de ventilação (fluxo e esforço respiratório), oximetria, ECG ou frequência cardíaca	Oximetria, fluxo ou esforço respiratório

ECG: eletrocardiograma; EEG: eletroencefalograma; EOG: eletro-oculograma; EMG: eletromiograma.

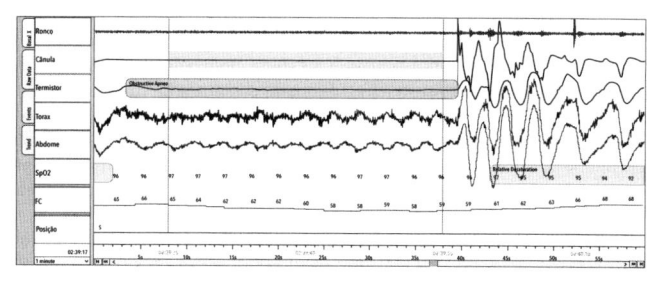

Figura 2 Exemplo de 60 segundos de um registro tipo 3, mostrando uma apneia obstrutiva do sono.

Embora a utilização do tipo 3 venha crescendo nos últimos anos, é importante considerar as diferenças entre os métodos. Por várias razões, ocorrem diferenças nos índices que classificam a AOS.

Diferentemente dos tipos 1 e 2, em que o IAH divide a soma do número de apneias e hipopneias pelo tempo total de sono (TTS), os tipos 3 e 4 têm como denominador o tempo total de registro (TTR), uma vez que a maioria dos registros não apresenta medidas de EEG que permitam o estagiamento do sono. Por exemplo, se um exame apresentar 80 eventos respiratórios, TTS de 4 horas e TTR de 8 horas, o IAH será de 20 eventos por hora de sono, enquanto o IAH será de 10 eventos por hora de registro.

Além disso, sem o EEG, os registros não permitem a marcação de despertares de acordo com a AAMS. Nesse caso, as hipopneias associadas a despertares e os RERA não podem ser identificados, o que também causa uma diminuição do IAH quando comparado a registros que permitam a marcação de despertares.

Por essas e outras razões, ocorrem diferenças entre os índices, por isso diversos estudos que analisam a concordância entre os métodos foram realizados e têm revelado que os monitores portáteis apresentam valores preditivos positivos maiores e valores preditivos negativos menores quando aplicados em pacientes com maior probabilidade pré-teste (maior prevalência de AOS). Com isso, a indicação é que os monitores portáteis sejam utilizados no diagnóstico da AOS quando os pacientes apresentarem maior probabilidade de ter a doença. Quando um diagnóstico for negativo e utilizar um monitor portátil, a PSG no laboratório do sono é indicada para eliminar um falso-negativo.[10]

TESTE MÚLTIPLO DAS LATÊNCIAS DO SONO

Outro exame realizado em laboratórios de sono é o teste múltiplo das latências do sono (TMLS), que é indicado para confirmar o diagnóstico em pacientes com suspeita de narcolepsia.[1] Estudos indicam que a maior parte dos pacientes com narcolepsia apresenta alta evidência de hipersonia, com uma média das latências menor que 5 minutos.[11] Além disso, a latência para o sono REM nesses pacientes também é reduzida. A presença de dois ou mais episódios de latência precoce para o sono REM no TMLS tem uma sensibilidade de 78% e uma especificidade de 93% quando comparados com casos positivos de narcolepsia.

O uso de estimulantes e supressores do sono REM deve ser interrompido duas semanas antes do TMLS. Outras medicações devem ser cuidadosamente analisadas pelo clínico para evitar ou minimizar as influências indesejáveis desses medicamentos. Da mesma forma, o tabagismo, o consumo de bebidas que contenham cafeína e a prática de atividade física intensa devem ser evitados.

O TMLS deve ser realizado imediatamente após a PSG, para que se tenha certeza de o paciente teve a oportunidade de dormir, e exames com TTS de períodos de menos de 6 horas aumentam a chance de falsos-positivos no TMLS. Além disso, a PSG permite avaliar a presença de outros distúrbios do sono que podem causar sonolência excessiva e consequentemente redução da latência do sono e do sono REM.

O teste consiste em cinco oportunidades de cochilo, com intervalos de 2 horas entre o início dos testes. A primeira oportunidade de cochilo deve ter início de 1,5 a 3 horas após a PSG. O quarto deve ter controle de luminosidade, de temperatura e de som, tornando o ambiente ideal para o cochilo. São utilizadas as mesmas derivações do EEG (F4-M1, C4-M1, O2-M1, F3-M2, C3-M2, O1-M2), do EOG (bilateral), do EMG do queixo e do ECG da PSG. Nesse teste, o paciente deve tentar dormir durante os registros e permanecer acordado durante os intervalos. Cada teste deve ser encerrado após 20 minutos se o paciente não dormir. Caso o paciente durma, para avaliar a ocorrência de sono REM precoce, é preciso acrescentar 15 minutos na duração do teste a partir da primeira época de sono. O início do sono é determinado pela época que apresentar mais que 15 segundos de sono, independentemente do estágio do sono.

O laudo do exame deve conter o início e o fim de cada teste, as latências de sono, a média das latências e o número de períodos de sono REM precoce.

CONSIDERAÇÕES FINAIS

Em resumo, o diagnóstico dos distúrbios do sono permanece em constante renovação, em razão das novas tecnologias e dos novos achados de estudos, que têm extrema importância para a medicina do sono. Um exemplo disso é o crescente papel que os monitores portáteis vêm desempenhando no diagnóstico da AOS. Porém, a seleção correta dos pacientes tem sido fundamental na assertividade da aplicação do método, e isso depende principalmente da experiência do especialista, que somente se tiver uma formação extensa será capaz de escolher a tecnologia a ser aplicada e poderá interpretar adequadamente os resultados, tomando a decisão mais correta no tratamento dos distúrbios do sono.

REFERÊNCIAS BIBLIOGRÁFICAS

1. Kushida CA, Littner MR, Morgenthaler T, Alessi CA, Bailey D, Coleman J Jr, et al. Practice parameters for the indications for polysomnography and related procedures: an update for 2005. Sleep. 2005;28(4):499-521.

2. Berry RB, Brooks R, Gamaldo CE, Harding SM, Lloyd RM, Marcus CL, et al.; American Academy of Sleep Medicine. The AASM manual for the scoring of sleep and associated events: rules, terminology and technical specifications, version 2.3. Darien: American Academy of Sleep Medicine; 2016. Disponível em: www.aasmnet.org.
3. Iber C, Ancoli-Israel S, Chesson Jr A, Quan S. The AASM manual for the scoring of sleep and associated events: rules, terminology and technical specifications. Westchester: American Academy of Sleep Medicine; 2007.
4. Carskadon MA, Dement WC. Normal human sleep: an overview. In: Kryger MH, Roth T (eds.). Principles and practice of sleep medicine. 6.ed. Philadelphia: Elsevier; 2017. p.15-24.
5. Bliwise DL, Scullin MK. Normal aging. In: Kryger MH, Roth T (eds.). Principles and practice of sleep medicine. 6.ed. Philadelphia: Elsevier; 2017. p.25-38.
6. Moser D, Anderer P, Gruber G, Parapatics S, Loretz E, Boeck M, et al. Sleep classification according to AASM and rechtschaffen & kales: effects on sleep scoring parameters. Sleep. 2009;32(2):139-49.
7. Young T, Finn L, Peppard PE, Szklo-Coxe M, Austin D, Nieto FJ, et al. Sleep disordered breathing and mortality: eighteen-year follow-up of the Wisconsin sleep cohort. Sleep. 2008;31(8):1071-8.
8. American Academy of Sleep Medicine (AASM). Sleep-related breathing disorders in adults: recommendations for syndrome definition and measurement techniques in clinical research. The Report of an American Academy of Sleep Medicine Task Force. Sleep. 1999;22:667-89.
9. American Academy of Sleep Medicine (AASM). The international classification of sleep disorders. Diagnostic & coding manual. 3.ed. Westchester; 2014.
10. Collop NA, Anderson WM, Boehlecke B, Claman D, Goldberg R, Gottlieb DJ, et al. Clinical guidelines for the use of unattended portable monitors in the diagnosis of obstructive sleep apnea in adult patients. J Clin Sleep Med. 2007;3(7):737-47.
11. Standards of Practice Committee of the American Academy of Sleep Medicine (AASM). Practice parameters for clinical use of the multiple sleep latency test and the maintenance of wakefulness test. Sleep. 2005;28(1):113-21.

Parte III

Distúrbios do sono

4 | Classificação Internacional dos Distúrbios do Sono

Danilo Anunciatto Sguillar
Fábio de Azevedo Caparroz

INTRODUÇÃO

A Classificação Internacional dos Distúrbios do Sono, em 2014, recebeu sua terceira atualização (*International Classification of Sleep Disorders 3* – ICSD-3). A primeira classificação foi descrita em 1979, e, anos mais tarde, em 2011, após o crescimento dos estudos e das descobertas na área da medicina do sono, ganhou sua segunda versão (ICSD-2). Ela baseou-se em forças-tarefas e estudos científicos de grupos de sono ao redor do mundo que chegaram às informações relevantes para se estabelecer os diagnósticos. Os critérios foram estipulados por revisores das respectivas sociedades internacionais, baseados nas recomendações da Academia Americana de Medicina do Sono (American Academy of Sleep Medicine – AASM). Na ICSD-3, assim como ocorreu na segunda classificação internacional, os diagnósticos pediátricos foram integrados aos diagnósticos maiores, exceto a apneia obstrutiva do sono, que ainda descreve a classificação dos adultos de modo separado das crianças. Dentro de cada diagnóstico maior, há um subitem chamado "Notas", que esclarece as variações dentro de um possível diagnóstico e algumas informações clínicas que são de total importância para o fechamento do correto diagnóstico. Uma das maiores mudanças na terceira classificação foi a forma de se classificar insônia: crônica e de curta duração, mais bem explicadas nos capítulos subsequentes. Dentre as hipersonias, o manual trouxe uma novidade na classificação da narcolepsia: ela foi dividida em tipo I e tipo II (também mais bem explicada nos capítulos subsequentes). Dentro dos distúrbios respiratórios, há agora a descrição da apneia central emergente e um novo diagnóstico a ser pensado: distúrbio do sono associado à hipoxemia. Os sintomas isolados e as variações da normalidade passaram a ficar dentro dos diagnósticos maiores e não em capítulos separados como eram descritos na classificação de 2011.

INSÔNIAS

As insônias são divididas, atualmente, em:

- Insônia crônica.
- Insônia de curta duração.

A insônia crônica é composta por critérios como: dificuldade para iniciar ou manter o sono ou, ainda, despertar precoce. O paciente frequentemente relata fadiga, cansaço, dificuldade de concentração e atenção durante o dia, sonolência e alterações no humor. Esses sintomas ocorrem pelo menos três vezes por semana e devem estar presentes por pelo menos 3 meses. As insônias primárias e secundárias, descritas anteriormente pela ICSD-2, estão contidas na descrição da insônia crônica.

A insônia de curta duração contempla os mesmos critérios clínicos da insônia crônica, porém com duração dos sintomas menos de três vezes por semana e menos do que 3 meses.

"Outras insônias" é um diagnóstico dado para pacientes que não preenchem critérios nem para insônia crônica nem para insônia de curta duração.

Como variação da normalidade, há indivíduos que prolongam o tempo na cama, chamados de "excesso de tempo na cama", mas que não exibem sintomatologia diurna, e os dormidores curtos, indivíduos que dormem menos do que 6 horas por noite sem prejuízo diurno.

DISTÚRBIOS RESPIRATÓRIOS DO SONO

Os distúrbios respiratórios do sono são divididos em:

- Apneia obstrutiva do sono:
  - Apneia obstrutiva do sono, adultos.
  - Apneia obstrutiva do sono, crianças.
- Apneia central do sono:
  - Apneia central do sono com respiração de Cheyne-Stokes.
  - Apneia central decorrente de doenças médicas sem respiração de Cheyne-Stokes.
  - Apneia central em razão de alta altitude.
  - Apneia central em razão de uso de medicamentos ou substâncias.
  - Apneia central primária.
  - Apneia central da infância.
  - Apneia central da prematuridade.

- Apneia central emergente.
- Alterações do sono em razão de hipoventilação:
  - Síndrome da obesidade e hipoventilação.
  - Síndrome da hipoventilação alveolar central congênita.
  - Hipoventilação de início tardio com disfunção hipotalâmica.
  - Hipoventilação alveolar central idiopática.
  - Hipoventilação em razão de uso de medicamentos ou substâncias.
  - Hipoventilação em razão de doenças médicas.
- Hipoxemia associada ao sono:
  - Hipoxemia do sono.
- Sintomas isolados ou variação da normalidade:
  - Roncos.
  - Catatrenia.

Os destaques da atualização dos distúrbios respiratórios do sono são a manutenção da distinção do diagnóstico da apneia obstrutiva do sono entre adultos e crianças, a introdução dos diagnósticos de apneia central da infância e prematuridade dentro do diagnóstico maior e a introdução da apneia emergente do sono, antigamente conhecida como apneia complexa. As hipoventilações são marcadas por aumento da pCO_2 determinada por capnografia ou por gasometria, sendo que a síndrome da obesidade e hipoventilação é a única patologia, dentre todas, que possui aumento da pCO_2 mesmo com o paciente em vigília. Cabe ressaltar o novo diagnóstico "hipoxemia associada ao sono", quando a saturação de oxigênio durante a polissonografia for menor ou igual a 88% nos adultos ou menor ou igual a 90% nas crianças, com duração maior ou igual a 5 minutos. Destaca-se como variante da normalidade a catatrenia, que na ICSD-2 era classificada como parassonia. Ela foi incluída nos distúrbios respiratórios do sono, pois frequentemente se manifesta como "grunhidos" ou ruídos incaracterísticos durante o sono REM ao final da expiração.

HIPERSONIAS

As hipersonias são divididas em:

- Narcolepsia tipo I.
- Narcolepsia tipo II.
- Hipersonia idiopática.
- Síndrome de Kleine-Levin.
- Hipersonia em razão de doenças médicas.
- Hipersonia em razão de uso de medicamentos ou substâncias.

- Hipersonia associada a doenças psiquiátricas.
- Síndrome do sono insuficiente.

Sintomas isolados ou variação da normalidade: dormidores longos.

Destaca-se a classificação de narcolepsia tipo I e tipo II. A cataplexia está normalmente presente na narcolepsia tipo I e ausente na narcolepsia tipo II. A baixa concentração de hipocretina no liquor está presente na narcolepsia tipo I, o que não ocorre na narcolepsia tipo II. Uma novidade dessa classificação foi considerar um episódio de sono REM nos primeiros 15 minutos da polissonografia que antecede o teste múltiplo da latência do sono (TMLS) para a soma de 2 ou mais sonos REM. Além disso, a média das latências foi fixada em menor ou igual a 8 minutos durante o TMLS, seja para a narcolepsia tipo I ou II. A hipersonia idiopática, por sua vez, é composta por menos de 2 sonos REM no TMLS, mas a média das latências normalmente encontrada é menor ou igual a 8 minutos. Sintomas como paralisia do sono e alucinações hipnagógicas podem estar presentes nas narcolepsias e na hipersonia idiopática. Como variação da normalidade, destacam-se os dormidores longos: indivíduos que dormem acima de 10 horas por noite e não preenchem nenhum outro critério para outras patologias.

DISTÚRBIOS DO RITMO CIRCADIANO

Os principais sintomas desses distúrbios de forma geral são dificuldade em iniciar e/ou manter o sono e sonolência excessiva diurna (SED). Os distúrbios do ritmo circadiano subdividem-se em:

- Atraso de fase.
- Avanço de fase.
- Padrão irregular de sono-vigília.
- Distúrbio do ciclo sono-vigília diferente de 24 horas.
- Distúrbio dos trabalhadores de turno.
- *Jet lag.*
- Distúrbios do ritmo circadiano não especificados.

O distúrbio do atraso de fase, ou síndrome da fase atrasada do sono, é o mais comum. É caracterizado pelo atraso em iniciar o sono, em habitualmente pelo menos 2 horas, além de dificuldade de despertar em horários convencionais ou socialmente determinados. É mais comum em adolescentes e adultos jovens. Já o distúrbio de avanço de fase, ou síndrome da fase avançada do sono, é mais comum nos indivíduos com idade mais avançada, caracterizado por um despertar precoce e uma dificuldade em se manter acordado em horários desejados ou nos que antecedem o tempo convencional de se deitar. Nesse caso, o tempo de início e o término do sono se dão habitualmente 2 horas antes do horário convencional.

Já no padrão irregular do sono-vigília, o paciente não possui um período maior de sono como o habitual, apenas pequenos períodos distribuídos irregularmente ao longo do dia. As queixas características são de insônia no período noturno e sonolência excessiva durante o dia. As doenças neurodegenerativas, como Parkinson e Alzheimer, são fatores de risco para esse distúrbio. O distúrbio do ciclo sono-vigília diferente de 24 horas, por sua vez, era chamado na classificação antiga de distúrbio de livre-curso. Como o próprio nome já diz, é caracterizado por períodos de sono e despertar que vão progressivamente avançando em horário a cada dia, com um ritmo circadiano ligeiramente superior a 24 horas. É o distúrbio de ritmo circadiano mais característico de pessoas privadas de estímulos visuais, por exemplo.

No distúrbio dos trabalhadores de turno, por sua vez, há caracteristicamente uma redução do tempo total de sono – de 1 até 4 horas. Está associado com um período de trabalho que coincide com o período habitual do sono. É mais comum entre os trabalhadores com turnos noturnos completos, mas também entre trabalhadores que iniciam seu turno entre as 4 e 7 horas da manhã e os de turnos alternados durante a noite. O distúrbio ocorre independentemente das tentativas de melhorar as condições para o sono durante o dia. Os pacientes queixam-se de insônia e sonolência excessiva diurna, além de apresentarem diminuição da atenção e da produtividade no trabalho.

O distúrbio do *jet lag* será discutido em capítulo à parte. Já os distúrbios do ritmo circadiano não especificados são aqueles secundários a uma desordem psiquiátrica, neurológica ou clínica. Também são comuns em pacientes com doenças neurodegenerativas, como Parkinson ou Alzheimer.

PARASSONIAS

Parassonias são definidas como eventos físicos ou comportamentos indesejáveis que ocorrem durante o sono. Elas englobam movimentos complexos durante o sono, além de emoções, percepções, sonhos e atividade do sistema nervoso autônomo. Podem ocorrer no sono não REM (NREM), no sono REM e nas transições sono-vigília.

As parassonias do sono NREM podem ser divididas em:

- Despertares confusionais.
- Sonambulismo.
- Terrores noturnos.

- Distúrbio da alimentação – ou do comer-beber – relacionado ao sono (*sleep related eating disorder*).

Esse último distúrbio passou do item "Outras parassonias" na ICSD-2 para as parassonias do sono NREM na última classificação. Todos esses distúrbios compartilham padrões genéticos e familiares semelhantes, fisiopatologia semelhante consistindo em despertares parciais do sono profundo, além de fatores desencadeantes semelhantes, como privação do sono e/ou fatores de estresse. Os olhos normalmente permanecem abertos durante esses episódios de parassonias. O paciente pode ser de difícil despertar durante o episódio e, quando despertado, normalmente fica em um estado de confusão. Normalmente, ocorrem em crianças, tendo resolução espontânea até a puberdade, mas podem persistir em alguns casos.

Os despertares confusionais iniciam-se com o paciente na cama. Normalmente, o paciente senta-se na cama com o despertar e inicia um estado de confusão temporoespacial. O sonambulismo, quando presente, tipicamente é iniciado com um episódio de despertar confusional. O paciente com sonambulismo apresenta-se com fala lentificada, desorientado no espaço e no tempo e normalmente responde de forma confusa a perguntas, se solicitado. Há amnésia anterógrada e retrógrada. Apesar disso, o paciente pode parecer estar acordado em alguns momentos. Já nos terrores noturnos, por sua vez, o paciente tem despertares com choros ou gritos e comportamento típico de medo intenso, com manifestações autonômicas associadas (taquicardia, taquipneia, midríase, aumento do tônus muscular e diaforese). Normalmente, senta-se na cama e é difícil de despertá-lo.

No distúrbio do comer-beber relacionado ao sono, há perda parcial ou total da consciência durante o episódio de alimentação, com dificuldade em relembrá-lo após. Além disso, há risco de lesão corporal ou comportamentos potencialmente perigosos enquanto o paciente procura por comida ou cozinha. O paciente pode procurar inconscientemente por padrões diferentes e potencialmente danosos de comidas (alimentos crus) ou até substâncias tóxicas (produtos de limpeza, por exemplo).

As parassonias do sono REM, por sua vez, subdividem-se em:

- Distúrbio comportamental do sono REM.
- Paralisia isolada recorrente do sono.
- Pesadelos.

No distúrbio comportamental do sono REM, o paciente apresenta vocalização relacionada ao sono e comportamentos motores complexos, tipicamente durante o sono REM. O diagnóstico pode ser auxiliado por uma polissonografia documentada por vídeo. Nesse distúrbio, há períodos em que o sono REM não apresenta atonia muscular, e a eletromiografia (EMG) mostra excesso de atividade física durante o sono REM ou um tônus muscular aumentado. Nesse distúrbio, o indivíduo pode repetir comportamentos motores presentes no sonho (perseguir ou lutar com um animal, por exemplo), com potencial risco de lesão física a ele ou ao cônjuge. Há associação entre o distúrbio comportamental do sono REM e doenças neurodegenerativas, como Parkinson e Alzheimer.

A paralisia isolada recorrente do sono é caracterizada por uma inabilidade recorrente em mover o tronco e os membros durante o início do sono ou durante o despertar. Os episódios podem durar de segundos a minutos, causando ansiedade e medo ao adormecer. Alucinações podem acompanhar os pacientes em 25 a 75% dos casos (podendo ser visuais, auditivas ou táteis, ou a sensação de uma presença no quarto). As alucinações podem ocorrer antes, durante ou depois dos episódios de paralisia. Privação de sono e ciclos irregulares repetidos sono-vigília foram identificados como fatores predisponentes para esse distúrbio. O distúrbio normalmente se inicia na adolescência, sem consequências graves à saúde do paciente. Há um diagnóstico diferencial importante com paralisia periódica hipocalêmica.

Por fim, no distúrbio dos pesadelos (também uma parassonia do sono REM), há a ocorrência de episódios repetitivos e longos de sonhos com memória vívida que envolvem ameaça à integridade física, à segurança ou à sobrevivência do indivíduo. Há prejuízo social e/ou ocupacional do paciente, podendo causar distúrbios do humor, resistência ao sono (ansiedade antecipatória), prejuízo cognitivo e distúrbios comportamentais. Há associação com o distúrbio de estresse pós-traumático. Em 60 a 75% dos casos, ocorre em crianças, normalmente dos 3 aos 6 anos de idade.

Outras parassonias incluem a *exploding head syndrome* (sensação de barulho súbita ou sensação de explosão durante o sono que desperta o indivíduo), alucinações relacionadas ao sono, enurese noturna (por definição da parassonia, em pacientes maiores de 5 anos em um período maior que 3 meses), secundárias a distúrbios clínicos ou uso de substâncias (como agentes sedativos-hipnóticos) e não classificadas em outra parte (quando não se encaixam nos critérios diagnósticos dos distúrbios aqui listados).

DISTÚRBIOS DO MOVIMENTO RELACIONADOS AO SONO

São caracterizados por movimentos simples, normalmente estereotipados, que perturbam a manutenção do sono ou seu início. A queixa de SED ou o distúrbio do sono durante a noite são pré-requisitos para o diagnóstico.

Os distúrbios do movimento incluem:

- Síndrome das pernas inquietas (SPI).
- Distúrbio do movimento periódico dos membros inferiores (PLMD – *periodic leg movement disorder*).
- Cãibras noturnas relacionadas ao sono.
- Bruxismo relacionado ao sono.
- Distúrbio de movimento rítmico relacionado ao sono.
- Mioclonia benigna do sono da infância.
- Mioclônus proprioespinal no início do sono.
- Distúrbios de movimento relacionados a uma desordem clínica e ao uso de substâncias e não classificados em outra parte (cada um em uma categoria à parte).

Na SPI ou na síndrome de Willis-Ekbom, há urgência em mover as pernas, normalmente acompanhada por uma parestesia ou sensação de desconforto em membros inferiores, a qual é aliviada com o movimento. A SPI será discutida em um capítulo à parte.

No PLMD, há o achado polissonográfico típico (quatro ou mais movimentos em sequência de movimentos de membros inferiores, com duração de 5 a 90 segundos), com uma frequência > 5/hora em crianças e > 15/hora em adultos, com prejuízo ao sono noturno (fragmentação), ou SED, ou seja, prejuízo funcional ao indivíduo. A presença de insônia ou hipersonia com movimentos periódicos de membros inferiores (PLM) não é suficiente para se estabelecer o diagnóstico do distúrbio. Os PLM são comuns, podendo ser secundários a síndrome da apneia obstrutiva do sono (SAOS), narcolepsia ou distúrbio comportamental do sono REM, por exemplo. O PLMD, entretanto, é de ocorrência rara. Nesse caso, a relação causa-efeito entre o prejuízo funcional e do sono deve ser estabelecida, e as outras causas de PLM devem ser excluídas.

As cãibras noturnas relacionadas ao sono são condições comuns, e já foi postulado que quase todo adulto acima de 50 anos já apresentou um episódio durante a vida. Fatores predisponentes são o diabete melito, a esclerose lateral amiotrófica, a doença vascular periférica, a hipocalemia, a hipocalcemia e a hipomagnesemia e os distúrbios metabólicos. As contrações são tipicamente aliviadas pelo alongamento dos grupos musculares.

No bruxismo relacionado ao sono, por sua vez, há a presença de um ranger de dentes de forma regular durante o sono. O paciente pode apresentar dor na articulação temporomandibular ou na região de mandíbula pela manhã em razão do esforço realizado durante a noite, cefaleia temporal ou ainda distúrbios de maloclusão dentária pela manhã. A polissonografia não é condição essencial ao diagnóstico, mas idealmente pode se fazer uma polissonografia de noite inteira com documentação de áudio e vídeo, além de eletrodo massetérico na eletroneuromiografia para se confirmar a suspeita.

É importante salientar que não há relação direta entre o grau de gravidade do bruxismo – visto pelo número de episódios de contrações durante a polissonografia – e o surgimento de sinais e sintomas. Nesse sentido, o paciente pode apresentar sintomas que trazem prejuízo funcional mesmo nos casos leves na polissonografia.

No distúrbio de movimento rítmico relacionado ao sono, o paciente apresenta movimentos repetitivos, estereotipados e rítmicos envolvendo grandes grupos musculares. Há prejuízo do sono normal do paciente ou prejuízo funcional do indivíduo durante o dia. É tipicamente observado em crianças. O paciente pode apresentar movimentos bruscos de todo o tronco (*bodyrocking*) ou movimentos súbitos da cabeça em direção ao travesseiro (*headbanging*), com risco de lesão corporal. Menos comumente, o paciente pode rolar subitamente na cama de um lado para o outro (*bodyrolling*). A duração dos episódios é variável, mas normalmente é menor que 15 minutos. A cessação dos movimentos pode ocorrer pelo próprio ambiente ou quando os pacientes são interrompidos pela fala de um interlocutor.

No mioclônus benigno da infância, há um movimento de mioclonia repetitivo em neonatos e bebês de até 6 meses de idade, tipicamente, envolvendo membros, tronco ou o corpo todo. Esses movimentos ocorrem somente durante o sono e cessam abruptamente quando o bebê é acordado. Há um diagnóstico diferencial importante com epilepsia. Já a mioclonia proprioespinal do início do sono é um distúrbio caracterizado por mioclonias no início do sono, principalmente em abdome, tronco e pescoço, que tipicamente aparecem enquanto o paciente tenta iniciar o sono. O distúrbio é mais comum em adultos e em homens e pode acarretar dificuldade e má qualidade do sono.

Por fim, na classificação dos distúrbios de movimento, há os distúrbios relacionados a uma condição clínica (normalmente condições neurológicas), os distúrbios relacionados ao abuso de substâncias (p. ex., neurolépticos) e os distúrbios de movimentos sem especificação (que não se encaixam em outros diagnósticos).

Como sintomas isolados e variantes do normal, encaixam-se o mioclônus fragmentado excessivo, o tremor hipnagógico de pé e a ativação alternada da musculatura de pernas (*alternate leg muscle ativation* – ALMA) e, por fim, os abalos do início do sono ou abalos hipnagógicos.

O primeiro consiste em um achado polissonográfico muito comum, caracterizado por pequenos movimentos do canto da boca, movimentos dos dedos das mãos ou pés ou mesmo sem movimentos visíveis de maneira geral. É um fenômeno do sono NREM que lembra as contrações tônicas vistas tipicamente no sono REM. São definidos como movimentos eletromiográficos muito rápidos (normalmente de 75 a 150 ms), isolados, assimétricos e assíncronos, de amplitude muito variável. Não causam repercussão clínica ou prejuízo do sono.

No tremor hipnagógico de pé e na ativação muscular de membros inferiores, há um movimento rítmico de pés e dedos dos pés, que ocorre na transição entre a vigília e o sono (estágios N1 e N2). A ALMA consiste em uma ativação rápida do músculo tibial anterior em uma perna com ativação muscular similar alternada na outra perna, durante o sono ou durante os despertares. São manifestações eletromiográficas semelhantes e que podem estar contidas uma na outra, normalmente sem repercussão clínica, a não ser que os episódios tenham uma frequência muito elevada. Alguns pacientes com distúrbio comportamental do sono REM, PLM ou uso de antidepressivos podem apresentar ALMA na polissonografia. Normalmente, esses movimentos respondem ao uso de pramipexol.

Por fim, nos abalos do início do sono ou abalos hipnagógicos, o paciente apresenta contrações súbitas e rápidas de todo o corpo ou parte dele durante o início do sono. Normalmente, consistem de uma só contração assimétrica. Podem ser desencadeados espontaneamente ou por estímulos – auditivos, como bater de palmas e estalar de dedos, ou somatossensoriais, como a sensação de estar caindo. Uma prevalência de 60 a 70% já foi reportada, no entanto, com frequência esporádica, afetando ambos os sexos e todas as idades. Pode estar relacionada com o consumo excessivo de cafeína ou outros estimulantes, atividade física prévia extenuante, privação do sono e estresse.

OUTROS DISTÚRBIOS DO SONO

Os distúrbios do sono que não se encaixam nas outras categorias são listados aqui. Isso pode ser decorrente do fato de que muitos distúrbios na prática clínica apresentarem um *overlap* com uma ou mais categorias.

A ICSD-2 incluía nessa seção o distúrbio de ambiente do sono (*enviromental sleep disorder*). Há muita controvérsia se essa condição realmente poderia ser incluída como um distúrbio do sono propriamente dito. Era definido como uma dificuldade em iniciar e/ou manter o sono como um resultado direto do fator ambiente. Esse fator poderia ser um estímulo físico (ruído, temperatura, luz), parassonia do parceiro atrapalhando o sono ou uma demanda social (ter de cuidar de um idoso ou um bebê durante a noite). Hospitalização era um fator citado como desencadeante desse distúrbio. Ao contrário da insônia, não há nenhum fator psicológico envolvido. Na ausência do estímulo, o sono é normal. Entretanto, esse diagnóstico é pouco aplicado na prática clínica. Além disso, para alguns autores, esses tipos de estímulos que podem atrapalhar o sono simplesmente entram no conceito de higiene do sono, não caracterizando um distúrbio propriamente dito.

REFERÊNCIA BIBLIOGRÁFICA

1. International Classification of Sleep Disorders. 3.ed. Darien: American Academy of Sleep Medicine; 2014.

Síndrome da apneia obstrutiva do sono | 5

Fernanda Louise Martinho Haddad
Danilo Anunciatto Sguillar

INTRODUÇÃO

Os distúrbios respiratórios obstrutivos do sono (DROS) incluem o ronco primário, a síndrome da apneia obstrutiva do sono (SAOS) e a síndrome da resistência das vias aéreas superiores (SRVAS).[1]

DEFINIÇÕES

O ronco primário é definido como o ruído emitido durante o sono pelo turbilhonamento do ar como consequência da vibração dos tecidos moles faríngeos sem prejuízo na saturação da oxi-hemoglobina ou na arquitetura do sono. Já a SAOS é definida por episódios recorrentes de obstrução parcial ou total da via aérea superior (VAS) durante o sono, que ocasionam dessaturação da oxi-hemoglobina e fragmentação do sono. São chamados de hipopneias, no adulto, os eventos respiratórios que levam à redução do fluxo aéreo em 30% ou mais, por no mínimo 10 segundos, associados à dessaturação da oxi-hemoglobina em pelo menos 3% e/ou despertares; as apneias são caracterizadas por redução da curva de fluxo aéreo em 90% ou mais também com duração de pelo menos 10 segundos. Por fim, a SRVAS é caracterizada pela presença de múltiplos episódios de despertares decorrentes do aumento do esforço respiratório durante o sono, sem a presença de apneia, hipopneia ou dessaturação da oxi-hemoglobina.

PREVALÊNCIAS

A prevalência de SAOS varia de acordo com a população estudada. Um estudo conduzido por Young et al., em 1993, demonstrou prevalência de 9% em mulheres e 24% nos homens[2] quando considerado o índice de apneia e hipopneia (IAH) maior ou igual a 5 associado à queixa de sonolência diurna. Em

2001, Bixler et al. encontraram uma prevalência de 3,9% em homens e 1,2% nas mulheres, e foram considerados apneicos os pacientes que apresentaram IAH maior ou igual a 10.[3] Nesse mesmo ano, um estudo espanhol considerou IAH maior ou igual a 10 e demonstrou prevalência de 19% de apneia nos homens e 15% nas mulheres.[4] Em um estudo epidemiológico mais recente, realizado na cidade de São Paulo, a prevalência na SAOS, seguindo os critérios diagnósticos da 2ª Classificação Internacional dos Distúrbios do Sono (ICDS-2), foi de 32,9% na população geral, sendo 40,6% nos homens e 26,1% nas mulheres.[5] A SAOS ocorre preferencialmente nos homens, entre a 4ª e 5ª décadas de vida e nos obesos.

O ronco apresenta alta prevalência populacional e acomete 45% dos homens e 30% das mulheres acima dos 65 anos.[6] Em pesquisa realizada em 150 cidades brasileiras, 29% da população pesquisada queixava-se de ronco.[7]

FISIOPATOLOGIA DA SAOS

A faringe é um tubo flexível que se mantém pérvio à custa de um balanço existente entre a pressão exercida pelos músculos dilatadores da faringe (pressão extrínseca ou extraluminal – PE) e a pressão negativa no lúmen da faringe (pressão intrínseca ou intraluminal – PI). Esse balanço existente entre essas duas pressões, que faz manter pérvia a faringe, gera a pressão transmural (PT). As apneias e as hipopneias apresentadas pelos pacientes portadores da SAOS ocorrem por provável desbalanço entre essas pressões, que é favorecida pela hipotonia característica do sono. Durante a inspiração, em condições normais, observa-se o aumento da atividade da musculatura dilatadora da faringe para manter a patência da VAS, e, durante o sono, esse reflexo se atenua. Acredita-se que, em pacientes com SAOS, ocorra aumento do tônus do músculo genioglosso durante a vigília e o sono e que seu relaxamento possa ter maior impacto e contribuir para o colapso da faringe. Várias são as teorias para explicar a colapsibilidade da faringe em indivíduos com SAOS. Acredita-se que, com o envelhecimento, o arcabouço faríngeo possa se tornar mais hipotônico e assim mais colapsável. Além disso, há evidências de que pacientes com SAOS apresentem a faringe com formato de elipse, quando comparados a controles que apresentam o formato circular, o que favoreceria o colapso. Essa mudança no formato da faringe poderia ocorrer por aumento da PE, seja por deposição de tecido adiposo parafaríngeo, por alterações craniofaciais e/ou aumento dos tecidos moles dessa região. O aumento da negatividade da PI também é responsável pelo estreitamento faríngeo. Em indivíduos normais, esse estreitamento ocorre quando a pressão atinge valores negativos acentuados (pressão subatmosférica); porém, as forças opostas da musculatura dilatadora da faringe são suficientes para garantir a patência da VAS. Já os indivíduos com SAOS apresentam pressão positiva de fechamento da faringe ou pressão crítica, ou seja, o colapso ocorre mesmo quando a PI é atmosférica. O estreitamento da faringe gera aumento da velocidade de fluxo aéreo e, consequentemente, mais redução da PI (efeito de Bernoulli). Há ainda outros fatores que contribuem para o aumento da negatividade da faringe, como as forças adesivas da mucosa, o tônus vasomotor, a flexão do pescoço, a abertura e o deslocamento inferior da mandíbula e a resistência nasal aumentada. Em contrapartida, há forças que são protetoras ao colapso, como a tração caudal torácica e a extensão do pescoço.

QUADRO CLÍNICO E DIAGNÓSTICO DA SAOS

Os sintomas mais comuns apresentados pelos pacientes com SAOS são: ronco, pausas respiratórias testemunhadas pelo acompanhante, sonolência diurna excessiva (SDE), alterações cognitivas (déficit de concentração e memória) e alterações do humor.

A polissonografia (PSG) de noite inteira é o exame de escolha para realizar o diagnóstico dos distúrbios respiratórios do sono (DRS) e inclui registros como o eletroencefalograma (EEG), o eletro-oculograma (EOG), a eletromiografia (EMG) não invasiva do mento e dos membros, as medidas do fluxo aéreo oronasal, do movimento toracoabdominal, do eletrocardiograma (ECG), da oximetria de pulso, da posição corporal e da intensidade do ronco.

Para o diagnóstico da SAOS no adulto, segundo a 3ª Classificação Internacional dos Distúrbios do Sono (ICDS-3),[8] é requerida a presença dos itens (A e B) ou C, descritos abaixo:

A. No mínimo uma queixa de:
- Episódios de sono não intencionais durante a vigília, SDE, sono não reparador, fadiga ou insônia.
- Despertares com pausas respiratórias, engasgos ou asfixia.
- Relato de ronco alto e/ou pausas respiratórias durante o sono por parte do(a) companheiro(a).
- Pacientes com diagnóstico de hipertensão arterial, depressão, alteração cognitiva, doença coronariana, doença cerebrovascular, insuficiência cardíaca congestiva, fibrilação atrial ou diabete melito tipo 2.

B. PSG basal ou monitorização portátil apresentando:
- Cinco ou mais eventos respiratórios obstrutivos detectáveis (apneia obstrutiva ou mista e/ou hipopneias e/ou aumento da resistência das vias aéreas superiores [RERA] – por hora de sono – detectados em PSG ou monitorização portátil).

ou
c. PSG basal ou monitorização portátil apresentando:
- Quinze ou mais eventos respiratórios detectáveis (apneia obstrutiva e/ou hipopneias e/ou RERA – por hora de sono – detectados em PSG ou monitorização portátil).

A classificação da gravidade da SAOS é baseada no IAH, na intensidade da SDE e na repercussão causada na vida social e profissional do paciente.[9] É classificada em leve, moderada ou grave. A SAOS é considerada leve quando a sonolência diurna ou episódios de sono involuntários ocorrem durante atividades que exigem pouca atenção, como assistir à televisão, ler ou andar de veículo como passageiro. Na PSG, o IAH está entre 5 e 15 eventos por hora. Já a SAOS moderada está associada com a SDE durante as atividades que exigem alguma atenção, como em eventos sociais (reuniões), e com um IAH na PSG entre 15 e 30 eventos por hora. Por fim, a SAOS grave associa-se com a SDE durante as atividades que exigem maior atenção, como comer, caminhar, conversar ou dirigir, e com um IAH superior a 30 eventos por hora.

Os fatores de risco associados à SAOS são a idade mais avançada, o gênero masculino, o índice de massa corpórea (IMC) aumentado, a medida da circunferência cervical (CC) aumentada e as alterações craniofaciais e de VAS. Há vários trabalhos na literatura que correlacionam o grau de obesidade com a gravidade da SAOS,[10,11] embora alguns estudos demonstrem que essa correlação ainda seja controversa.[12,13] Além disso, a CC é um dos principais preditores para a SAOS, sendo considerados valores de normalidade 38 cm para as mulheres e 43 cm para os homens.

Várias alterações têm sido descritas em pacientes com SAOS, mas as principais descritas em literatura são as faríngeas, como palato mole espesso e/ou posteriorizado e/ou *web* (membrana formada pela inserção baixa do pilar posterior na úvula), pilares tonsilares medianizados (Figura 1), hipertrofia obstrutiva da tonsila palatina, úvula longa e/ou espessa e língua volumosa.[14,15] O índice de Mallampatti modificado, proposto por Friedman et al., avalia o paciente sentado, com a máxima abertura de boca e com a língua relaxada dentro da cavidade oral. Os índices são divididos em: classe I (visualização de toda orofaringe, incluindo o palato mole, pilares tonsilares, tonsilas palatinas e parede posterior da orofaringe); classe II (visualização do polo superior das tonsilas palatinas e parte da parede posterior da orofaringe); classe III (visualização de parte do palato mole e úvula) e classe IV (apenas o palato duro e parte do palato mole visíveis) (Figura 2). A maior parte dos pacientes com SAOS apresentam Mallampatti modificado III ou IV, o que denota má relação da língua e orofaringe.

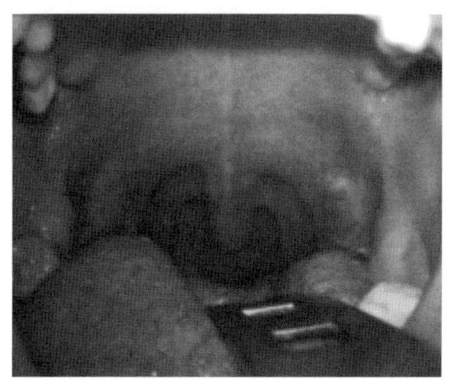

Figura 1   Palato espesso, medianizado e em *web*.

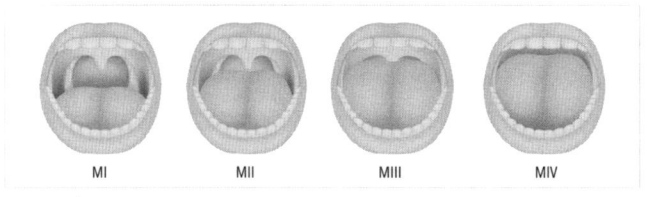

| MI | MII | MIII | MIV |

Figura 2   Índice de Mallapatti modificado.

As alterações anatômicas craniofaciais, em especial a retrognatia (Figura 3), estão relacionadas à fisiopatologia da SAOS e podem ser avaliadas por intermédio de inspeção facial e oroscopia ou por cefalometria. Na inspeção facial e oroscopia, a presença de palato duro ogival, a oclusão dentária classe II de Angle (sugestiva de retroposição mandibular), as desproporções entre a maxila e mandíbula e as alterações das distâncias obtidas entre o osso hioide, a tireoide, a cricoide e o mento são os parâmetros mais correlacionados à doença.

A nasofibroscopia flexível é fundamental para avaliar a via aérea superior integralmente e descartar a presença de alterações na rinofaringe e na hipofaringe. Mais recentemente, o exame nasofibroscópico vem sendo realizado sob sono induzido por medicamentos, chamado também de sonoendoscopia, porém, com os estudos existentes na literatura, ainda não é possível saber se os achados desse tipo de exame vão auxiliar na escolha do tratamento desses pacientes. Há ainda

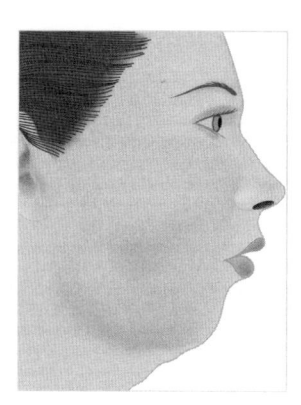

Figura 3 Retrognatia.

exames como tomografia computadorizada e ressonância magnética (estática ou dinâmica) para avaliar a área de estreitamento da faringe.

Além disso, doenças hormonais como hipotireoidismo e acromegalia, consumo de bebidas alcoólicas e uso de medicamentos sedativos e relaxantes musculares podem precipitar ou agravar os DROS.

Em resumo, a SAOS é uma doença multifatorial e evolutiva. A adequada avaliação dos pacientes e o diagnóstico preciso são a chave para o sucesso terapêutico.

REFERÊNCIAS BIBLIOGRÁFICAS

1. Iber C, Ancoli-Israel S, Chesson A, Quan S. The AASM Manual for the scoring of sleep and associated events: rules, terminology and technical specifications. Westchester: American Academy of Sleep Medicine; 2007.
2. Young T, Palta M, Dempsey J, Skatrud J, Weber S, Badr S. The occurrence of sleep-disordered breathing among middle-aged adults. N Engl J Med. 1993;328(17):1230-5.
3. Bixler EO, Vgontzas AN, Lin HM, Ten Have T, Rein J, Vela-Bueno A, et al. Prevalence of sleep-disordered breathing in women: effects of gender. Am J Respir Crit Care Med. 2001;163(3 Pt 1):608-13.
4. Duran J, Esnaola S, Rubio R, Iztueta A. Obstructive sleep apnea-hypopnea and related clinical features in a population-based sample of subjects aged 30 to 70 yr. Am J RespirCrit Care Med. 2001;163(3 Pt 1):685-9.
5. Tufik S, Santos-Silva R, Taddei JA, Bittencourt LR. Obstructive sleep apnea syndrome in the Sao Paulo Epidemiologic Sleep Study. Sleep Med. 2010;11(5):441-6.

6. Bresnitz EA, Goldberg R, Kosinski RM. Epidemiology of obstructive sleep apnea. Epidemiol Rev. 1994;16:210-27.
7. Bittencourt LRA. Diagnóstico e tratamento da síndrome da apneia obstrutiva do sono: guia prático. São Paulo: Livraria Médica Paulista; 2008.
8. Zee PC, Badr MS, Kushida C, Mullington JM, Pack AI, Parthasarathy S, et al. Strategic opportunities in sleep and circadian research: report of the Joint Task Force of the Sleep Research Society and American Academy of Sleep Medicine. Sleep. 2014;37(2):219-27.
9. American Academy of Sleep Medicine. Sleep-related breathing disorders in adults: recommendations for syndrome definition and measurement techniques in clinical research. The Report of an American Academy of Sleep Medicine Task Force. Sleep. 1999;22(5):667-89.
10. Stradling JR, Crosby JH. Predictors and prevalence of obstructive sleep apnea and snoring in 1001 middle age men. Thorax. 1991;46(2)85-9.
11. Kushida CA, Efron B, Guilleminault C. A predictive morphometric model for the obstructive sleep apnea syndrome. Ann Intern Med. 1997;127(8 Pt I):581-7.
12. Fogel RB, Malhotra A, Dalagiorgou G, Robinson MK, Jakab M, Kikinis R, et al. Anatomic and physiologic predictors of apnea severity in morbidly obese subjects. Sleep. 2003;26(2):150-5.
13. Martinho FL, Tangerina RP, Moura SM, Gregorio LC, Tufik S, Bittencourt LR. Systematic head and neck physical examination as a predictor of obstructive sleep apnea in class III obese patients. Braz J Med Biol Res. 2008;41(12):1093-7.
14. Zonato AI, Bittencourt LR, Martinho FL, Junior JF, Gregorio LC, Tufik S. Association of systematic head and neck physical examination with severity of obstructive sleep apnea-hypopnea syndrome. Laryngoscope. 2003;113(6):973-80.
15. Zonato AI, Martinho FL, Bittencourt LR, de Oliveira Camponês Brasil O, Gregorio LC, Tufik S. Head and neck physical examination: comparison between nonapneic and obstructive sleep apnea patients. Laryngoscope. 2005;115(6):1030-4.

6 | Desfechos cardiovasculares da síndrome da apneia obstrutiva do sono

Fatima Dumas Cintra

INTRODUÇÃO

A avaliação dos fatores de risco para o desenvolvimento de doença cardíaca foi o pilar científico há algumas décadas, e inúmeras publicações foram realizadas para obtenção de melhor entendimento das características epidemiológicas relacionadas à maior probabilidade de doença cardíaca.[1] De fato, apesar de todos os avanços científicos, a incidência de doenças cardiovasculares aumenta progressivamente e contribui com altas taxas de mortalidade. Recentemente, a demonstração de aumento na taxa de mortalidade cardiovascular em pacientes portadores de síndrome da apneia obstrutiva do sono (SAOS)[2] fez com que os distúrbios respiratórios do sono ganhassem importância na prática clínica e sua investigação se tornasse recomendada pelas sociedades e organizações médicas.

A repercussão da AOS no sistema cardiovascular apresenta grande espectro clínico, incluindo desde quadros de hipertensão arterial sistêmica (HAS) até maior probabilidade de infarto agudo do miocárdio (IAM) e morte. O objetivo deste capítulo é abordar as principais consequências cardiovasculares de forma a nortear a sua investigação e instituir precocemente o tratamento adequado.

MECANISMOS ASSOCIADOS AO DANO CARDIOVASCULAR

Possivelmente, inúmeros mecanismos estão envolvidos, embora ainda estejam em investigação, entretanto, três fatores principais merecem destaque: hipóxia intermitente, despertares frequentes e alterações na pressão intratorácica. Essas alterações acabam por desencadear hiperatividade do sistema nervoso simpático, disfunção endotelial, inflamação, entre outros. Esse processo culmina com a lesão do sistema cardiovascular e morte (Figura 1).

A apneia e a hipopneia ocorrem quando a pressão inspiratória na faringe excede a ação dilatadora dos músculos nessa região.[3] Ocorrida a oclusão, for-

Fatores desencadeantes	**Mecanismos**	**Principais consequências**
Hipóxia intermitente Despertar frequente Alteração na pressão intratorácica	Inflamação Disfunção endotelial Hiperatividade simpática	Hipertensão arterial Insuficiência cardíaca Arritmias cardíacas Morte cardiovascular

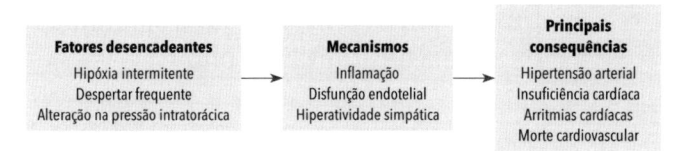

Figura 1 Esquema dos possíveis mecanismos associados ao dano cardiovascular observado em pacientes portadores de SAOS.

ças centrípetas na mucosa faríngea prolongam a apneia e causam asfixia. A resultante hipoxemia em centros do tronco encefálico promove a ativação da formação reticular ascendente, o que desencadeia o despertar e restabelece o fluxo aéreo. Associado a isso, durante os episódios de apneia/hipopneia, a inspiração forçada contra a via aérea obstruída é acompanhada por um aumento nos valores absolutos da pressão negativa intratorácica. Nesse momento, ocorre um estímulo do sistema nervoso simpático, com vasoconstricção sistêmica e aumento dos níveis de pressão arterial, os quais podem atingir níveis significativamente elevados mesmo em indivíduos normotensos em vigília.[4] A hiperatividade simpática observada nesses pacientes é um grande vilão para o sistema cardiovascular, sendo implicada na gênese da hipertensão arterial, no desencadeamento de arritmias cardíacas e na ocorrência de IAM. O nível de hipóxia noturna está fortemente associado ao nível de ativação simpática e aos níveis de pressão arterial durante a vigília.[5]

A avaliação do sistema nervoso autônomo por meio da variabilidade da frequência cardíaca mostra uma predominância simpática na modulação autonômica nesse grupo de pacientes,[6] inclusive o comportamento autonômico e os valores de variabilidade da frequência cardíaca estão sendo avaliados como ferramenta de triagem para o diagnóstico de AOS com resultados promissores.[7]

Além disso, o fenômeno de hipoxemia e da subsequente reoxigenação, repetido por inúmeras vezes durante a noite, ocasiona alterações de reperfusão com formação de radicais livres,[8] sendo que o estresse oxidativo é considerado um contribuinte importante para as consequências cardiovasculares observadas nesse grupo de pacientes.

IMPACTO DA SAOS NO SISTEMA CARDIOVASCULAR

Hipertensão arterial sistêmica

AOS é fator de risco independente para HAS. A prevalência da HAS em portadores da SAOS varia de 40 a 90%, e no caso inverso, a prevalência da SAOS entre portadores de HAS é de 22 a 62%.[9] O estudo *Wisconsin Sleep Cohort*[10] forneceu importantes dados em relação à associação apneia do sono e hipertensão arterial. Durante um longo período de acompanhamento, demonstrou-se uma relação dose-resposta entre os distúrbios respiratórios do sono e o desenvolvimento de hipertensão arterial mesmo após ajuste para potenciais fatores de confusão, como hipertensão de base, idade, sexo, tabagismo, uso de álcool, índice de massa corpórea, entre outros.

Uma vez demonstrada a relação entre as duas entidades clínicas, SAOS e hipertensão arterial, era de se esperar que o tratamento da AOS reduzisse os níveis pressóricos nesse grupo de pacientes, entretanto, o uso de pressão positiva contínua nas vias aéreas (CPAP) em pacientes com HAS ainda é controverso. Em uma metanálise,[11] incluindo estudos que avaliaram os efeitos do CPAP na pressão arterial de portadores de apneia do sono, a terapia com CPAP reduziu minimamente (1,38 mmHg) a pressão arterial sistólica, o que não apresentou significância estatística. De maneira similar, a pressão arterial diastólica não apresentou redução após o uso do CPAP, quando comparadas com a do grupo placebo. Recentemente, em uma outra metanálise, foi observado que o CPAP melhorou significativamente a pressão arterial noturna quando comparada com a diurna. Além disso, seu efeito foi melhor em pacientes com hipertensão resistente e uso de drogas antiarrítmicas. Além disso, o uso disciplinado do equipamento, a idade e os níveis basais da pressão arterial foram positivamente correlacionados com redução na pressão arterial diastólica.[12] Pacientes portadores de hipertensão resistente parecem ser os que mais se beneficiam do uso rotineiro do CPAP. Em uma última metanálise, que incluiu apenas estudos dedicados à hipertensão resistente, a magnitude do efeito do CPAP foi superior aos demais.[13]

Arritmias cardíacas

A AOS é associada a amplo espectro de arritmias cardíacas, desde bradiarritmias, fibrilação atrial (FA), ectopias atriais e ventriculares até casos de taquicardia ventricular.[14,15]

A FA merece destaque nesse contexto, por apresentar maior número de ensaios clínicos associando-a a AOS. Em um estudo de triagem de AOS com a polissonografia, em pacientes portadores de FA crônica persistente e permanente, 81,6% dos pacientes apresentavam as duas anormalidades.[16] Além disso, a ocorrência de fenômenos tromboembólicos associados à FA faz com que a pesquisa ativa dessa anormalidade do ritmo em pacientes SAOS seja recomendada.[17]

Em um estudo prospectivo, com pacientes encaminhados para a cardioversão elétrica de fibrilação ou *flutter* atrial, observou-se 82% de recorrência nos pacientes com AOS sem tratamento ou com tratamento inadequado e 42% de recorrência nos pacientes adequadamente tratados (p < 0,01). Além disso, no grupo de pacientes não tratados, a recorrência foi ainda maior entre os que apresentavam maior queda na saturação de oxigênio durante o evento de apneia (p < 0,01).[18]

A influência da AOS também foi verificada na evolução de pacientes portadores de FA submetidos ao isolamento elétrico das veias pulmonares (VP), como estratégia de controle do ritmo. Os autores demonstraram que o tratamento com CPAP resultou em maior taxa de sobrevida livre de FA quando comparado com o grupo com AOS sem tratamento efetivo (71,9% vs. 36,7%; p = 0,01). A taxa de recorrência dos pacientes apneicos tratados com CPAP foi semelhante à observada em indivíduos sem AOS (HR: 0,7; p = 0,46). A recorrência de FA após isolamento elétrico das VP, no grupo sem tratamento com CPAP, foi significativamente mais alta e semelhante à de pacientes com AOS que tiveram a FA controlada com medicamentos sem o tratamento intervencionista.[19] Recente metanálise sobre o assunto demonstrou a influência negativa da SAOS na taxa de recorrência de FA após ablação por cateter.[20]

Insuficiência cardíaca

A AOS representa maior risco de desenvolvimento de insuficiência cardíaca congestiva.[21] Os mecanismos relacionados na fisiopatologia do dano cardiovascular incluindo a hiperatividade simpática, a disfunção endotelial e o aumento de mediadores inflamatórios e de fatores pró-trombóticos parecem agir diretamente sobre o desempenho do miócito cardíaco, o que, em última instância, afetaria o funcionamento global do miocárdio.[22] No estudo *Sleep Heart Health*, foi detectado que em pacientes com AOS o risco relativo de desenvolvimento de insuficiência cardíaca congestiva foi de 2,38, independentemente de outros fatores de complicações cardiovasculares como HAS, doença coronariana e acidente vascular cerebral.[23] De outro modo, Javaheri realizou polissonografia em 81 homens com insuficiência cardíaca congestiva e identificou AOS em 11% dessa população.[24]

Estudos demonstram também que a AOS contribui de forma significativa para a deterioração gradual da função diastólica do ventrículo esquerdo (VE).[25] Os mecanismos envolvidos na disfunção diastólica em pacientes com AOS parecem ter a mesma etiopatogenia do comprometimento da dinâmica sistólica. Inicialmente, ocorrem elevações na pressão arterial e na atividade catecolaminérgica durante os eventos noturnos de apneia/hipopneia, o que promove uma sobrecarga pressórica episódica ao VE. Na evolução da AOS, o aumento do tônus simpático leva a um constante incremento da pós-carga.[26]

Não apenas os ventrículos são afetados. A função atrial também parece estar comprometida nos casos de AOS. Um estudo que avaliou a função atrial esquerda pela ecocardiografia tridimensional observou que pacientes com AOS apresentam alteração funcional e estrutural do átrio esquerdo,[27] e essas alterações podem ser revertidas com o tratamento efetivo da AOS.[28]

Mortalidade cardiovascular

Várias evidências científicas demonstram associação da presença de SAOS e risco aumentado de mortalidade cardiovascular e mortalidade por todas as causas. Em uma recente metanálise que incluiu 6 estudos e 11.932 pacientes, foram observadas no total 239 mortes por causas cardiovasculares e 1.397 mortes por todas as causas. A presença de AOS grave foi um potente preditor de mortalidade cardiovascular e por todas as causas. Além disso, não houve diferença na taxa de mortalidade cardiovascular nos pacientes tratados com CPAP quando comparados com indivíduos saudáveis sem SAOS.[29] Achados parecidos foram encontrados por outra metanálise que incluiu 25.760 participantes em que a SAOS foi associada a aumento na mortalidade cardiovascular, mortalidade por todas as causas e risco de acidente vascular cerebral.[30] Em pacientes portadores de SAOS leve, não houve aumento nas taxas de mortalidade.[31]

CONSIDERAÇÕES FINAIS

A SAOS é um transtorno marcado por expressivas repercussões cardiovasculares. Vários mecanismos estão em investigação para justificar o dano cardiovascular que ocorre nesses pacientes. A hipóxia intermitente, a fragmentação do sono e as alterações na pressão intratorácica são os responsáveis por ocasionarem tais mecanismos que acabam por desencadear as doenças cardiovasculares. A detecção e a instituição do tratamento são fundamentais para a prevenção primária e o incremento na qualidade de vida dessa população. Estudos clínicos e experimentais adicionais são necessários para esclarecer o papel do sono saudável na preservação da função cardíaca e da integridade vascular e dessa forma contribuir para a maior longevidade populacional.

REFERÊNCIAS BIBLIOGRÁFICAS

1. Wilson PW, D'Agostino RB, Levy D, Belanger AM, Silbershatz H, Kannel WB. Prediction of coronary heart disease using risk factor categories. Circulation. 1998;97:1837-47.
2. Marin JM, Carrizo SJ, Vicente E, Agusti AGN. Long-term cardiovascular outcomes in men with obstructive sleep apnea-hypopnoea with or without treatment with continuous positive airway pressure: an observational study. Lancet. 2005;365:1046-53.

3. Smith PL, Wise RA, Gold AR, Schwartz AR, Permutt S. Upper airway pressure-flow relationships in obstructive sleep apnea. J Appl Physiol. 1988;64(2):789-95.
4. Bittencourt LRA, Poyares D, Tufik S. Hipertensão arterial sistêmica e síndrome da apneia e hipopneia obstrutiva do sono: aspectos fisiológicos. Hipertensão. 2003;6(3):86-90.
5. Peled N, Greenberg A, Pillar G, Zinder O, Levi N, Lavie P. Contributions of hypoxia and respiratory disturbance index to sympathetic activation and blood pressure in obstructive sleep apnea syndrome. Am J Hypertens. 1998;11(11 Pt1):1284-9.
6. Belozeroff V, Berry RB, Khoo MC. Model-based assessment of autonomic control in obstructive sleep apnea syndrome. Sleep. 2003;26(1):65-73.
7. Gong X, Huang L, Liu X, Li C, Mao X, Liu W, et al. Correlation analysis between polysomnography diagnostic indices and heart rate variability parameters among patients with obstructive sleep apnea hypopnea syndrome. PLoS One. 2016;11(6):e0156628.
8. McCord JM. Oxygen-derived free radicals in postischemic tissue injury. N Engl J Med. 1985;312(3):159-63.
9. Peppard PE, Young T, Palta M, Skatrud J. Prospective study of the association between sleep-disordered breathing and hypertension. N Engl J Med. 2000;342(19):1378-84.
10. Young T, Palta M, Dempsey J, Peppard PE, Nieto FJ, Hla KM. Burden of sleep apnea: rationale, design, and major findings of the Wisconsin Sleep Cohort Study. WMJ. 2009;108(5):246-9.
11. Alajmi M, Mulgrew AT, Fox J, Davidson W, Schulzer M, Mak E, et al. Impact of continuous positive airway pressure therapy on blood pressure in patients with obstructive sleep apnea hypopnea: a meta-analysis of randomized controlled trials. Lung. 2007;185(2):67-72.
12. Hu X, Fan J, Chen S, Yin Y, Zrenner B. The role of continuous positive airway pressure in blood pressure control for patients with obstructive sleep apnea and hypertension: a meta-analysis of randomized controlled trials. J Clin Hypertens (Greenwich). 2015;17(3):215-22.
13. Iftikhar IH, Valentine CW, Bittencourt LR, Cohen DL, Fedson AC, Gíslason T, et al. Effects of continuous positive airway pressure on blood pressure in patients with resistant hypertension and obstructive sleep apnea: a meta-analysis. J Hypertens. 2014;32(12):2341-50; discussion 2350.
14. Guilleminault C, Connolly SJ, Winkle RA. Cardiac arrhythmia and conduction disturbances during sleep in 400 patients with sleep apnea syndrome. Am J Cardiol. 1983;52(5):490-4.
15. Cintra FD, Leite RP, Storti LJ, Bittencourt LA, Poyares D, Castro LD, et al. Sleep apnea and nocturnal cardiac arrhythmia: a populational study. Arq Bras Cardiol. 2014;103(5):368-74.
16. Braga B, Poyares D, Cintra F, Guilleminault C, Cirenza C, Horbach S, et al. Sleep-disordered breathing and chronic atrial fibrillation. Sleep Med. 2009;10(2):212-6.
17. Magalhães LP, Figueiredo MJO, Cintra FD, Saad EB, Kuniyishi RR, Teixeira RA, et al. II Diretrizes brasileiras de fibrilação atrial. Arq Bras Cardiol. 2016;106(4Supl.2):1-22.
18. Kanagala R, Murali NS, Friedman PA, Ammash NM, Gersh BJ, Ballman KV, et al. Obstructive sleep apnea and the recurrence of atrial fibrillation. Circulation. 2003;107(20):2589-94.
19. Fein AS, Shvilkin A, Shah D, Haffajee CI, Das S, Kumar K, et al. Treatment of obstructive sleep apnea reduces the risk of atrial fibrillation recurrence after catheter ablation. J Am Coll Cardiol. 2013;62(4):300-5.
20. Ng CY, Liu T, Shehata M, Stevens S, Chugh SS, Wang X. Meta-analysis of obstructive sleep apnea as predictor of atrial fibrillation recurrence after catheter ablation. Am J Cardiol. 2011;108(1):47-51.
21. Kee K, Naughton MT. Heart failure and sleep-disordered breathing: mechanisms, consequences and treatment. Curr Opin Pulm Med. 2009;15(6):565-70.

22. Kraiczi H, Caidahl K, Samuelsson A, Peker Y, Hedner J. Impairment of vascular endothelial function and left ventricular filling: association with the severity of apnea-induced hypoxemia during sleep. Chest. 2001;119(4):1085-91.
23. Shahar E, Whitney CW, Redline S, Lee ET, Newman AB, Javier Nieto F, et al. Sleep-disordered breathing and cardiovascular disease: cross-sectional results of the Sleep Heart Health Study. Am J Respir Crit Care Med. 2001;163(1):19-25.
24. Javaheri S. Sleep dysfunction in heart failure. Curr Treat Options Neurol. 2008;10(5):323-35.
25. Fung JW, Li TS, Choy DK, Yip GW, Ko FW, Sanderson JE, et al. Severe obstructive sleep apnea is associated with left ventricular diastolic dysfunction. Chest. 2002;121(2):422-9.
26. Bradley TD, Hall MJ, Ando S, Floras JS. Hemodynamic effects of simulated obstructive apneas in humans with and without heart failure. Chest. 2001;119(6):1827-35.
27. Oliveira W, Campos O, Bezerra Lira-Filho E, Cintra FD, Vieira M, Ponchirolli A, et al. Left atrial volume and function in patients with obstructive sleep apnea assessed by real-time three-dimensional echocardiography. J Am Soc Echocardiogr. 2008;21(12):1355-61.
28. Oliveira W, Campos O, Cintra F, Matos L, Vieira ML, Rollim B, et al. Impact of continuous positive airway pressure treatment on left atrial volume and function in patients with obstructive sleep apnoea assessed by real-time three-dimensional echocardiography. Heart. 2009;95(22):1872-8.
29. Ge X, Han F, Huang Y, Zhang Y, Yang T, Bai C, et al. Is obstructive sleep apnea associated with cardiovascular and all cause mortality? PLoS One. 2013;8:e69432 4.
30. Wang X, Ouyang Y, Wang Z, Zhao G, Liu L, Bi Y. Obstructive sleep apnea and risk of cardiovascular disease and all-cause mortality: a meta-analysis of prospective cohort studies. Int J Cardiol. 2013;169:207-14.
31. Pan L, Xie X, Liu D, Ren D, Guo Y. Obstructive sleep apnoea and risks of all-cause mortality: preliminary evidence from prospective cohort studies. Sleep Breath. 2016;20(1):345-53.

Interações entre síndrome da apneia obstrutiva do sono e resistência à insulina | 7

Gláucia Carneiro

INTRODUÇÃO

A síndrome da apneia obstrutiva do sono (SAOS) é definida como episódios repetitivos de cessação da respiração durante o sono em virtude da obstrução total ou parcial das vias aéreas superiores durante a inspiração, associada a hipoxemia intermitente, sonolência durante o dia e fadiga. O índice de apneia/hipopneia (IAH) maior ou igual a 5 por hora de sono é o critério diagnóstico na polissonografia. Afeta 2 a 4% dos adultos caucasianos, principalmente homens obesos de meia-idade, e a maior preocupação atualmente são as comorbidades associadas, entre elas o maior risco de acidentes de trânsito por causa de sonolência excessiva e o risco de doenças cardiovasculares. Vários fatores estruturais têm sido apontados como a etiologia da apneia obstrutiva do sono, entre eles deposição de gordura na região cervical, hipoplasia de maxila ou mandíbula, macroglossia e hipertrofia de amígdalas. Atualmente, porém, sabe-se que a SAOS não é apenas uma doença local provocada por anormalidades anatômicas e, sim, apresenta características sistêmicas como hipertensão, obesidade central, diabete e dislipidemia, que sugerem ser uma manifestação da síndrome metabólica. O tratamento de escolha é o uso de máscara (pressão positiva contínua nas vias aéreas – CPAP) conectada a um compressor de ar, que provoca pressão positiva e mantém permeável a via aérea superior durante a noite, impedindo seu colapso, principalmente na fase inspiratória.

FISIOPATOLOGIA DA SAOS

Sabe-se que episódios recorrentes de oclusão das vias aéreas superiores durante o sono provocam alterações, como hipóxia intermitente, fragmentação grave do sono, hipertensão aguda e ativação do sistema nervoso simpático (SNS), da atividade inflamatória e do sistema hipotálamo-hipófise-adrenal

(HHA), que agravam a obesidade visceral e provocam anormalidades metabólicas como resistência à insulina (RI), diabete melito (DM) e hipertensão arterial sistêmica (HAS) e, consequentemente, predispõem a danos vasculares (Figura 1). Como a SAOS apresenta forte associação com a obesidade, o grande desafio atualmente é realizar estudos que demonstrem que as alterações metabólicas encontradas nos pacientes com apneia do sono independem da quantidade de gordura corporal.

OBESIDADE E SAOS

Obesidade, sexo masculino e idade avançada são fatores de risco para SAOS.[1,2] Aproximadamente 70% dos pacientes com SAOS são obesos, e 40% dos homens e mulheres obesos apresentam SAOS.[3-5] A circunferência da cintura correlaciona-se com a SAOS mais frequentemente do que o índice de massa corporal (IMC), quantidade total de gordura e circunferência do pescoço. Até mesmo em indivíduos não obesos, o aumento da circunferência da cintura prediz SAOS. A cada aumento de 13 a 15 cm da circunferência da cintura, eleva-se o risco de SAOS em aproximadamente quatro vezes.[6,7] Além do mais, o tratamento da SAOS com terapia de CPAP mostrou diminuição do acúmulo da gordura visceral, mesmo na ausência de redução do peso.[8] Esses estudos evidenciam que a SAOS está fortemente ligada à obesidade central e não à gordura corporal total.

A leptina é um hormônio derivado do adipócito que regula o peso corporal por meio do controle do apetite e gasto energético. Nos pacientes com SAOS, os

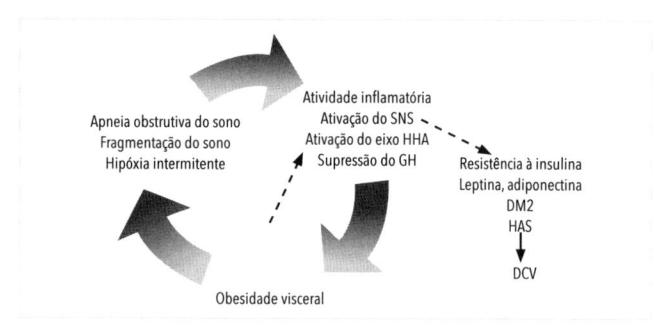

Figura 1 Possíveis interações entre síndrome da apneia obstrutiva do sono, resistência à insulina e doença cardiovascular – influência da obesidade visceral. DM: diabete melito; GH: *growth hormone* (hormônio do crescimento); HHA: sistema hipotálamo-hipófise-adrenal; SNS: sistema nervoso simpático.

níveis de leptina estão elevados e diminuem após tratamento com CPAP, mesmo na ausência de redução do peso.[9,10] Esses achados sugerem que outros mecanismos, diferentes da gordura corporal, estariam contribuindo para aumentar os níveis de leptina nos indivíduos com SAOS. A apneia do sono, por si só, não justifica a elevação dos níveis de leptina, já que estudos anteriores não encontraram correlação entre IAH e leptina. Em contrapartida, sabe-se que a secreção de leptina é estimulada pela ativação do eixo HHA na hipóxia e no estresse,[11,12] e a normalização da ativação do eixo após tratamento com CPAP pode contribuir para reduzir os níveis de leptina nos pacientes tratados. A resistência à leptina também pode favorecer o ganho de peso e ser um marcador para doença cardiovascular, promovendo agregação plaquetária e hipertensão.[13]

Outros hormônios secretados pelo tecido adiposo podem provocar alterações metabólicas nos pacientes com SAOS. A adiponectina apresenta correlação negativa com obesidade e RI, porém o papel da adiponectina na SAOS ainda permanece controverso. Alguns autores encontraram aumento desse hormônio, enquanto outros relataram níveis de adiponectina diminuídos nos pacientes com o distúrbio respiratório.[14,15]

RESISTÊNCIA À INSULINA E SAOS

Uma revisão sistemática realizada em 2003 mostrou que os estudos observacionais existentes eram inconsistentes para concluir que a apneia do sono apresentava um papel na patogênese do metabolismo da glicose alterado.[16] Stoohs et al., em 1996, foram os primeiros autores a mostrar que a associação encontrada entre RI e apneia do sono é dependente da massa corporal.[17] Entretanto, estudos epidemiológicos recentes afirmaram que a SAOS contribui para a RI, independentemente do grau e da distribuição da obesidade, da idade, do sexo, do tabagismo e da duração do sono.[18]

Vgontzas et al. realizaram polissonografia, dosagens séricas de leptina, citocinas (IL-6 e TNF-alfa), glicemia de jejum, insulina e tomografia computadorizada para avaliação da distribuição da gordura em 14 pacientes com AOS, 11 obesos normais e 12 homens com IMC normal e mostraram que os pacientes com SAOS apresentam obesidade centrípeta, maior RI e níveis mais elevados de IL-6, TNF-alfa e leptina, independentemente da obesidade.[9] O mesmo grupo de pesquisa estudou o distúrbio do sono em mulheres com síndrome dos ovários policísticos e em mulheres pré-menopausadas controle.[19] Os resultados concluíram que a RI é um fator de risco maior para apneia do sono do que o IMC ou testosterona.

Ip et al. estudaram a associação entre apneia do sono e RI em 270 pacientes consecutivos sem diabete, obesos ou não, que realizaram polissonografia.

Pacientes com apneia do sono (n = 185; IAH > 5) apresentaram níveis mais elevados de glicemia de jejum e HOMA-IR (p < 0,001) comparados com os pacientes sem apneia do sono (n = 85). Os pacientes com apneia do sono eram mais velhos e obesos, porém a regressão linear múltipla mostrou que o IAH e a saturação mínima de oxigênio contribuíram significativamente com a insulina de jejum e o HOMA-IR, independentemente do IMC e da idade dos pacientes.[20]

Tassone et al. mostraram que os pacientes com SAOS (n = 30) apresentam menor sensibilidade à insulina, calculada pelo ISI, do que o grupo-controle sem AOS (n = 27), mesmo após ajuste para idade, IMC e relação cintura-quadril.[21]

Além da RI, alguns autores evidenciaram maior prevalência de diabete melito tipo 2 (DM2) em pacientes com SAOS e redução dos níveis de HbA1c após tratamento com CPAP.[22] Babu et al. estudaram 25 pacientes com DM2 descompensado (HbA1c > 7) e apneia do sono e observaram que houve controle do DM2 após 3 meses de tratamento com CPAP.[23]

Estudos sobre o efeito do tratamento da SAOS com CPAP na RI são conflitantes.[16] Justificativas para os resultados negativos são a má adesão dos pacientes ao CPAP, duração curta dos estudos e o fato de a AOS ser uma doença crônica e poder ocasionar, com o tempo, alterações metabólicas como a redistribuição da gordura central, e este ser um componente para o tratamento da SAOS aparentemente inefetivo em modificar a sensibilidade à insulina.

Várias hipóteses podem ser aventadas para explicar os mecanismos da piora da RI nos indivíduos obesos com apneia do sono predispondo às alterações vasculares. A hipóxia intermitente, o déficit de sono, a hipercitocinemia (TNF-alfa e IL-6), a disfunção do eixo somatotrófico e corticotrófico e a ativação do SNS estão diretamente envolvidos na diminuição da sensibilidade à insulina, e essas alterações são encontradas em indivíduos obesos e com SAOS.

HIPÓXIA E DÉFICIT DE SONO

Apesar de os estudos evidenciarem uma associação independente entre apneia do sono e disfunção metabólica, não há estudos prospectivos que demonstrem que essa associação é causal ou se ela ocorre via fragmentação do sono e hipóxia intermitente. Os efeitos metabólicos da hipóxia intermitente já foram estudados em humanos e animais.[24,25] A hipóxia poderia levar a uma diminuição da secreção e ação da insulina, por meio da diminuição da produção de ATP pela célula B e redução da atividade tirosinoquinase dos receptores de insulina. Além dos efeitos da hipóxia intermitente, há evidências de que anormalidades no sono, por si só, podem alterar o metabolismo da glicose.[26] A restrição do sono (4 h/dia durante 6 noites) em indivíduos normais piorou a tolerância à glicose, aumentou os níveis de cortisol, ativou o SNS e provocou uma resposta inflamatória. As evidências citadas sugerem que a hipóxia e o déficit de sono podem contribuir independentemente para alterações no metabolismo da glicose nos pacientes com apneia do sono.

MARCADORES INFLAMATÓRIOS

A obesidade pode provocar o aumento de citocinas e piorar as alterações metabólicas encontradas nos pacientes com apneia. Entretanto, vários autores já demonstraram que níveis de citocinas estão elevados em pacientes com SAOS independentemente da gordura corporal. Portanto, é aceitável que o aumento dos marcadores inflamatórios na obesidade não está relacionado apenas com a adiposidade, mas pode também estar associado à SAOS.

Sabe-se que a hipoxemia da alta altitude e a privação do sono provocam aumento de IL-6 e PCR em indivíduos normais.[27] Portanto, nos pacientes com SAOS, a hipoxemia que ocorre repetidamente durante o sono, acompanhada da privação do sono, pode induzir a um estado sistêmico inflamatório, evidenciado pela elevação de PCR, amiloide A, IL-6 e TNF-alfa.[9,28]

O TNF-alfa elevado contribui para a RI, provocando *down-regulation* no GLUT4 e inibindo a atividade e a sinalização do receptor da insulina. A IL-6 secretada pelo tecido adiposo induz à secreção hepática de PCR, e ambos os marcadores inflamatórios estão associados com obesidade, AOS e doenças cardiovasculares.[29]

Além de aumentar a RI, provocar dislipidemia e disfunção endotelial, há evidências de que as citocinas inflamatórias (IL-1B, IL-6, TNF-alfa) também estejam envolvidas na regulação do sono e de que a secreção endógena ou administração exógena esteja associada com sonolência e fadiga.[9]

Etanercepte é uma medicação anti-inflamatória que bloqueia a ligação do TNF-alfa ao receptor e é utilizada para artrite reumatoide na dose de 25 mg, 2 vezes por semana por via subcutânea. Foi realizado um estudo em 8 pacientes obesos com apneia do sono que receberam etanercepte e/ou placebo. Foi observada a redução da sonolência, do IAH e dos níveis de IL-6, mas não houve alteração nos níveis de glicemia, insulina e adiponectina nos pacientes que receberam o medicamento.[30]

Esses dados corroboram a hipótese de que a inflamação é um importante mecanismo na patogênese da apneia do sono e sonolência, da RI e da obesidade visceral, e todos esses mecanismos promovem aterosclerose, doenças cardiovasculares e morte prematura.

SISTEMA NERVOSO SIMPÁTICO

Vários estudos evidenciaram a ativação do SNS na SAOS.[31,32] Concentrações de catecolaminas séricas e na urina de 24 horas e a atividade nervosa simpática muscular estão elevadas em pacientes com SAOS, e essas respostas são revertidas após tratamento com CPAP por mais de 4 horas.[33]

O SNS pode influenciar na gênese da hipertensão arterial, provocando vasoconstrição, e na homeostase da glicose, aumentando a glicogenólise, a neoglicogênese e a secreção de glucagon. Em 2003, Chasens et al. propuseram que a AOS provoca DM2 via ativação do SNS.[34]

EIXO HHA E SOMATOTRÓFICO

A ativação do eixo corticotrófico pode ser um dos fatores que contribuem para o desenvolvimento da RI nos pacientes com AOS.

Hipóxia intermitente, fragmentação e privação do sono provocam liberação de cortisol pulsátil e ativação autonômica.[35] Entretanto, a literatura apresenta resultados variados em relação aos efeitos da AOS no eixo HHA. Alguns autores demonstraram que o eixo HHA está ativado,[31,36,37] mas outros não.[38] Além disso, ainda é necessário esclarecer os efeitos do CPAP no eixo HHA.[38,39] A maioria desses estudos é limitada, pois apenas uma única medida do cortisol foi realizada, consequentemente, não foram detectadas alterações clínicas do ritmo do cortisol.

A secreção do hormônio de crescimento (GH) ocorre principalmente à noite, durante os estágios III e IV do sono de ondas lentas no eletroencefalograma. Nos pacientes com apneia do sono, ocorrem a diminuição ou abolição das ondas lentas e, consequentemente, a diminuição da secreção do GH. Esses dados confirmam os achados de que a secreção intermitente do GH está abolida nos pacientes com AOS e é restaurada após tratamento que elimina a obstrução das vias aéreas.[38,40] Indivíduos adultos com deficiência de GH apresentam RI e características da síndrome metabólica.

DOENÇA CARDIOVASCULAR E SAOS

A doença cardiovascular resultante da SAOS inclui HAS, insuficiência cardíaca esquerda, infarto do miocárdio, arritmias e hipertensão pulmonar, podendo culminar com morte súbita. Por um lado, mais de 50% dos pacientes com apneia são hipertensos. Por outro lado, cerca de 40% dos pacientes hipertensos podem ter apneia do sono não diagnosticada. Frequentemente, esses pacientes apresentam hipertensão de difícil controle, e observa-se redução dos níveis pressóricos após tratamento com CPAP.[41] Lavie et al.[42] mostraram que a prevalência de hipertensão nos pacientes com SAOS é de 60%, e, a cada episódio de IAH durante o sono, aumenta-se em 1% o risco de hipertensão arterial. As possíveis explicações para a elevação da pressão arterial nesses pacientes são:

- Agudamente, durante a apneia, ocorrem hipoxemia, hipercapnia e estímulo do SNS com consequente vasoconstrição periférica. Há, também, diminuição da pressão negativa intratorácica e consequente diminuição da pré e da pós-carga cardíacas. Após a restauração da respiração, aumenta-se o volume circulante (pré-carga) na vigência da vasoconstrição, provocando elevações repetitivas da PA durante a noite.
- Cronicamente, podem ser observadas elevações sustentadas da PA por estímulo da atividade simpática, redução da atividade parassimpática, diminuição do óxido nítrico e liberação de endotelina. Recentemente, foi sugerido que a ativação do ACTH decorrente do estresse estimula a síntese e a secreção de aldosterona e cortisol.[43] O hiperaldosteronismo pode ser uma causa de hipertensão resistente nos pacientes com AOS. Ativação do sistema renina-angiotensina, inflamação, RI, diminuição na sensibilidade dos barorreceptores, disfunção endotelial, estresse oxidativo e hiperleptinemia também podem estar implicados no desenvolvimento da hipertensão arterial.[44]

Os mecanismos propostos para explicar o maior risco cardiovascular nos indivíduos com AOS ainda são controversos em virtude da influência da obesidade, mas atualmente há evidências consistentes de que os pacientes com SAOS não tratados apresentam morbidades para doenças cardiovasculares, independentemente da obesidade. Uma recente publicação com acompanhamento de pacientes com SAOS durante 10 anos mostrou que houve uma relação entre gravidade da apneia e risco cardiovascular fatal e não fatal, independentemente do peso e da idade, e o tratamento com CPAP reduziu significativamente os eventos cardiovasculares.[45]

CONSIDERAÇÕES FINAIS

Muitas evidências sugerem que a apneia do sono é uma doença metabólica e sistêmica e está associada à morbidade e à mortalidade, principalmente por acidente de trânsito e doença cardiovascular. A fisiopatologia da apneia do sono permanece obscura, e a maioria dos tratamentos, atualmente, é mecânica com respostas variadas e baixa adesão. Além disso, os custos das complicações são elevados. Por esses motivos, é necessária a avaliação rigorosa dos pacientes de risco, associada à melhor compreensão dessa doença para se propiciar métodos mais efetivos para o tratamento e a prevenção dessa comorbidade e suas complicações.

REFERÊNCIAS BIBLIOGRÁFICAS

1. Block AJ, Boysen PG, Wynne JW, Hunt LW. Sleep apnea, hipopnea and oxygen desaturation in normal subjects: a strong male predominance. N Engl J Med. 1979;300:513-7.
2. Davies RJ, Stradling JR. The relationship between neck circumference, radiographic pharyngeal anatomy, and the obstructive sleep apnea syndrome. Eur Resp J. 1990;3:509-14.
3. Vgontzas AN, Tan TL, Bixler EO, Martin LF, Shubert D, Kales A. Sleep apnea and sleep disruption in obese patients. Arch Intern Med. 1994;154(15):1705-11.
4. Richman RM, Elliott LM, Burns CM, Bearpark HM, Steinbeck KS, Caterson ID. The prevalence of obstructive sleep apnoea in an obese female population. Int J Obes Relat Metab Disord. 1994;18(3):173-7.
5. Resta O, Foschino-Baraba MP, Legari G, Talamo S, Bonfitto P, Palumbo A, et al. Sleep-related breathing disorders, loud snoring and excessive daytime sleepiness in obese subjects. Int J Obes Relat Metab Disord. 2001;25(5):669-75.
6. Grunstein R, Wilcox I, Yang TS, Gould Y, Hedner J. Snoring and sleep apnoea in men: association with central obesity and hypertension. Int J Obes Relat Metab Disord. 1993;17(9):533-40.
7. Young T, Palta M, Dempsey J, Skatrud J, Weber S, Badr S. The occurrence of sleep-disordered breathing among middle-aged adults. N Engl J Med. 1993;328(17):1230-5.
8. Chin K, Shimizu K, Nakamura T, Narai N, Masuzaki H, Ogawa Y, et al. Changes in intra abdominal visceral fat and serum leptin levels in patients with obstructive sleep apnea syndrome following nasal continuous positive airway pressure therapy. Circulation. 1999;100:706-12.
9. Vgontzas AN, Papanicolaou DA, Bixler EO, Hopper K, Lotsikas A, Lin HM, et al. Sleep apnea and daytime sleepiness and fatigue: relation to visceral obesity, insulin resistance, and hypercytokinemia. J Clin Endocrinol Metab. 2000;85(3):1151-8.
10. Ip MSM, Lam KSL, Ho CM, Tsang KWT, Lam WK. Serum leptin and vascular risk factors in obstructive sleep apnea. Chest. 2000;118:580-6.
11. Tshop M, Strasburger CJ, Topfer M, Hautmann H, Riepl R, Fisher R, et al. Influence of hypobaric hypoxia on leptin levels in men. Int J Obes Relat Metab Disord. 2000;24:S151.
12. Sandoval DA, Davis SN. Leptin: metabolic control and regulation. J Diabetes Complications. 2003;17:108-13.
13. Konstantinides S, Schafer K, Koschnick S, Loskutoff DJ. Leptin dependent platelet aggregation and arterial thrombosis suggests a mechanism for atherothrombotic disease in obesity. J Clin Invest. 2001;108:1533-40.
14. Zhang XL, Yin KS, Mao H, Wang H, Yang Y. Serum adiponectin level in patients with obstructive sleep apnea hypopnea syndrome. Chin Med J (Engl). 2004;117:1603-6.
15. Wolk R, Svatikova A, Nelson CA, Gami AS, Govender K, Winnicki M, et al. Plasma levels of adiponectin, a novel adipocyte-derived hormone, in sleep apnea. Obes Res. 2005;13:186-90.
16. Punjab NM, Ahmed MM, Polotsky VY, Beamer BA, O'Donnel CP. Sleep-disordered breathing glucose intolerance, and insulin resistance. Respir Physiol Neurobiol. 2003;136:167-78.
17. Stoohs RA, Facchini F, Guilleminault C. Insulin resistance and sleep-disordered breathing in health humans. Am J Respire Crit Care Med. 1996;154:170-4.

18. Punjab NM, Shahar E, Redline S, Gttieb DJ, Givelber R, Resnick HE; for the Sleep Heart Study Investigator. Sleep-disordered breathing, glucose intolerance and insulin resistance. The Sleep Heart Health Study. Am J Epidemiol. 2004;160:521-30.
19. Vgontzas AN, Legro VS, Bixler EO, Grayev A, Kales A, Chrousos GP. Polycystic ovary syndrome is associated with obstructive sleep apnea and daytime sleepiness: role of insulin resistance. J Clin Endocrinol Metab. 2001;86:517-20.
20. Ip MSM, Lam B, Ng MMT, Lam WKT, Tsang KWT, Lam KSL. Obstructive sleep apnea is independently associated with insulin resistance. Am J Respir Crit Care Med. 2002;165:670-6.
21. Tassone F, Lanfranco F, Gianotti L, Pivetti S, Navone F, Rosseto R, et al. Obstructive sleep apnoea syndrome impairs insulin sensitivity independently of anthropometric variables. Clin Endocrinol. 2003;59:374-9.
22. Brooks B, Cistulli PA, Borkman M, Ross G, McGhee S, Grunstein RR, et al. Obstructive sleep apnea in obese non insulin dependent diabetic patient: effect of continuous positive airway pressure treatment o insulin responsiveness. J Clin Endocrinol Metab. 1994;79:1681-5.
23. Babu AR, Herdeger J, Fogefeld L, Shott S, Mazzone T. Type 2 diabetes, glycemic control, and continuous positive airway pressure in obstructive sleep apnea. Arch Intern Med. 2005;165(4):447-52.
24. Larsen JJ, Hansen JM, Olsen NV, Galbo H, Dela F. The effect of altitude hypoxia on glucose homeostasis in man. J Physiol. 1997;504:241-9.
25. Polotsky VY, Li J, Punjab N, Rubin A, Smith PL, Schwartz AR, et al. Intermittent hypoxia increases insulin resistance in genetically obese mice. J Physiol. 2003;552:253-64.
26. Spiegel K, Leproult R, Van Cauter E. Impact of sleep debt on metabolic and endocrine function. Lancet. 1999;354:1435-9.
27. Hartmann G, Tschop M, Fischer R, Bidlingmaier C, Riepl R, Tschop K, et al. High altitude increases circulating interleukin-6, interleukin-1 receptor antagonist and C- reative protein. Cytokine. 2000;12:246-52.
28. Shamsuzzaman AS, Winnicki M, Lanfranchi P, Wolk R, Kara T, Accurso V, et al. Elevated C-reactive protein in patients with obstructive sleep apnea. Circulation. 2002;105:2462-4.
29. Hotamisligil GS. Mechanism of TNF-alpha induced insulin resistance. Exp Clin Endocrinol Diabetes. 1999;107:119-52.
30. Vgontzas AN, Zoumakis E, Lin HM, Bixler EO, Trakada G, Chrousos GP. Marked decrease in sleepiness in patients with sleep apnea by etanercept, a tumor necrosis Factor-alpha antagonist. J Clin Endocrinol Metab. 2004;89(9):4409-13.
31. Bratel T, Wennlund A, Carlstrom K. Pituitary reactivity, androgens and catecholamines in obstructive sleep apnoea. Effects of continuous positive airway pressure treatment (CPAP). Respiratory Medicine. 1999;93:1-7.
32. Zwillich CW. Sleep apnoea and autonomic function. Thorax. 1998;53:20-4.
33. Waradekar NV, Sinoway LI, Zwillich CW, Leuenberger UA. Influence of treatment on muscle sympathetic nerve activity in sleep apnea. Am J Respir Crit Care Med. 1996;153(4 Pt 1):1333-8.
34. Chasens ER, Weaver TE, Umlauf MG. Insulin resistance and obstructive sleep apnea: is increased sympathetic stimulation the link? Biol Res Nurs. 2003;5:87-96.
35. Spath-Schwalbe E, Gofferje M, Kern W, Born J, Fehm HL Sleep disruption alters nocturnal ACTH and cortisol secretory patterns. Biol Psychiatry. 1991;29:575-84.
36. Gianotti L, Pivetti S, Lafranco F, Tassone F, Navone F, Vittori E, et al. Concomitant impairment of growth hormone secretion and peripheral sensitivity in obese patient with obstructive sleep apnea syndrome. J Clin Endocrinol Metab. 2002;87:5052-7.

37. Lanfranco F, Gianotti L, Pivetti S, Navone F, Rosseto R, Tassone F, et al. Obese patients with obstructive sleep apnoea syndrome show a peculiar alteration of the corticotroph but not of the thyrotroph and -lactotroph function. Clin Endocrinol (Oxf). 2004;60(1):41-8.
38. Grunstein RR, Handelsman DJ, Lawrence SJ, Blackwell C, Caterson J, Sullivan CE. Neuroendocrine dysfunction in sleep apnea: reversal by continuous positive airway pressure therapy. J Clin Endocrinol Metab. 1989;68:352-8.
39. Cahan C, Arafah B, Decker MJ, Arnold JL, Strohl KP. Adrenal steroids in sleep apnea before and after nCPAP treatment. Am Rev Respir Dis. 1991;143:A382.
40. Krieger J. Sleep apnea syndrome in adults. Bull Eur Physiopathol Respir. 1986;22:147.
41. Wilcox I, Grunstein RR, Hedner JA, Doyle J, Collins FL, Fletcher PJ, et al. Effect of nasal continuous positive airway pressure during sleep on 24-hour blood pressure in obstructive sleep apnea. Sleep. 1993;16:539-44.
42. Lavie P, Herer P, Hoffstein V. Obstructive sleep apnoea syndrome as a risk factor for hypertension: population study. Brit Med J. 2000;320:479-82.
43. Goodfriend TL, Calhoun DA. Resistant hypertension, obesity, sleep apnea, and aldosterone: theory and therapy. Hypertension. 2004;43:518-24.
44. Peppard PE, Young T, Palta M, Skatrud J. Prospective study of the association between sleep-disordered breathing and hypertension. N Engl J Med. 2000;342:1378-84.
45. Marin JM, Carrizo SJ, Vicente E, Agusti AGN. Long-term cardiovascular outcomes in men with obstructive sleep apnoea hypopnoea with or without treatment with continuous positive airway pressure: an observational study. Lancet. 2005;365:1046-53.

Aspectos atuais da síndrome da resistência da via aérea superior

8

Luciana O. Palombini
Luciana Balester Mello de Godoy

INTRODUÇÃO

Atualmente, considera-se que as anormalidades respiratórias que acontecem durante o sono não podem ser limitadas a pacientes que apresentem típica apneia obstrutiva, pois sabe-se que essas anormalidades incluem um contínuo de eventos que vai desde ronco até a síndrome da apneia obstrutiva do sono (SAOS). Como parte desse contínuo, a síndrome da resistência da via aérea superior (SRVAS) representa um tipo de distúrbio respiratório do sono (DRS) que pode apresentar características diferentes da SAOS e que, muitas vezes, não é reconhecido e tratado adequadamente. A SRVAS é caracterizada por um aumento do esforço respiratório que leva a fragmentação do sono e consequentes queixas diurnas, entre elas, sonolência excessiva diurna (SED) e cansaço em pacientes que não apresentam os critérios para o diagnóstico da SAOS. Atualmente, ainda não existe nenhum consenso que defina se a SRVAS e a SAOS são entidades separadas ou se fazem parte da mesma doença.[1]

O reconhecimento inicial da SRVAS foi feito por um estudo em 25 crianças que apresentavam SED e ronco, mas sem a presença de SAOS.[2] As crianças apresentavam significativo aumento do esforço respiratório identificado pela medida da pressão esofágica. No entanto, a síndrome só foi oficialmente descrita em adultos em 1993, quando 48 pacientes com SED e fragmentação do sono que não apresentavam as características polissonográficas da SAOS foram avaliados.[3] Esses indivíduos apresentavam despertares associados a um aumento do esforço respiratório identificado pela manometria esofágica (Figura 1) que causavam fragmentação do sono e consequências diurnas, como a SED. Muitos dos pacientes eram inicialmente classificados como portadores de hipersonia idiopática, pois não havia causa identificável para as queixas clínicas. Houve melhora significativa do quadro clínico desses pacientes após o uso de pressão positiva contínua nas vias aéreas (CPAP).

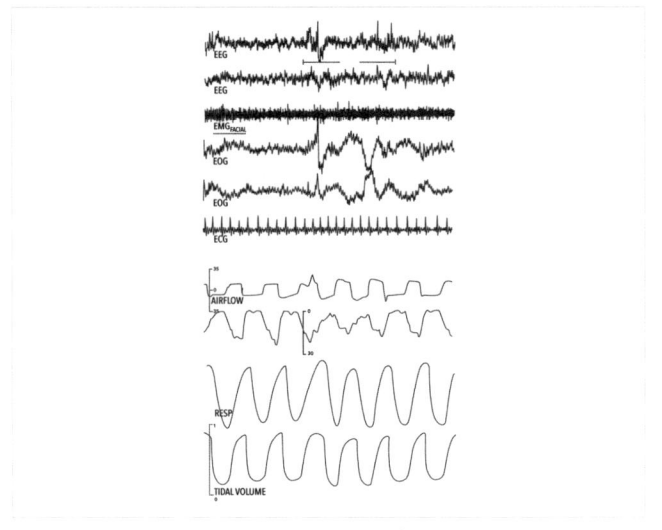

Figura 1   Traçado demonstrando o aumento progressivo de esforço respiratório evidenciado pela manometria esofágica e fluxo aéreo avaliado com pneumotacógrafo.

Desde então, diversos estudos têm sido publicados sobre a SRVAS, entretanto, ainda não existe um consenso hoje sobre os critérios diagnósticos e sobre o tratamento mais indicado para esse grupo de pacientes.

DIAGNÓSTICO

O diagnóstico da SRVAS envolve diferentes queixas diurnas associadas a alterações respiratórias na polissonografia (PSG) indicativas do aumento da resistência da via aérea superior e fragmentação do sono, na ausência de características que preencham os critérios para SAOS.

Pacientes com SRVAS são tipicamente mais jovens, mais magros e, segundo alguns relatos, não apresentam predomínio no gênero masculino, comparando-se com a SAOS (Tabela 1). Pacientes com SRVAS frequentemente apresentam insônia, fragmentação do sono, depressão, ansiedade, sono agitado, boca seca e salivação excessiva durante a noite. Síndromes somáticas funcionais ocorrem com alta frequência em pacientes com SRVAS, como cefaleia, insônia e fibromialgia.[4]

Tabela 1   Diferenças entre pacientes com SRVAS e SAOS

Aspecto	SRVAS	SAOS
Idade	Todas	Crianças, homem > 40, mulher pós-menopausa
Proporção homem/mulher	1:1	2:1
Início do sono	Insônia	Rápido
Ronco	Comum	Quase sempre
Apneias	Ausentes	Comuns
Sintomas diurnos	Cansaço/fadiga	SED
IMC	Baixo	Obeso
Queixas somáticas	Fibromialgia, dor crônica, cefaleia	Raras
Sintomas ortostáticos	Extremidades frias, desmaio	Raros
Pressão arterial	Baixa ou normal	Alta
Circunferência cervical	Normal	Aumentada

O exame físico do paciente com SRVAS pode demonstrar alterações anatômicas nasais, como colapso de válvulas nasais, hipertrofia de conchas nasais e presença de desvio de septo, bem como alterações esqueléticas, como deficiência maxilar ou mandibular (retrognatia e micrognatia). O alongamento do terço inferior da face ("síndrome da face longa") também pode ser associado com a SRVAS. Outros achados frequentes são a redução da distância intermolar e o tamanho relativamente pequeno da úvula. Muitas vezes, as alterações anatômicas nesses pacientes não são pronunciadas e consistem apenas de um crescimento anormal da maxila associado a um palato duro estreito e arqueado (ogival).[5]

Alterações do sistema nervoso autônomo (SNA) são descritas nos pacientes com SRVAS e caracterizadas por maior atividade do sistema parassimpático. Elas são manifestadas por queixas de extremidades frias, hipotensão postural ou medida de pressão arterial mais baixa (pressão arterial sistólica < 105 mmHg e pressão arterial diastólica < 70 mmHg).[6]

CRITÉRIOS POLISSONOGRÁFICOS

Atualmente, diferentes achados identificados na PSG podem ser indicativos da SRVAS, quando o paciente não apresenta critério para SAOS. Entre eles, destacam-se o aumento no número de despertares relacionados ao esforço respiratório (RERA – *respiratory event related arousal*), o aumento do padrão alternante cíclico (CAP – *cyclic alternating pattern*) e a presença de limitação ao fluxo aéreo (LFA).

Inicialmente, a SRVAS foi descrita com uso da manometria esofágica, porém, atualmente, o uso da cânula nasal de pressão que demonstra o padrão de LFA levando ao despertar é o principal parâmetro utilizado para a identificação dos eventos respiratórios nesses pacientes.

Eventos respiratórios: LFA e RERA

A identificação de pacientes com SRVAS envolve a presença de RERA na ausência do diagnóstico da SAOS. Ainda não existe um critério quantitativo definido para o número mínimo de RERA necessário para o diagnóstico de certeza.

O RERA é uma sequência de respirações caracterizadas por um aumento do esforço respiratório ou pelo achatamento da curva de fluxo aéreo da cânula de pressão nasal levando ao despertar que não alcance o critério para apneia e hipopneia e com duração ≥ 10 segundos.

A LFA é definida como o aumento do esforço respiratório sem o aumento proporcional de fluxo aéreo. Para avaliação real da LFA, seriam necessárias a avaliação do esforço respiratório com manometria esofágica e a análise de fluxo aéreo fidedigna feita com pneumotacógrafo. Como na prática clínica não é possível utilizar essa metodologia, a LFA pode ser indicada pelo padrão de achatamento da curva de fluxo pela cânula nasal de pressão (Figura 2).[7]

É importante salientar que para o reconhecimento adequado da LFA a qualidade do sinal de fluxo aéreo originado da cânula de pressão é fundamental.[13] Entretanto, a LFA na ausência de despertares não é hoje reconhecida como uma anormalidade respiratória do sono pela American Academy of Sleep Medicine (AASM) e não é marcada como evento respiratório na PSG padrão.[8] Entretanto, existem diversos estudos que sugerem que essas alterações respiratórias já podem levar a consequências, como deslocamento do septo interventricular, alterações na pressão arterial sistêmica (PAS) e aumento da pressão do gás carbônico no final da expiração ($PetCO_2$).[2,8]

Fragmentação do sono

Na descrição inicial da SRVAS, a fragmentação do sono foi demonstrada por meio de um aumento no número de despertares.[3] Atualmente, sabe-se que a avaliação da microestrutura do sono pode revelar consequências da SRVAS de maneira mais sensível. O método descrito na SRVAS é a análise do CAP, que é um marcador de instabilidade e fragmentação do sono em adultos com diversos transtornos do sono. O CAP inclui despertares com ondas lentas, além dos despertares compostos apenas de atividade rápida[10] (Figura 3). A análise do

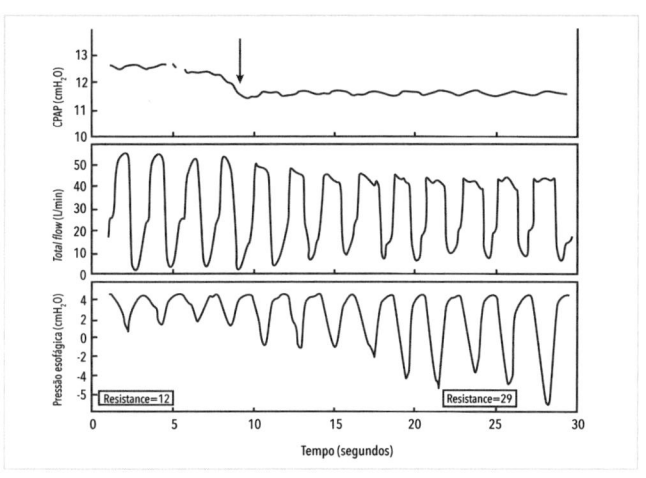

Aspectos atuais da síndrome da resistência da via aérea superior 69

Figura 2   A redução da pressão do CPAP é associada à pressão esofágica mais negativa e ao achatamento da curva de fluxo inspiratório (figura autorizada por David Rapoport).
CPAP: pressão positiva contínua nas vias aéreas; *total flow*: fluxo aéreo de pneumotacógrafo.

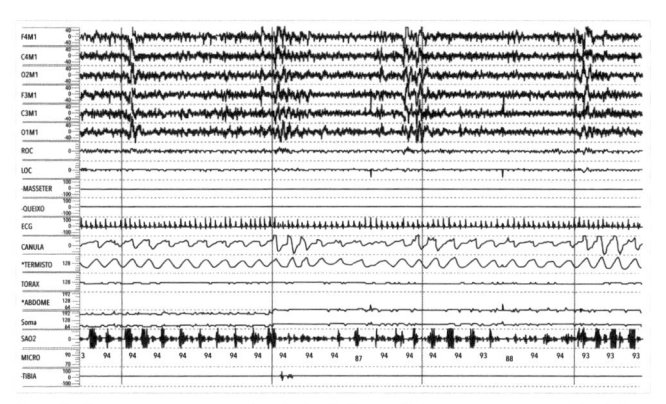

Figura 3   Despertares compostos de frequências rápidas e ondas lentas associados a períodos de limitação ao fluxo aéreo (padrão CAP).

CAP nos pacientes com SRVAS demonstrou uma instabilidade do sono NREM nesses pacientes, e a frequência do CAP mostrou correlação com a escala de sonolência de Epworth e com a escala de fadiga.[11]

DIAGNÓSTICO DOS DRS ATUALMENTE

O diagnóstico da SAOS, de acordo com a última classificação internacional dos distúrbios de sono (ICSD-3), inclui o diagnóstico da SRVAS.[12] Os critérios diagnósticos na PSG para identificação da SAOS são: cinco ou mais eventos respiratórios predominantemente obstrutivos (apneias mistas e obstrutivas, hipopneias ou RERA por hora de sono durante PSG ou por hora de monitoração (OCST – *Out of Center Sleep Testing*).[12]

No entanto, atualmente, ainda não existe nenhum consenso do corte de índice de eventos respiratórios para o diagnóstico final. Atualmente, se a definição da SAOS for usada de acordo com a classificação mais recente,[12] os pacientes com SRVAS serão identificados quando não tiverem SAOS, mas apresentarem presença de RERA e/ou LFA. Entretanto, essa definição não está validada. Estudos que avaliam desfechos utilizando esses diferentes índices e parâmetros são necessários para que se obtenham critérios bem definidos.

TRATAMENTO

As opções de tratamento da SRVAS incluem: CPAP, aparelho intraoral (AIO) e tratamento cirúrgico.

CPAP é o tratamento para SRVAS mais estudado.[3,13] Um mês de tratamento com CPAP nasal pode significativamente modificar os parâmetros polissonográficos e reduzir as queixas dos pacientes com SRVAS.[3,13]

Outras opções para manejo envolvem medicações hipnóticas que levam à redução da fragmentação do sono (zopiclona).[14] Entretanto, o uso de zopiclona não reduziu os sintomas de SRVAS.

Existem diversos relatos de tratamento cirúrgico da SRVAS.[15] Foi avaliada a resposta a septoplastia, turbinectomia, *laser-assisted uvuloplasty* (LAUP), uvulopalatofaringoplastia, avanço de genioglosso, osteotomia mandibular com miotomia e suspensão do hioide.[15] Os únicos desfechos avaliados nesses estudos foram a SED e o ronco, e o tempo de acompanhamento não foi longo o suficiente para considerar a cirurgia um tratamento efetivo para esse DRS.

Outra opção terapêutica para a SRVAS é o uso de AIO,[16] que promove uma anteriorização da mandíbula e da língua com o objetivo de reduzir a obstrução orofaríngea. Houve melhora dos parâmetros polissonográficos após o tratamento, com redução do índice de despertar, pressão esofágica menos negativa e melhora da eficiência do sono e da saturação mínima de oxigênio.[16] O AIO também proporcionou uma redução da SED subjetiva e do ronco.[16]

CONSIDERAÇÕES FINAIS

Para o diagnóstico da SRVAS, são necessárias a presença de queixas clínicas, uma PSG com sinal da cânula adequado para identificação da LFA e a avaliação de variáveis polissonográficas indicativas de fragmentação do sono. Os critérios convencionais reconhecidos pela AASM podem não permitir a identificação de pacientes com SRVAS. O uso do CPAP pode ser feito como teste terapêutico para confirmação diagnóstica da SRVAS.

O tratamento da SRVAS pode incluir o uso do CPAP e de AIO e, às vezes, indicação de cirurgia.

Novos estudos com desfechos são necessários para o estabelecimento de um consenso sobre os critérios da SRVAS.

REFERÊNCIAS BIBLIOGRÁFICAS

1. Pépin JL, Guillot M, Tamisier R, Lévy P. The upper airway resistance syndrome. Respiration. 2012;83(6):559-66.
2. Guilleminault C, Winkle R, Korobkin R, Simmons B. Children and nocturnal snoring: evaluation of the effects of sleep related respiratory resistive load and daytime functioning. Eur J Pediatr. 1982;139(3):165-71.
3. Guilleminault C, Stoohs R, Clerk A, Cetel M, Maistros P. A cause of excessive daytime sleepiness. The upper airway resistance syndrome. Chest. 1993;104(3):781-7.
4. Gold AR, Dipalo F, Gold MS, O'Hearn D. The symptoms and signs of upper airway resistance syndrome: a link to the functional somatic syndromes. Chest. 2003;123(1):87-95.
5. Guileminault C, Chowdhuri S. Upper airway resistance syndrome is a distinct syndrome. Am J Respir Crit Care Med. 2000;161(5):1412-6.
6. Guilleminault C, Poyares D, Rosa A, Huang YS. Heart rate variability, sympathetic and vagal balance and EEG arousals in upper airway resistance and mild obstructive sleep apnea syndromes. Sleep Med. 2005;6(5):451-7.
7. Ayappa I, Norman RG, Krieger AC, Rosen A, O'Malley RL, Rapoport DM. Non-invasive detection of respiratory effort-related arousals (REras) by a nasal cannula/pressure transducer system. Sleep. 2000;23(6):763-71.
8. Berry RB, Budhiraja R, Gottlieb DJ, Gozal D, Iber C, Kapur VK, et al.; American Academy of Sleep Medicine. Rules for scoring respiratory events in sleep: update of the 2007 AASM Manual for the Scoring of Sleep and Associated Events. Deliberations of the Sleep Apnea Definitions Task Force of the American Academy of Sleep Medicine. J Clin Sleep Med. 2012;8(5):597-619.
9. Calero G, Farre R, Ballester E, Hernandez L, Daniel N, Montserrat Canal JM. Physiological consequences of prolonged periods of flow limitation in patients with sleep apnea hypopnea syndrome. Respir Med. 2006;100(5):813-7.
10. Terzano MG, Parrino L. Clinical applications of cyclic alternating pattern. Physol Behav. 1993;54(4)807-13.

11. Guilleminault C, Lopes MC, Hagen CC, da Rosa A. The cyclic alternating pattern demonstrates increased sleep instability and correlates with fatigue and sleepiness in adults with upper airway resistance syndrome. Sleep. 2007;30(5):641-7.
12. American Academy of Sleep Medicine. The International classification of sleep disorder. 3.ed. Darien: American Academy of Sleep Medicine; 2014.
13. Guilleminault C, Kirisoglu C, Poyares D, Palombini L, Leger D, Farid-Moayer M, et al. Upper airway resistance syndrome: a long-term outcome study. J Psychiatr Res. 2006;40(3):273-9.
14. Lofaso F, Goldenberg F, Thebault C, Janus C, Harf A. Effect of zopiclone on sleep, night-time ventilation, and daytime vigilance in upper airway resistance syndrome. Eur Respir J. 1997;10(11):2573-7.
15. Utley DS, Shin EJ, Clerk AA, Terris DJ. A cost-effective and rational surgical approach to patients with snoring, upper airway resistance syndrome, or obstructive sleep apnea syndrome. Laryngoscope. 1997;107(6):726-34.
16. Yoshida K. Oral device therapy for the upper airway resistance syndrome patient. J Prosthet Dent. 2002;87(4):427-30.

Síndrome da hipoventilação-obesidade | 9

Rodrigo de Paiva Tangerina

HISTÓRICO

A associação entre obesidade e hipersonolência diurna foi reconhecida há muitos anos, e, apesar de já ter sido citada por outros autores anteriormente, foi Burwell em 1956 quem popularizou o termo síndrome de Pickwick para descrever essa síndrome, fazendo referência à personagem do novelista inglês Charles Dickens, que retratou um garoto obeso e extremamente sonolento em seu livro *The posthumous papers of the Pickwick Club*, de 1867.[1] O termo síndrome de Pickwick, entretanto, é desencorajado atualmente em razão de seu uso indiscriminado para caracterizar outras síndromes, como a síndrome da apneia obstrutiva do sono (SAOS) e a síndrome de Prader-Willi, ou simplesmente a presença de obesidade acentuada, sendo recomendado, portanto, o uso do termo síndrome da hipoventilação obesidade (SHO).[2,3]

EPIDEMIOLOGIA

A prevalência de obesidade na população geral, inclusive em crianças e adolescentes, tem aumentado dramaticamente nos últimos anos, adquirindo caráter epidêmico. Em estudo epidemiológico realizado na cidade de São Paulo, a obesidade, caracterizada por índice de massa corpórea (IMC) maior que 30 kg/m^2, foi observada em 21,5% da população.[4] Nesse contexto, fica claro que a prevalência da SHO acompanha essa tendência de alta. Não há dados de prevalência de SHO na população geral, porém, ela está presente em cerca de 10 a 15% dos pacientes com SAOS, chegando a cerca de 20% no grupo de indivíduos com SAOS e obesidade grau III (IMC ≥ 40 kg/m^2).[5-7]

QUADRO CLÍNICO

O quadro é caracterizado por obesidade e hipercapnia durante a vigília ($PaCO_2 \geq 45$ mmHg), que se acentua durante o sono, na ausência de doenças cardiopulmonares ou neurológicas que justifiquem essa alteração. Os pacientes geralmente apresentam obesidade grau III e SAOS grave. Cerca de 80 a 90% dos pacientes com SHO apresentam SAOS concomitante.[8] Os pacientes relatam roncos noturnos altos e frequentes, respiração ruidosa à noite, apneias testemunhadas e sono não reparador. Durante a vigília, eles podem apresentar queixas de cefaleia matinal, dispneia e sinais de *cor pulmonale*, além da hipersonolência, que geralmente é acentuada. Hipoxemia pode estar presente com o indivíduo acordado, mas não é um achado obrigatório. Os exames laboratoriais podem revelar aumento do bicarbonato sérico, em resposta a acidose respiratória, policitemia e aumento da $PaCO_2$. A prova de função pulmonar pode estar normal ou apresentar leve a moderado padrão restritivo decorrente da obesidade.[2,3,9] A polissonografia (PSG) demonstra hipoxemia importante, com os pacientes permanecendo com saturação de oxigênio abaixo de 90% e abaixo de 80% por período de tempo maior que os pacientes igualmente obesos com SAOS, porém sem SHO. A hipoxemia é observada tanto na PSG basal diagnóstica quanto na PSG de titulação de pressão positiva. Há evidências de que a gravidade da hipoxemia noturna pode distinguir os pacientes com SHO dos pacientes portadores apenas de SAOS grave.[7] Esse dado é muito importante, pois o CO_2 não é rotineiramente mensurado na PSG para confirmar a existência de hipoventilação. Dessa forma, diante de um exame que demonstre hipoxemia acentuada e prolongada, deve-se considerar a hipótese de SHO associada à SAOS. Quando há monitorização do CO_2 na PSG, observa-se agravamento da hipercapnia durante o sono, mais importante no sono REM do que no sono não REM. Os pacientes podem apresentar também histórico de internações prévias por descompensações respiratórias.[2,3] Como o diagnóstico de SHO é raramente lembrado, os pacientes são erroneamente tratados por vários anos como se tivessem doença pulmonar obstrutiva crônica ou asma. São, muitas vezes, pacientes graves que necessitam de internação hospitalar em virtude de falência respiratória, falência cardíaca, quadros de diabete melito descompensados e sepse. Marik e Chen, em análise retrospectiva de prontuários, observaram que, de 600 pacientes que apresentavam critérios diagnósticos para SHO, nenhum recebeu esse diagnóstico no momento da internação, e apenas 10% apresentavam o diagnóstico no momento da alta. Desses pacientes, 15% faleceram durante a primeira internação e mais de 19% faleceram nos 3 anos seguintes.[10]

CRITÉRIOS DIAGNÓSTICOS

Segundo a Classificação Internacional dos Distúrbios do Sono publicada pela Academia Americana de Medicina do Sono, os pacientes devem preencher três critérios para o diagnóstico de SHO:[2]

A. Presença de hipoventilação durante a vigília ($PaCO_2$ > 45 mmHg).
B. Presença de obesidade (IMC > 30 kg/m² para adultos ou IMC > percentil 95 para crianças).
C. A hipoventilação não deve ser causada por doença do parênquima pulmonar ou das vias aéreas, doença vascular pulmonar, alterações da parede torácica (exceto o efeito de massa da própria obesidade), uso de medicação, doença neurológica, fraqueza muscular ou síndrome de hipoventilação alveolar central congênita ou idiopática.

FISIOPATOLOGIA

A fisiopatologia da SHO ainda não está completamente elucidada e é provavelmente multifatorial. A condição de base para a SHO é a obesidade, que determina restrição mecânica à ventilação, presença de SAOS e resistência à leptina. Entretanto, como nem todos os pacientes obesos apresentam SHO, acredita-se que seja necessária uma resposta inadequada do sistema nervoso central à hipóxia e à hipercapnia para que a SHO se instale. Existem evidências de que os pacientes com SHO não hiperventilem da mesma forma que pacientes também obesos que não apresentem SHO em resposta ao aumento do CO_2 inspirado ou quando inalam gás com baixa concentração de oxigênio. Essa resposta inadequada pode ser corrigida com terapia de pressão positiva nas vias aéreas (PAP).[11] A leptina é um hormônio produzido pelos adipócitos e tem por funções inibir o apetite e estimular a ventilação. Pacientes com SHO apresentam níveis de leptina mais elevados do que pacientes igualmente obesos sem SHO, o que se leva a crer que esses pacientes apresentem resistência à ação da leptina. Essa alteração também pode ser revertida com terapia de PAP.[12] A resistência à leptina também tem sido observada em pacientes com SAOS, a qual está presente na grande maioria dos pacientes com SHO.[13] A teoria que explica a presença de hipercapnia na vigília propõe que o aumento transitório do CO_2 que ocorre à noite decorrente de eventos de apneia ou hipopneia ou mesmo de períodos de hipoventilação não é adequadamente corrigido pela hiperventilação que deveria ocorrer imediatamente após esses eventos. Essa retenção de CO_2, ainda que breve, leva à resposta renal de retenção de bicarbonato para corrigir a acidose respiratória. Os pacientes com SHO apresentariam uma depuração de bicarbonato deficiente, portanto, permaneceriam com certa alcalose metabólica durante a vigília, o que justificaria a persistência do CO_2 elevado.[14,15]

TRATAMENTO

O tratamento da SHO baseia-se primordialmente na correção do distúrbio respiratório e na perda de peso. O tratamento do distúrbio respiratório consiste basicamente na terapia com PAP, que pode ser com pressão contínua (CPAP) ou em dois níveis, inspiratório e expiratório, diferentes (BPAP). A maioria dos pacientes pode ser tratada com CPAP, porém as alterações gasométricas podem levar semanas de tratamento para ser corrigidas. Alguns pacientes precisarão do BPAP para a correção do quadro, e outros precisarão de suplementação de oxigênio juntamente com o PAP, mas uma pequena porção de pacientes não apresentará resposta satisfatória com os aparelhos de pressão positiva, mesmo em longo prazo.[3,16,17] A traqueostomia pode ser indicada nesses pacientes e resolve a hipercapnia na maioria dos pacientes juntamente com a resolução da SAOS, porém alguns pacientes persistem com hipoventilação mesmo traqueostomizados.[18] Em razão das repercussões psicológicas, sociais e de qualidade de vida, a traqueostomia figura como tratamento de exceção, reservado apenas a casos mais graves que não respondem às outras modalidades de tratamento. A perda de peso também tem papel fundamental no tratamento dos pacientes com SHO. Evidências demostram que, após cirurgia bariátrica, a maioria dos pacientes apresenta melhora da SAOS e da SHO, no entanto, esses pacientes precisam manter acompanhamento de longo prazo, pois há relatos de recidiva da doença anos após a cirurgia.[19] Existem relatos esparsos de uso de medicações estimulantes ventilatórias para o tratamento da SHO, como acetazolamida e medroxiprogesterona, porém não há, até o momento, nenhuma evidência científica suficiente para sua recomendação.

CONSIDERAÇÕES FINAIS

A SHO é condição clínica grave que permanece subdiagnosticada a despeito do crescente aumento da prevalência de obesidade e SAOS na população geral. A suspeita clínica é fundamental para o diagnóstico precoce e a prevenção das comorbidades associadas à SHO. O tratamento baseia-se na terapia com pressão positiva nas vias aéreas superiores e em medidas para a redução do peso. Os pacientes devem permanecer em acompanhamento por causa da possibilidade de recidiva da doença em longo prazo.

REFERÊNCIAS BIBLIOGRÁFICAS

1. Burwell CS, Robin ED, Whaley RD, Bickelmann AG. Extreme obesity associated with alveolar hypoventilation: a Pickwickian syndrome. Am J Med. 1956;21(5):811-8.
2. American Academy of Sleep Medicine. International classification of sleep disorders. 3.ed. Darien: American Academy of Sleep Medicine; 2014.
3. Mokhlesi B. Obesity hypoventilation syndrome: a state-of-the-art review. Respir Care. 2010;55(10):1347-62.
4. Tufik S, Santos-Silva R, Taddei JA, Bittencourt LR. Obstructive sleep apnea syndrome in the Sao Paulo Epidemiologic Sleep Study. Sleep Med. 2010;11(5):441-6.
5. Laaban JP, Chailleux E. Daytime hypercapnia in adult patients with obstructive sleep apnea syndrome in France, before initiating nocturnal nasal continuous positive airway pressure therapy. Chest. 2005;127(3):710-5.
6. Kaw R, Hernandez AV, Walker E, Aboussouan L, Mokhlesi B. Determinants of hypercapnia in obese patients with obstructive leep apnea: a systematic review and meta-analysis of cohort studies. Chest. 2009;136(3):787-96.
7. Banerjee D, Yee BJ, Piper AJ, Zwillich CW, Grunstein RR. Obesity hypoventilation syndrome: hypoxemia during continuous positive airway pressure. Chest. 2007;131(6):1678-84.
8. Kessler R, Chaouat A, Schinkewitch P, Faller M, Casel S, Krieger J, et al. The obesity-hypoventilation syndrome revisited: a prospective study of 34 consecutive cases. Chest. 2001;120(2):369-76.
9. Bingol Z, Pıhtılı A, Cagatay P, Okumus G, Kıyan E. Clinical predictors of obesity hypoventilation syndrome in obese subjects with obstructive sleep apnea. Respir Care. 2015;60(5):666-72.
10. Marik PE, Chen C. The clinical characteristics and hospital and post-hospital survival of patients with the obesity hypoventilation syndrome: analysis of a large cohort. Obesity Science & Practice. 2016;2:40-7.
11. Han F, Chen E, Wei H, He Q, Ding D, Strohl KP. Treatment effects on carbon dioxide retention in patients with obstructive sleep apnea-hypopnea syndrome. Chest. 2001;119(6):1814-9.
12. Yee BJ, Cheung J, Phipps P, Banerjee D, Piper AJ, Grunstein RR. Treatment of obesity hypoventilation syndrome and serum leptin. Respiration. 2006;73(2):209-12.
13. Shimura R, Tatsumi K, Nakamura A, Kasahara Y, Tanabe N, Takiguchi Y, et al. Fat accumulation, leptin, and hypercapnia in obstructive sleep apnea-hypopnea syndrome. Chest. 2005;127(2):543-9.
14. Berger KI, Ayappa I, Sorkin IB, Norman RG, Rapoport DM, Goldring RM. CO_2 homeostasis during periodic breathing in obstructive sleep apnea. J Appl Physiol. 2000;88(1):257-64.
15. Norman RG, Goldring RM, Clain JM, Oppenheimer BW, Charney AN, Rapoport DM, et al. Transition from acute to chronic hypercapnia in patients with periodic breathing: predictions from a computer model. J Appl Physiol. 2006;100(5):1733-41.
16. Piper AJ. Obesity hypoventilation syndrome – the big and the breathless. Sleep Med Rev. 2011;15(2):79-89.
17. Chau EH, Lam D, Wong J, Mokhlesi B, Chung F. Obesity hypoventilation syndrome: a review of epidemiology, pathophysiology, and perioperative considerations. Anesthesiology. 2012;117(1):188-205.
18. Kim SH, Eisele DW, Smith PL, Schneider H, Schwartz AR. Evaluation of patients with sleep apnea after tracheotomy. Arch Otolaryngol Head Neck Surg. 1998;124(9):996-1000.
19. Ugerman HJ, Fairman RP, Sood RK, Engle K, Wolfe L, Kellum JM. Long-term effects of gastric surgery for treating respiratory insufficiency of obesity. Am J Clin Nutr. 1992;55(2 Suppl):597S-601S.

10 | Medidas comportamentais e posturais na apneia obstrutiva do sono

Milena de Almeida Torres Campanholo

INTRODUÇÃO

A síndrome da apneia obstrutiva do sono (SAOS) é uma doença multifatorial, por esse motivo a abordagem terapêutica deve associar medidas abrangentes a fim de otimizar o tratamento do paciente. Medidas comportamentais são sugeridas ao portador de apneia do sono com objetivo de reduzir o impacto negativo que a doença causa na qualidade do sono e, em alguns casos, tais medidas podem melhorar a gravidade da doença. O tratamento principal da SAOS baseia-se na gravidade da doença, no entanto, as medidas comportamentais no manejo da SAOS devem fazer parte da terapêutica independentemente da gravidade, podendo ter um papel adjuvante ao tratamento, mesmo em quadros mais graves.

MEDIDAS COMPORTAMENTAIS

As medidas comportamentais indicadas ao paciente com apneia obstrutiva do sono estão descritas a seguir.

Perder peso

Um dos principais fatores de risco da apneia obstrutiva do sono é a obesidade.[1] Estima-se que cerca de 70% das apneias do sono são decorrentes da obesidade,[2] por isso a perda de peso é considerada uma das principais orientações no tratamento desses pacientes, e diversos estudos têm mostrado benefícios da perda de peso na redução da gravidade da SAOS.[3] A perda de peso pode ser decorrente de mudança de estilo de vida, associada a prática de exercício físico e dieta alimentar, que, segundo estudos, levam à redução no índice de apneia e hipopneia (AIH).[4]

No entanto, perder peso é um objetivo difícil de ser alcançado e mantido com estratégias conservadoras e em alguns casos o tratamento indicado é a cirurgia bariátrica. Porém, apesar de a perda de peso ser significativamente maior em pacientes submetidos à cirurgia bariátrica, um estudo recente não mostrou diferença significativa na redução do IAH, quando comparada com a perda de peso por dieta hipocalórica.[3]

Mesmo em pacientes já em tratamento da apneia obstrutiva do sono, a perda de peso pode trazer mudanças benéficas no colesterol, resistência à insulina, leptina, marcadores inflamatórios e função endotelial, anormalidades que não estão relacionadas apenas com a SAOS, mas também com a obesidade e a privação de sono.[5]

O controle de peso deve ser sempre recomendado, visto que o aumento de 10% do peso basal em paciente com SAOS leve aumenta seis vezes o risco de progressão da doença, e uma perda de peso equivalente pode resultar em 20% de melhora da gravidade da SAOS.[6]

Evitar ingestão de álcool

A ingestão de álcool está associada a má qualidade e maior fragmentação do sono.[3,7] Além disso, o consumo de álcool pode agravar a apneia do sono.[3]

Entre os mecanismos relacionados aos efeitos adversos do álcool no paciente com apneia do sono, estão a redução da atividade motora do nervo genioglosso e hipoglosso, o aumento do edema da mucosa nasal e a diminuição de resposta ao despertar.[8]

É importante ressaltar que o efeito do álcool é prejudicial na cognição, e em pacientes portadores de SAOS isso é um grande agravante. O efeito da ingestão de álcool ou restrição de sono em pacientes portadores de SAOS não tratados é aditivo às consequências piores no desempenho motor e na atenção. Em testes de simulação de direção, pacientes com SAOS não tratados tiveram pior desempenho após ingestão de álcool ou privação de sono quando comparados com indivíduos sem SAOS.[3]

Praticar atividade física

A atividade física é indicada como terapia adjuvante no tratamento da apneia do sono pela sua indiscutível possibilidade de facilitar a redução do peso, além de melhorar a função pulmonar e a qualidade de sono.[3] Alguns estudos indicam que a atividade física reduz a gravidade da SAOS independentemente da redução de peso, e os sintomas associados à SAOS podem ser reduzidos após início da prática de exercícios.[9,10]

Terapia posicional

A posição supina piora a apneia obstrutiva do sono na maioria dos pacientes, e em alguns indivíduos a ocorrência de eventos obstrutivos restringe-se exclusivamente à posição supina, com uma prevalência em alguns estudos em torno de 60% entre os pacientes com SAOS, sendo mais comum em quadros mais leves e em pacientes com menor IMC, podendo estar mais relacionada a alterações craniofaciais.[11]

A terapia posicional consiste em evitar que o paciente permaneça em posição supina durante o sono. Um dos métodos mais utilizados é a colocação de uma bola de tênis fixada nas costas do pijama do paciente durante o sono. Apesar da ausência de estudos adequados para avaliação do método ideal da terapia posicional e sua eficácia, ela é considerada uma opção de tratamento promissora para pacientes com SAOS limitada à posição supina.[3]

Cessar tabagismo

Há evidências de que o hábito de fumar exerce influência na SAOS, por meio de alterações na arquitetura do sono, da função neuromuscular das vias aéreas, dos mecanismos de despertar e do processo inflamatório das vias aéreas superiores.[12]

Um dos maiores estudos de coorte para investigar a SAOS nos Estados Unidos reporta que fumantes têm maior risco de ter SAOS moderada e grave em relação a não fumantes (OR 4,4; IC 95% 1,5-13), e esse resultado é mantido mesmo depois de ajustamento para sexo, idade, IMC e uso de álcool.[13]

O fim do tabagismo no longo prazo parece ser benéfico para a qualidade do sono comparando-se com pacientes que mantêm o hábito de fumar.[13]

Apesar de evidência limitada relacionando a cessação do tabagismo com a melhora da SAOS, considerando a relação deletéria do tabagismo na apneia obstrutiva do sono, o fim do hábito de fumar é sugerido como medida complementar no tratamento da SAOS.

Evitar alimentação excessiva próximo do horário do sono

Um estudo recente comparou a influência da refeição gordurosa no sono em duas noites consecutivas de polissonografia em pacientes com SAOS, a primeira com ingestão de refeição leve e a segunda com ingestão de refeição gordurosa 2 horas antes de dormir. Verificou-se um aumento na frequência de apneia obstrutiva e também de apneia central.[14]

Além disso, dada a relação do refluxo gastroesofágico (RGE) e a SAOS, a orientação alimentar contempla minimizar sintomas relacionados às duas doenças, como aumento dos despertares noturnos.[15]

Evitar uso de sedativos

Pacientes com SAOS são mais sensíveis a doses mínimas de sedativos quando comparados a indivíduos normais. A administração desse tipo de medicação resulta em redução do tônus da musculatura parafaríngea, podendo causar a exacerbação da obstrução de vias aéreas e levar a hipóxia, hipercapnia e, em alguns casos, arritmias.[16]

Evitar privação de sono

Manter os mesmos horários de dormir e levantar e evitar a privação de sono são medidas que visam a garantir uma boa qualidade de sono, diminuindo o impacto da apneia do sono nos sintomas diurnos do paciente. Inclusive, em pacientes em tratamento da SAOS com utilização do CPAP, enfatizar a necessidade de manter um período de sono apropriado pode melhorar a adesão ao CPAP e, em alguns casos, reduzir possíveis sintomas residuais diurnos.[17]

CONSIDERAÇÕES FINAIS

Hábitos inapropriados de sono, como consumo de álcool, tabagismo, uso de sedativos e privação de sono, podem ocasionar piora da apneia obstrutiva do sono. A perda de peso, a prática de exercícios físicos e a dieta alimentar adequada são medidas capazes de melhorar diversos parâmetros fundamentais à saúde e trazem benefícios em pacientes com SAOS. No tratamento da SAOS, é importante garantir a melhora da qualidade de vida, da cognição, da sonolência excessiva e a redução de risco cardiovascular. Dessa forma, medidas comportamentais e posturais tornam-se um tratamento complementar da SAOS, visando a promover a melhora na qualidade de vida dos pacientes portadores da doença.

REFERÊNCIAS BIBLIOGRÁFICAS

1. Koch L. Weight loss effects on obstructive sleep apnea. Nature Reviews Endocrilology. 2010;6(1):4.
2. Tuomilehto H, Seppä J, Uusitupa M. Obesity and obstructive sleep apnea – clinical significance of weight loss. Sleep Med Rev. 2013;17(5):321-9.
3. Haddad F, Bittencourt L. Recomendações para o diagnóstico e tratamento da apneia obstrutiva do sono no adulto. São Paulo: Estação Brasil; 2013. p.58-60.

4. Dobrosielski DA, Patil S, Schwartz AL, Bandeen-Roche K, Stewart KJ. Effects of exercise and weight loss in older adults with obstructive sleep apnea. Med Sci Sports Exerc. 2015;47(1):20-6.
5. Romero-Corral A, Caples SM, Lopez-Jimenez F, Somers VK. Interactions between obesity and obstructive sleep apnea: implications for treatment. Chest. 2010;137(3):711-9.
6. Peppard PE, Young T, Palta M, Dempsey J, Skatrud J. Longitudinal study of moderate weight change and sleep-disordered breathing. JAMA. 2000;28423:3015-21.
7. Landolt HP, Roth C, Dijk DJ, Borbely AA. Late-afternoon ethanol intake affects nocturnal sleep and the sleep EEG in middle-aged men. J Clin Psychopharmacol. 1996;16:428-36.
8. Scanlan MF, Roebuck T, Little PJ, Redman JR, Naughton MT. Effect of moderate alcohol upon obstructive sleep apnoea. Eur Respir J. 2000;16(5):909-13.
9. Kline CE, Crowlwy EP, Ewing GB, Burch JB, Blair SN, Durstine JL, et al. The effect of exercise training on obstructive sleep apnea and sleep quality: a randomized controlled trial. Sleep. 2011;34(12):1631-40.
10. Daniele TM, de Bruin VM, de Oliveira DS, Pompeu CM, Fort AC. Associations among physical activity, comorbities, depressive symptons and health – related quality of life in type 2 diabetes. Arq Bras Endocrinol Metabol. 2013;57(1):44-50.
11. Busarakum TC, Rosalind S. Clinical and polysomnographic data of positional sleep apnea and its predictors. Sleep Breath. 2012;16:1167-72.
12. Krishnan V, Dixon-Williams S, Thornton JD. Where there is smoke… there is sleep apnea: exploring the relationship between smoking and sleep apnea. Chest. 2014;146(6):1673-80.
13. Wetter DW, Young TB, Bidwell TR, Badr MS, Palta M. Smoking as a risk factor for sleep-disordered breathing. Arch Intern Med. 1994;154(19):2219-24.
14. Trakada G, Steiropoulos P, Zaragoulidis P, Nena E, Papanas N, Maltezos E, et al . A fatty meal aggravates apnea and increases sleep in patients with obstructive sleep apnea. Sleep Breath. 2014;18(1):53-8.
15. Jaimchariyatam N, Tantipornsinchai W, Desudchit T, Gonlachanvit S. The association between sleep-related respiratory events and nocturnal gastroesophageal reflux events in patients with coexistence of obstructive sleep apnea and gastroesophageal reflux disease: a case-crossover study. Chest. 2015;148(4)16.
16. Martin N, Glenn SM, Szokol WJ. Sleep apnea. N Eng J Med. 2003;348(5):472-3.
17. Kitamura T, Miyazaki S, Koizumi H, Takeuchi S, Tabata T, Suzuki H. Sleep hygiene education for patients with obstructive sleep apnea. Sleep and Biological Rhythms. 2016;14(1):101-10.

Tratamento dos distúrbios obstrutivos com aparelhos de pressão positiva: visão prática

11

Luciana Balester Mello de Godoy

INTRODUÇÃO

Os aparelhos de pressão positiva na via aérea superior consistem no tratamento-padrão para pacientes com síndrome da apneia obstrutiva do sono (SAOS). Sullivan et al., em 1981,[1] foram os primeiros a descrever o sistema de pressão positiva na via aérea superior como tratamento da SAOS. Essa pressão positiva de ar é gerada por um ventilador motorizado ou por um sistema de turbina ajustados por diversos diâmetros diferentes de válvulas ou pela velocidade da turbina e é capaz de prevenir o colapso da faringe durante o sono. O objetivo é eliminar os eventos respiratórios obstrutivos (apneias, hipopneias, despertares relacionados ao esforço respiratório – RERA – e roncos).[1]

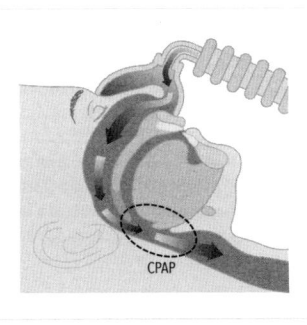

Figura 1 Esquema de aparelho de pressão positiva impedindo colapso faríngeo (máscara nasal).

Inicialmente, as máquinas eram grandes, pesadas e barulhentas e, ao longo desses 35 anos, evoluíram para unidades menores, mais leves e praticamente silenciosas. O fluxo aéreo chega através de máscara nasal acoplada à face por fitas, faixas ou tiras ajustáveis. Há outros tipos de máscaras além das nasais, como as almofadas nasais (*nasal pillows*), oronasais e máscaras faciais (*full-face*), que são opções em caso de dificuldade de adaptação com máscara nasal. A competição dos fabricantes para melhorar o conforto das máscaras tem promovido a confecção de inúmeras opções de máscaras, facilitando a escolha do paciente e aprimorando o tratamento clínico da SAOS. Com todos esses avanços, o aparelho de pressão positiva rapidamente tornou-se o tratamento-padrão para SAOS moderada e grave.

O aparelho de pressão positiva na via aérea superior consiste basicamente de três componentes: um sistema de pressão positiva; uma interface nasal, oral ou oronasal (como máscara nasal, oronasal ou facial) acoplada na face por meio de tiras ajustáveis (*headgear*); e uma mangueira flexível que conecta o dispositivo à máscara. O sistema de pressão positiva é basicamente uma bomba de ar (sistema de turbina) que gera ar filtrado sob uma pressão positiva ajustável por meio de variação do diâmetro da válvula de pressão ou pela velocidade do ventilador/turbina.[2]

Existem quatro tipos básicos de aparelhos de pressão positiva, dependendo do tipo de sistema de pressão:

1. Pressão positiva contínua na via aérea superior (CPAP – *continuous positive airway pressure*), que oferece uma única pressão contínua e fixa durante a noite toda.
2. Pressão positiva com dois níveis de fluxo (BPAP – *bilevel positive airway preassure*), que oferece uma pressão inspiratória (IPAP) mais elevada do que a expiratória (EPAP).
3. Pressão positiva com titulação automática (APAP – *automatic positive airway pressure*), que aumenta automaticamente a pressão de CPAP ou BPAP (IPAP/EPAP) conforme a necessidade para manter a patência da via aérea e reduz a pressão se nenhum evento respiratório anormal é detectado durante um período.
4. Servoventilador (ASV – *adaptative servo ventilation*), que apresenta um servocontrolador que automaticamente ajusta a pressão por meio da análise de cada respiração para manter uma ventilação estável, particularmente em pacientes com insuficiência cardíaca congestiva com apneia central do sono e/ou respiração de Cheyne-Stokes.[2]

Preconiza-se, idealmente, que o ajuste do valor da pressão a ser programada nos aparelhos de pressão positiva seja feito por meio de polissonografia de noite inteira realizada em laboratório do sono assistida por profissional com experiência em sono capaz de ajustar manualmente a pressão.[3] O objetivo é eliminar os eventos respiratórios obstrutivos (apneias, hipopneias, RERA e roncos). Durante a noite de titulação da pressão, busca-se o controle dos eventos respiratórios, que deve ser mantido durante mais de 15 minutos de sono REM (*rapid eye movement*) no decúbito dorsal.[2]

A Academia Americana de Medicina do Sono (AASM) publicou recomendações a respeito dos parâmetros práticos do uso de CPAP e BPAP no tratamento da SAOS.[3] Trata-se de diretrizes seguidas mundialmente, elaboradas por um comitê de especialistas e baseadas na literatura científica vigente. Segundo essas diretrizes, o tratamento com CPAP deve feito após um diagnóstico prévio de SAOS com método adequado.[4,5] Além disso, o tratamento com CPAP está indicado como padrão para SAOS moderada e grave,[6,7] mas também como opção para tratamento de SAOS leve.[8,9] CPAP também é indicado para tratamento da sonolência excessiva diurna (SED)[6,10] e recomendado para a melhora da qualidade de vida de pacientes com SAOS.[6,10] CPAP também é recomendado como terapia adjuvante para redução de pressão arterial em pacientes com hipertensão arterial sistêmica (HAS) e SAOS.[6,10,11]

Exames de imagem evidenciaram que o CPAP promove um *splint* pneumático das vias aéreas superiores pela sua distensão passiva. Alteração do volume pulmonar também foi observada durante o uso de CPAP. Na atualidade, o CPAP não tem sido usado apenas nos casos de SAOS moderada e grave, mas também nos casos de SAOS leve, síndrome da resistência de via aérea superior (SRVAS) e roncos. Entretanto, CPAP e BPAP só são terapeuticamente efetivos quando adequadamente utilizados, obviamente. Adesão ao tratamento e utilização são os maiores desafios clínicos para um tratamento de sucesso com a pressão positiva em via aérea superior.[3]

REVISÃO DA LITERATURA E ATUALIZAÇÃO DO TEMA

Apesar de CPAP ser o tratamento-padrão para melhora dos sintomas da SAOS, sua indicação nos distúrbios respiratórios do sono (DRS) sem sintomas diurnos permanece duvidosa. Barbé et al.[12] avaliaram o efeito do CPAP na incidência de HAS e eventos cardiovasculares em 725 pacientes com SAOS sem SED (índice de apneia e hipopneia – IAH – maior ou igual a 20 eventos/hora e escala de sonolência de Epworth < 10) e não encontraram nenhuma diferença estatisticamente significativa em relação ao não tratamento.

Estudo recente avaliou o impacto do uso de CPAP nasal em pacientes após acidente vascular cerebral isquêmico (AVCi) durante 2 anos comparado ao tratamento convencional.[13] Os pacientes tinham IAH ≥ 20 eventos/hora e história de AVCi havia 3 a 6 dias, em média. A melhora neurológica 1 mês após o uso de CPAP nasal foi significativamente maior no grupo usuário de CPAP. O tempo médio de surgimento de eventos cardiovasculares foi maior no grupo que usou CPAP nasal (14,9 meses *vs.* 7,9 meses; p = 0,044), apesar de a sobrevida livre de eventos cardiovasculares após 24 meses ter sido semelhante nos dois grupos. A taxa de mortalidade cardiovascular no grupo CPAP nasal foi de 0% e, no grupo-controle, foi de 4,3% (p = 0,161). Os autores concluíram que o uso precoce de CPAP nasal parece acelerar a recuperação neurológica e retardar o surgimento de eventos cardiovasculares, apesar de a melhora da sobrevida e da qualidade de vida permanecer controversa.[13]

Barceló et al. avaliaram a influência do uso de CPAP nos valores de troponina cardíaca, que é considerada o marcador mais sensível e específico de dano miocárdico, e encontraram um aumento significativo dos seus valores após o uso de CPAP (7,3 ± 3,4 *vs.* 10,1 ± 4,9 ng/L; p < 0,01).[14] Com base no resultado desse estudo, os autores inferiram que a terapia com CPAP pode induzir a estresse cardíaco, resultando em consequências deletérias cardíacas. Entretanto, algumas limitações nesse estudo impedem que se tenha uma conclusão segura sobre sua significância clínica. Outras potenciais causas de dano miocárdico ou causas de aumento de níveis de troponina, incluindo fatores físicos e ambientais, por exemplo, não foram investigadas nesse estudo.

Outro estudo recente em relação ao uso de CPAP foi o de Drager et al.[15] Com base no até então controverso impacto do CPAP no peso dos pacientes com SAOS, os autores realizaram uma metanálise para avaliar se tratamento com CPAP promovia alteração do peso e do índice de massa corpórea (IMC). Eles observaram que o CPAP promovia significativo aumento do IMC e do peso, principalmente em pacientes com sobrepeso e obesidade prévios ao tratamento.[15] Myllylä et al. também observaram que 10% dos pacientes que usaram CPAP (com adesão média de 6,6 ± 1,2 anos) apresentaram significativo ganho anual de peso (0,63 ± 0,35 kg/m^2) ao longo de 5 anos de acompanhamento.[16]

Como visto previamente, a adesão ao tratamento com pressão positiva é essencial para um adequado efeito terapêutico na SAOS, com redução da morbidade e da mortalidade associadas a essa síndrome. Telemedicina, por meio de uma plataforma na rede e de videoconferências, é uma alternativa com ótima relação custo-benefício em relação ao manejo e às orientações padronizados até então. Isetta et al.[17] compararam o impacto da telemedicina na adesão ao tratamento com CPAP, o custo-benefício e a melhora da qualidade de vida com o acompanhamento tradicional de orientações feitas pessoalmente durante 6 meses e encontraram resultados semelhantes nos dois grupos em relação a adesão, melhora da qualidade de vida e da SED, grau de satisfação e efeitos colaterais, entretanto, o grupo telemedicina apresentou melhor relação custo-benefício.

DISCUSSÃO

Vantagens

Os aparelhos de pressão positiva promovem redução do IAH,[6,7,18] melhora significativa da sonolência excessiva segundo a escala de sonolência de Epworth e o teste de latência múltipla do sono, bem como melhora na qualidade de vida pela escala SF-36[19] e melhora da atenção e da vigilância.[20]

Em relação aos efeitos cardiovasculares do CPAP, a eficácia dessa terapia em pacientes com HAS ainda é controversa e continua sendo estudada na literatura. Acredita-se que a redução dos níveis pressóricos esteja associada à gravidade da SAOS e à adesão ao CPAP.[21] O tratamento com CPAP pode inclusive diminuir a recorrência de fibrilação atrial (FA),[22] reduzir o risco de ocorrência de eventos cardiovasculares definidos, como morte cardiovascular, síndrome coronária aguda, hospitalização por insuficiência cardíaca ou necessidade de revascularização miocárdica ($p < 0,01$),[23] bem como melhorar o prognóstico e aumentar a sobrevida na fase aguda de um AVC.[24] Estudos randomizados relacionando o tratamento da SAOS e os desfechos cardiovasculares ainda são escassos na literatura. Também faltam estudos para comprovar o benefício do uso do CPAP na síndrome metabólica.

As diferentes modalidades de ventilação positiva noturna na SAOS são bastante seguras,[19] com efeitos colaterais pouco significativos, como pressão na face, escape de ar pela máscara, ressecamento das vias aéreas superiores e sensação de obstrução nasal.[25]

Desvantagens

Todos os benefícios do tratamento com os aparelhos de pressão positiva previamente relatados ocorrem em pacientes que mantêm uma adesão adequada ao tratamento. Considera-se que o ideal seja o uso do dispositivo pelo menos 4,5 horas por noite.[26,27] Portanto, se o paciente não usar adequadamente o aparelho ou se usá-lo de forma irregular, não haverá a melhora clínica. Muitas medidas realizadas por equipe multidisciplinar devem ser tomadas ao longo do tratamento para garantir a adesão do paciente ao tratamento, mas a participação, o esforço e a persistência do paciente são fundamentais. Além disso, o uso do CPAP deve ser contínuo, o que muitas vezes não é bem aceito por pacientes mais jovens, que costumam buscar um tratamento com duração preestabelecida.

Apesar de estudos indicarem que a terapia em longo prazo com CPAP melhora a qualidade de vida de pacientes com SAOS leve, moderada e grave, a evidência é limitada.[28] De fato, estudos com pacientes com SAOS leve tratados com CPAP por 6 meses não relataram melhora cognitiva e na qualidade de vida.[28]

Estratégias para melhorar a adesão ao tratamento

A adesão ao tratamento é um fator limitante para o sucesso do CPAP. O ideal é que o uso seja contínuo e durante o máximo de tempo possível. Diversas estratégias são propostas para melhorar a adesão ao tratamento e incluem medidas educacionais, comportamentais, medicamentos e opções relacionadas ao próprio equipamento.[19]

Programas de educação e orientação ao pacientes devem ser incorporados ao tratamento logo no início e mantidos periodicamente. Reavaliações frequentes, com acompanhamento presencial são importantes, especialmente no início da terapia. São feitas as orientações em relação ao uso adequado do aparelho, higienização e efeitos adversos. Orientações em relação à escolha da máscara e tratamento de sintomas nasais no início da adaptação são importantes na fase inicial da terapia. O reforço em relação à importância da prevenção (e tratamento) das consequências de uma doença crônica que pode apresentar morbidade e mortalidade significativas é essencial. Depois de alcançado um período de autonomia e uso regular, o acompanhamento pode ser feito mais esporadicamente ou a distância.

O uso de medicamento hipnóticos na noite da titulação e nas primeiras semanas de uso de aparelho de pressão positiva pode ser muito útil à medida que aumenta a adesão média ao tratamento. Entretanto, não se sabe ao certo em que grupo essa estratégia deve ser utilizada.[29]

Estratégias relacionadas aos dispositivos de pressão positiva em si foram estudadas na tentativa de melhorar sua adesão. Essas medidas incluem indicação de APAP, BPAP,[30] sistemas de alívio de pressão e umidificadores aquecidos.[31] Entretanto, nenhuma dessas medidas mostrou aumento significativo na adesão ao tratamento e, portanto, elas não são recomendadas rotineiramente.[18]

Em relação à interface usada (máscara nasal, oronasal, facial ou almofada nasal), não há evidências científicas suficientes para a indicação de uma ou outra.[32] Como a grande maioria dos estudos que avaliaram os desfechos do uso de aparelho de pressão positiva utilizou máscara nasal, ela é indicada como primeira opção como interface.[18]

CONSIDERAÇÕES FINAIS

O aparelho de pressão positiva na via aérea superior é o tratamento-padrão para os DRS desde que a sua utilização e a adesão ao tratamento sejam adequadas. Promove a melhora clínica e reduz a morbidade e a mortalidade da SAOS. Há a necessidade de um acompanhamento frequente e constante, com orientações realizadas por profissionais treinados para adesão adequada e consequente tratamento efetivo.

REFERÊNCIAS BIBLIOGRÁFICAS

1. Sullivan CE, Issa FG, Berthon-Jones M, Eves L. Reversal of obstructive sleep apnoea by continuous positive airway pressure applied through the nares. Lancet. 1981;1(8225):862-5.
2. Kushida CA, Chediak A, Berry RB, Brown LK, Gozal D, Iber C, et al.; Positive Airway Pressure Titration Task Force; American Academy of Sleep Medicine. Clinical guidelines for the manual titration of positive airway pressure in patients with obstructive sleep apnea. J Clin Sleep Med. 2008;4(2):157-71.
3. Kushida CA, Littner MR, Hirshkowitz M, Morgenthaler TI, Alessi CA, Bailey D, et al; American Academy of Sleep Medicine. Practice parameters for the use of continuous and bilevel positive airway pressure devices to treat adult patients with sleep-related breathing disorders. Sleep. 2006;29(3):375-80.
4. Kushida CA, Littner M, Morgenthaler T, Alessi CA, Bailey D, Coleman J Jr, et al. Practice parameters for the indications for polysomnography and related procedures: an update for 2005. Sleep. 2005;28(4):499-521.
5. Chesson AL Jr., Ferber RA, Fry JM, Grigg-Damberger M, Hartse KM, Hurwitz TD, et al. The indications for polysomnography and related procedures. Sleep. 1997;20(6):423-87.
6. Becker HF, Jerrentrup A, Ploch T, Grote L, Penzel T, Sullivan CE, et al. Effect of nasal continuous positive airway pressure treatment on blood pressure in patients with obstructive sleep apnea. Circulation. 2003;107(1):68-73.
7. Loredo JS, Ancoli-Israel S, Dimsdale JE. Effect of continuous positive airway pressure vs placebo continuous positive airway pressure on sleep quality in obstructive sleep apnea. Chest Dec. 1999;116(6):1545-9.
8. Monasterio C, Vidal S, Duran J, Ferrer M, Carmona C, Barbé F, et al. Effectiveness of continuous positive airway pressure in mild sleep apnea-hypopnea syndrome. Am J Respir Crit Care Med. 2001;164(6):939-43.
9. Barnes M, Houston D, Worsnop CJ, Neill AM, Mykytyn IJ, Kay A, et al. A randomized controlled trial of continuous positive airway pressure in mild obstructive sleep apnea. Am J Respir Crit Care Med. 2002;165(6):773-80.
10. Faccenda JF, Mackay TW, Boon NA, Douglas NJ. Randomized placebo-controlled trial of continuous positive airway pressure on blood pressure in the sleep apnea-hypopnea syndrome. Am J Respir Crit Care Med. 2001;163(2):344-8.
11. Dimsdale JE, Loredo JS, Profant J. Effect of continuous positive airway pressure on blood pressure: a placebo trial. Hypertension. 2000;35(1 Pt 1):144-7.
12. Barbé F, Durán-Cantolla J, Sánchez-de-la-Torre M, Martínez-Alonso M, Carmona C, Barceló A, et al.; Spanish Sleep And Breathing Network. Effect of continuous positive airway pressure on the incidence of hypertension and cardiovascular events in nonsleepy patients with obstructive sleep apnea: a randomized controlled trial. JAMA. 2012;307(20):2161-8.
13. Parra O, Sánchez-Armengol A, Bonnin M, Arboix A, Campos-Rodríguez F, Pérez-Ronchel J, et al. Early treatment of obstructive apnoea and stroke outcome: a randomised controlled trial. Eur Respir J. 2011;37(5):1128-36.
14. Barceló A, Esquinas C, Bauçá JM, Piérola J, de la Peña M, Arqué M, et al. Effect of CPAP treatment on plasma high sensitivity troponin levels in patients with obstructive sleep apnea. Respir Med. 2014;108(7):1060-3.

15. Drager LF, Brunoni AR, Jenner R, Lorenzi-Filho G, Benseñor IM, Lotufo PA. Effects of CPAP on body weight in patients with obstructive sleep apnoea: a meta-analysis of randomised trials. Thorax. 2015;70(3):258-64.
16. Myllylä M, Kurki S, Anttalainen U, Saaresranta T, Laitinen T. High adherence to CPAP treatment does not prevent the continuation of weight gain among severely obese OSAS patients. J Clin Sleep Med. 2016;12(4):519-28.
17. Isetta V, Negrín MA, Monasterio C, Masa JF, Feu N, Álvarez A, et al.; Spanish Sleep Network. A Bayesian cost-effectiveness analysis of a telemedicine-based strategy for the management of sleep apnoea: a multicentre randomised controlled trial. Thorax. 2015;70(11):1054-61.
18. Haddad F, Bittencourt L. Recomendações para o diagnóstico e tratamento da síndrome da apneia obstrutiva do sono no adulto. São Paulo: Estação Brasil; 2013.
19. Giles TL, Lasserson TJ, Smith BH, White J, Wright J, Cates CJ. Continuous positive airways pressure for obstructive sleep apnoea in adults. Cochrane Database Syst Rev. 2006;3:CD001106.
20. Kylstra WA, Aaronson JA, Hofman WF, Schmand BA. Neuropsychological functioning after CPAP treatment in obstructive sleep apnea: a meta-analysis. Sleep Med Rev. 2013;17(5):341-7.
21. Haentjens P, Van Meerhaeghe A, Moscariello A, De Weerdt S, Poppe K, Dupont A, et al. The impact of continuous positive airway pressure on blood pressure in patients with obstructive sleep apnea syndrome: evidence from a meta-analysis of placebo-controlled randomized trials. Arch Intern Med. 2007;167(8):757-64.
22. Kanagala R, Murali NS, Friedman PA, Ammash NM, Gersh BJ, Ballman KV, et al. Obstructive sleep apnea and recurrence of atrial fibrillation. Circulation. 2003;107(20):2589-94.
23. Milleron O, Pilliere R, Foucher A, de Roquefeuil F, Aegerter P, Jondeau G, et al. Benefits of obstructive sleep apnoea treatment in coronary artery disease: a long-term follow-up study. Eur Heart J. 2004;25(9):728-34.
24. Ryan CM, Bayley M, Green R, Murray BJ, Bradley TD. Influence of continuous positive airway pressure on outcomes of rehabilitation in stroke patients with obstructive sleep apnea. Stroke. 2011;42(4):1062-7.
25. Lojander J, Maasilta P, Partinen M, Brander PE, Salmi T, Lehtonen H. Nasal CPAP, surgery and conservative management for treatment of obstructive sleep apnoea syndrome. Chest. 1996;110:114-9.
26. Zozula R, Rosen R. Compliance with continuous positive airway pressure therapy: assessing and improving treatment outcomes. Curr Opin Pulm Med. 2001;7:391-8.
27. Reeves-Hoche MK, Meck R, Zwillich CW. Nasal CPAP: an objective evaluation of patient compliance. Am J Respir Crit Care Med. 1994;149(1):149-54.
28. Pichel F, Zamarron C, Magan F, del Campo F, Alvarez-Sala R, Suarez JR. Health related quality of life in patients with obstructive sleep apnea: effects of long-term positive airway pressure treatment. Respir Med. 2004;98:968-76.
29. Lettieri CJ, Shah AA, Holley AB, Kelly WF, Chang AS, Roop SA, et al. Effects of a short course of eszopiclone on continuous positive airway pressure adherence: a randomized trial. Ann Intern Med. 2009;151:696-702.
30. Smith I, Lasserson TJ. Pressure modification for improving usage of continuous positive airway pressure machines in adults with obstructive sleep apnoea. Cochrane Database Syst Rev. 2009;4:CD003531.
31. Neill AM, Wai HS, Bannan SP, Beasley CR, Weatherall M, Campbell AJ. Humidified nasal continuous positive airway pressure in obstructive sleep apnoea. Eur Respir J. 2003;22:258-62.
32. Bakker JP, Neill AM, Campbell AJ. Nasal versus oronasal continuous positive airway pressure masks for obstructive sleep apnea: a pilot investigation of pressure requirement, residual disease, and leak. Sleep Breath. 2012;16(3):709-16.

Tratamento com aparelhos intraorais | 12

Rafael de Andrade Balsalobre

INTRODUÇÃO

A terapia com aparelhos intraorais (AIO) para tratamento dos distúrbios respiratórios do sono (DRS) foi incorporada e difundida por especialistas na década de 1980 como alternativa de tratamento para pacientes apneicos que não se adaptavam à terapia com aparelhos de pressão aérea positiva (PAP), reconhecidos como padrão-ouro. No decorrer das últimas 3 décadas, inúmeras pesquisas e publicações científicas fundamentaram e tornaram popular o uso dos AIO no tratamento dos DRS.

Em virtude da facilidade de adaptação, da praticidade e dos bons resultados na melhora dos sintomas decorrentes da síndrome da apneia obstrutiva do sono (SAOS), diversos estudos relatam a preferência dos pacientes pelos AIO quando comparados aos aparelhos de PAP.[1]

De acordo com a última diretriz da Academia Americana de Medicina do Sono, os AIO são indicados para o tratamento de ronco primário e terapia da SAOS como alternativa aos aparelhos de PAP em casos de insucesso ou não adaptação.[2]

TIPOS DE APARELHOS INTRAORAIS

Existem dois principais tipos de dispositivos intraorais descritos na literatura: os retentores linguais (RL) e os aparelhos de avanço mandibular (AAM).

Os RL consistem em dispositivos confeccionados em material borrachoide flexível, contendo um bulbo na região anterior, duas aletas localizadas na região intermediária e um tubo na parte posterior (Figura 1). O bulbo tem a função de conter a língua durante o sono, estabilizando-a anteriormente por meio de pressão negativa. As aletas laterais, ao tocarem os lábios, funcionam como batentes, impedindo a posteriorização da língua envolta pelo tubo.

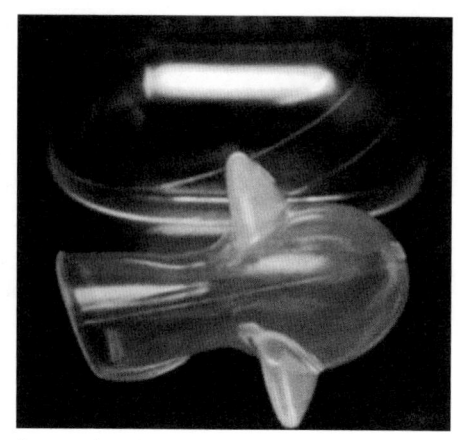

Figura 1   Aparelho retentor lingual (Aveo-TSD®).

Os RL são dispositivos pré-fabricados encontrados em tamanhos pequeno, médio e grande que estão indicados para pacientes com quadros leves de SAOS e em condições que inviabilizem o uso do AAM. Ou seja, pacientes desdentados ou com número insuficiente de dentes para ancoragem de AAM, limitação na capacidade de avanço mandibular (< 4 mm), língua volumosa ou pacientes com disfunção temporomandibular (DTM) em fase aguda.[3]

De acordo com os estudos, os RL são pouco efetivos quando comparados com os dispositivos de avanço mandibular, por isso são menos estudados e consequentemente apresentam resultados com menor nível de evidência científica.[3] Por essa razão, no decorrer do capítulo, serão priorizados os dispositivos de avanço mandibular e, até mesmo por questão didática, o termo AIO será usado fazendo referência aos dispositivos de avanço mandibular.

Os dispositivos de avanço mandibular, como o próprio nome sugere, promovem o avanço da mandíbula durante o sono e evitam a abertura bucal excessiva (Figura 2). O mecanismo de ação desses dispositivos implica tracionamento anterior da mandíbula com consequente tensão do músculo genioglosso e toda musculatura supra e infra-hióidea, resultando na ampliação do espaço aéreo na região da faringe.[3]

Os diferentes tipos de AAM distinguem-se quanto a material de confecção, desenho, possibilidade de avanço gradual ou não da mandíbula, pré-fabricação

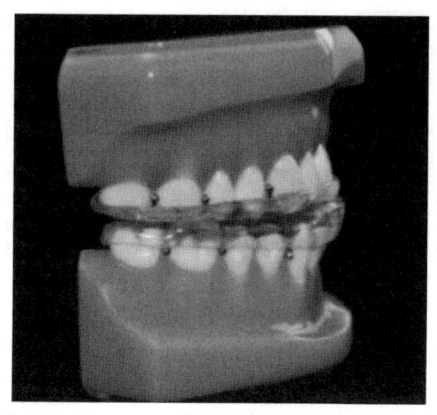

Figura 2   Aparelho intraoral de avanço mandibular (Armio® – Neurosono).

ou individualização dos aparelhos (feitos em laboratório) e possibilidade ou não de movimentos de lateralidade.[4]

Em 2011, a revisão sistemática conduzida por Arhens et al. avaliou a efetividade de diferentes desenhos de AIO no tratamento da SAOS e concluiu que não existe modelo específico de aparelho que seja melhor que o outro, porém alguns fatores podem influenciar positivamente na efetividade no tratamento. Dentre eles, destacam-se: permitir avanço gradual da mandíbula, ou seja, ser titulável; ser personalizado (realizado em laboratório); ter boa retenção aos dentes; promover pequena abertura vertical entre as arcadas dentárias quando em posição no tracionamento e permitir pequenos movimentos laterais da mandíbula.[4]

ADESÃO AO TRATAMENTO DA SAOS, EFICÁCIA E EFETIVIDADE

Apesar de aferida subjetivamente por meio de diário de uso, a adesão aos AIO mostrou-se satisfatória. Ferguson relatou que a adesão à terapia com dispositivos intraorais pode variar em longo prazo, diminuindo de 90% no início do tratamento para 77% ao final de 1 ano.[5] Almeida et al., em 2005, evidenciaram que 64% dos pacientes continuaram utilizando o AIO após 5,7 anos da adaptação e que os principais motivos para a descontinuidade do tratamento foram: desconforto causado pelo aparelho, efeito almejado não alcançado, troca do aparelho pelo PAP, entre outros observados na Tabela 1.[6]

Lowe et al. foram os precursores na investigação objetiva da adesão ao tratamento com AIO, utilizando uma bateria termossensível instalada na resina do aparelho.[7] No entanto, foram Vanderveken et al. que sofisticaram a técnica, utilizando um microssensor térmico incorporado ao acrílico do AIO. De acordo com os autores, a média das horas de uso por noite foi de 6,6 ± 1,3 em 82% dos pacientes (n = 51) que usaram regularmente o aparelho.[8]

Uma revisão sistemática Cochrane incluindo 36 estudos com amostra final de 1.718 pacientes comparou as terapias com AIO e aparelho de PAP. Embora os PAP sejam superiores na redução dos desfechos polissonográficos, os pacientes respondedores às duas modalidades terapêuticas demonstram predileção ao método com AIO, fato este que favoreceu de maneira indireta a adesão ao tratamento em longo prazo.[9]

A eficácia dos AIO está inversamente relacionada à gravidade da doença, isto é, quanto menor a gravidade da doença maiores são as taxas de sucesso obtidas.[3] De acordo com Ramar et al., o tratamento com AIO melhorou significantemente os parâmetros polissonográficos (IAH, IDR, SaO_2) e os sintomas de sonolência excessiva diurna (SED).[2] Outro estudo relevante evidenciou que os aparelhos individualizados e tituláveis mostraram-se mais efetivos no tratamento dos DRS que aparelhos pré-fabricados e não tituláveis.[10]

Tabela 1   Principais motivos pela descontinuidade da terapia com AIO

Motivo	Frequência
Desconforto/incômodo pelo uso	44,9%
Nenhum ou pouco efeito	36,0%
Início do uso do CPAP	23,6%
Boca muito seca	20,6%
Inconveniência ao uso	18,0%
Relato de dor	15,7%
Alterações na mastigação	15,7%
Alterações na oclusão ou em ATM	12,4%
Falta de retenção do aparelho	7,9%
Claustrofobia	7,9%
Impossibilidade de deglutir	5,6%
Piora da apneia	2,2%
Perda do aparelho	1,1%

AIO: aparelhos intraorais; ATM: articulação temporomandibular; CPAP: pressão positiva contínua nas vias aéreas.
Fonte: Almeida et al., 2005.[6]

Ainda sobre o estudo de Ramar et al., os autores realizaram uma revisão sistemática com diferentes metanálises, confrontando distintos desfechos alcançados no tratamento dos DRS com AIO *versus* PAP.[2] Nesse estudo, a terapia com AIO também se mostrou menos eficaz que a terapia com PAP quando o desfecho considerado foi a melhora de parâmetros polissonográficos. No entanto, resultados equivalentes foram encontrados quando os desfechos avaliados foram: sonolência diurna (escala de sonolência Epworth), qualidade de vida (SF-36) e redução da pressão arterial sistêmica (sistólica e diastólica).[2] Esse cenário pode ser justificado pela relação eficácia × adesão, na qual o PAP apresenta maior eficácia que o AIO no controle dos eventos respiratórios obstrutivos, porém com menor adesão. O fato de a adesão ser maior na terapia com AIO (número de horas de uso por noite maior) parece compensar a menor eficácia, resultando em melhoras significantes nos diferentes desfechos clínicos (Figura 3).[11]

EFEITOS COLATERAIS RESULTANTES DO USO DE AIO

Os efeitos colaterais decorrentes do uso do AIO são divididos de maneira temporal em efeitos colaterais em curto e longo prazos. Os efeitos colaterais em curto prazo ocorrem em até 6 meses do início do tratamento. No geral, são facilmente percebidos pelo paciente, têm emergência rápida e são facilmente contornados pelo cirurgião dentista capacitado. Seriam eles: salivação excessiva, boca seca, desconforto nos dentes, irritação na gengiva, dores de cabeça, desconforto na articulação temporomandibular (ATM) e músculos mastigatórios.[6]

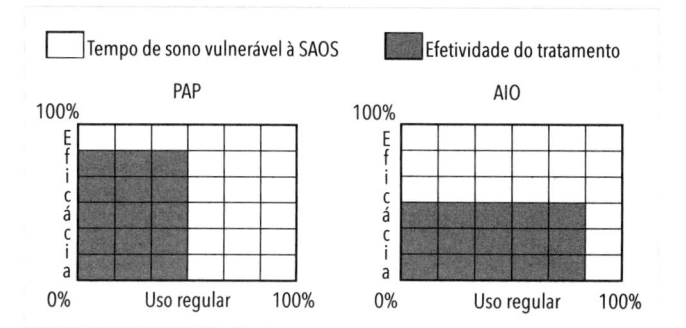

Figura 3   Comparação da efetividade da terapia com aparelho intraoral (AIO) x pressão aérea positiva (PAP). Fonte: Sutherland et al., 2015.[11]

Esses efeitos colaterais devem ser controlados o mais breve possível por meio de ajustes no AIO, termoterapia, fisioterapia para musculatura mastigatória e, se necessário, terapia medicamentosa; caso contrário, o paciente pode sentir-se desmotivado e abandonar o tratamento.[6]

A escolha do desenho do AIO tem grande influência no surgimento de efeitos colaterais. Sabe-se que AIO tituláveis, individualizados, que permitam movimentos de lateralidade mandibular são mais confortáveis, geram menos efeitos colaterais em curto prazo e consequentemente estão relacionados a maior adesão ao tratamento.[4]

Os efeitos colaterais em longo prazo ocorrem a partir de 6 meses do início do uso do AIO, são de surgimento lento, muitas vezes não percebidos pelo paciente e podem tornar-se irreversíveis. Os efeitos relatados geralmente são dentários. Dentre eles, destacam-se: diminuição do trespasse vertical e horizontal, inclinação lingual dos incisivos superiores, inclinação vestibular dos incisivos inferiores, aparecimento de mordida aberta posterior e diminuição dos contatos oclusais.[12]

No estudo publicado por Almeida et al. em 2006, em 85,7% dos casos avaliados foram encontradas alterações de posicionamento dentário, das quais 41,4% foram consideradas efeitos colaterais favoráveis e 44,3%, desfavoráveis. Os efeitos considerados favoráveis fizeram referência aos casos de portadores de maloclusão classe II, com grande trespasse horizontal e que, muitas vezes, apresentavam perfil facial convexo e retrognatia mandibular. Para esses pacientes em questão, as alterações dentárias obtidas em longo prazo pelo uso do AIO promoveram uma compensação da oclusão, melhorando a relação entre as arcadas.[12]

Um estudo cefalométrico publicado pelos mesmos autores em 2006 reportou as alterações esqueléticas obtidas com o uso do AIO após um acompanhamento de 7 anos. Segundo os autores, ocorreram uma rotação mandibular anti-horária e um aumento do terço inferior da face, provavelmente decorrentes de alterações dentárias que modificaram a oclusão, refletindo-se no posicionamento mandibular.[13]

DTM em usuários de AIO são relatados na literatura com incidência variando entre 1,4 e 48%.[14,15] Tamanha variação pode estar relacionada ao tipo de AIO usado, ao protocolo de titulação adotado, à não padronização na análise das condições basais das ATM e ainda aos diferentes critérios adotados para o diagnóstico de DTM.

Alterações morfológicas nas estruturas anatômicas que compõem a ATM parecem não ocorrer em usuários de AIO.[16] De qualquer forma, Cunali et al. demonstraram que exercícios dirigidos à musculatura mastigatória podem ajudar significativamente no controle de dor, facilitando a adaptação do AIO em pacientes com histórico de DTM.[17]

PREDITORES DE SUCESSO NO TRATAMENTO DA SAOS COM AIO

De maneira geral, a gravidade da SAOS é o fator mais avaliado antes do encaminhamento para protocolo com AIO, uma vez que existe uma relação inversa entre taxa de sucesso e o valor do IAH.[3] No entanto, outros fatores também devem ser considerados, como presença de apneia posicional nos achados polissonográficos, baixo IMC, pacientes mais jovens (maior tonicidade muscular) e, principalmente, boa capacidade de avanço mandibular.[11]

De acordo com a revisão sistemática publicada por Sutherland et al., pacientes com bom desenvolvimento da maxila e espaço retropalatal aumentado, mandíbula retraída e espaço aéreo retroglossal diminuído, menor distância do osso hioide ao plano mandibular e maior distância do hioide à vértebra C3 possuem maior chance de responder bem à terapia com AIO.[11]

Alterações anatômicas que resultam no aumento da resistência nasal parecem ter um papel importante no tratamento com AIO. Estudos que avaliaram a importância da respiração nasal em candidatos ao AIO constataram que aqueles que apresentavam resistência nasal aumentada responderam de maneira menos eficaz e tiveram menor adesão ao tratamento quando comparados a pacientes sem alterações nasais.[18,19] Por essa razão, cada vez mais, têm-se utilizado exames prévios no intuito de triar os possíveis respondedores à terapia com AIO. Análise da curva fluxo/volume e imagens obtidas pelo exame de nasofibroscopia apresentaram considerável sensibilidade e especificidade na seleção de pacientes.[20,21]

Em 2004, Tsai et al. publicaram um sistema para predizer a eficácia do AIO, que obteve 86% de sensibilidade e 67% de especificidade. Com propósito de realizar a titulação do AIO em apenas uma noite, o método consiste em um AIO usado durante o exame polissonográfico, que permite fazer o avanço mandibular gradual por meio de controle remoto.[22]

Recentemente, o exame de sonoendoscopia foi utilizado para avaliar a dinâmica da faringe em pacientes apneicos candidatos ao AIO na tentativa de predizer quais pacientes responderiam ou não ao aparelho. Por meio do exame realizado com e sem o AIO em posição, foi possível constatar as alterações ocorridas na faringe, bem como sugerir em quais sítios obstrutivos basais o aparelho seria mais eficaz.[23]

RELAÇÃO MÉDICO/DENTISTA E ACOMPANHAMENTO NO TRATAMENTO COM AIO

O protocolo de tratamento com AIO inicia-se obrigatoriamente após uma avaliação médica. Baseado em parâmetros clínicos, físicos e polissonográficos, o médico fará a seleção dos pacientes com maior chance de reposta ao tratamento com AIO antes de encaminhá-lo ao dentista especializado na área do sono.

O odontólogo avaliará a possibilidade do uso do AIO, atentando-se à condição periodontal, ao número suficiente de dentes para ancoragem do aparelho, à condição das ATM e se o paciente é ou não um bom candidato à terapia, ou seja, se apresenta bom excursamento mandibular, perfil facial e oclusão favoráveis, entre outros fatores relevantes. Nos casos em que o AIO for uma boa opção, o dentista levará aproximadamente de 4 a 5 meses para realizar o protocolo de titulação do AIO. Nesse período, o paciente fará consultas programadas a cada 15 a 21 dias para avanços mandibulares graduais e ajustes necessários no aparelho. Ao final do protocolo, o paciente retornará ao médico, que, por sua vez, julgará a necessidade de se fazer um novo exame polissonográfico com o paciente usando o AIO titulado.

Uma vez que a terapia com AIO foi comprovada por meio do exame polissonográfico, o paciente deverá retornar às consultas periódicas odontológicas semestrais para acompanhamento clínico e avaliação da estabilidade oclusal.

CONSIDERAÇÕES FINAIS

A terapia com AIO é uma alternativa viável para tratamento da SAOS, uma vez que evidências científicas confirmaram a adesão do paciente ao tratamento, a eficácia e a efetividade na qualidade respiratória do sono e nos sintomas decorrentes da SAOS. Efeitos colaterais decorrentes do uso do AIO ocorrem com incidência considerável, porém parecem não justificar a interrupção do tratamento. É de fundamental importância que uma criteriosa seleção dos candidatos ao uso do AIO seja realizada tanto pelo médico quanto pelo cirurgião dentista, favorecendo assim maiores taxas de sucesso na terapia.

REFERÊNCIAS BIBLIOGRÁFICAS

1. Sutherland K, Vanderveken MD, Tsuda H, Marklund M, Gagnadoux F, Cistulli P, et al. Oral appliance treatment for obstructive sleep apnea: An update. J Clin Sleep Med. 2014;10(2):215-27.
2. Ramar K, Dort LC, Katz SG, Lettieri CJ, Harrod CG, Thomas SM, et al. Clinical practice guideline for the treatment of obstructive sleep apnea and snoring with oral appliance therapy: an update for 2015 (AASM). J Clin Sleep Med. 2015;11(7):773-827.
3. Ferguson KA, Cartwright R, Rogers R, Schmidt-Nowara W. Oral appliances for snoring and obstructive sleep apnea: a review. Sleep. 2006;29:244-62.
4. Ahrens A, McGrath C, Hägg U. A systematic review of the efficacy of oral appliance design in the management of obstructive sleep apnoea. Eur J Orthod. 2011;33(3):318-24.
5. Ferguson KA. The role of oral appliance therapy in the treatment of obstructive sleep apnea. Clin Chest Med. 2003;24(2):355-64.

6. Almeida FR, Lowe AA, Tsuiki S, Otsuka R, Wong M, Fastlicht S, et al. Long-term compliance and side effects of oral appliances used for the treatment of snoring and obstructive sleep apnea syndrome. J Clin Sleep Med. 2005;1(2):143-52.
7. Lowe AA, Sjöholm TT, Ryan CF, Fleetham JA, Ferguson KA, Remmers JE. Treatment, airway and compliance effects of a titratable oral appliance. Sleep. 2000;23(Suppl. 4):S172-8.
8. Vanderveken OM, Dieltjens M, Wouters K, De Backer WA, Van de Heyning PH, Braem MJ. Objective measurement of compliance during oral appliance therapy for sleep-disordered breathing. Thorax. 2013;68(1):91-6.
9. Giles TL, Lasserson TJ, Smith BH, White J, Wright J, Cates CJ. Continuous positive airways pressure for obstructive sleep apnoea in adults. Cochrane Database Syst Rev. 2006;(3):CD001106.
10. Vanderveken OM, Devolder A, Marklund M, Boudewyns AN, Braem MJ, Okkerse W, et al. Comparison of a custom-made and a thermoplastic oral appliance for the treatment of mild sleep apnea. Am J Respir Crit Care Med. 2008;178(2):197-202.
11. Sutherland K, Phillips C, Cistulli P. Efficacy versus effectiveness in the treatment of obstructive sleep apnea: CPAP and oral appliance. J Clin Sleep Med. 2015;2(4):175-81.
12. Almeida FR, Lowe AA, Otsuka R, Fastlicht S, Farbood M, Tsuiki S. Long-term sequellae of oral appliance therapy in obstructive sleep apnea patients: part 2. Study-model analysis. Am J Orthod Dentofacial Orthop. 2006;129:205-13.
13. Almeida FR, Lowe AA, Sung JO, Tsuiki S, Otsuka R. Long-term sequellae of oral appliance therapy in obstructive sleep apnea patients: part 1. Cephalometric analysis. Am J Orhod Dentofacial Orthop. 2006;129:195-204.
14. Schmidt-Nowara W, Meade TE. Treatment of snoring and obstructive sleep apnea with a dental othosis. Chest. 1991;99(6):1378-85.
15. Pitsis AJ, Darendeliler MA, Gotsopoulos H, Petocz P, Cistulli PA. Effect of vertical dimension on efficacy or oral appliance therapy in obstructive sleep apnea. Am J Crit Care Med. 2002;166(6):860-4.
16. Almeida FA, Bittencourt LR, Almeida CI, Tsuiki S, Lowe A, Tufik S. Effects of mandibular posture on obstructive sleep apnea severity and the temporomandibular joint in patients fitted with an oral appliance. Sleep. 2002;25(5):507-13.
17. Cunali PA, Almeida FR, Santos CD, Valdrichi NY, Nascimento LS, Dal-Fabbro C, et al. Mandibular exercises improve mandibular advancement device therapy for obstructive sleep apnea. Sleep Breath. 2011;15:717-27.
18. Zeng B, Ng AT, Qian J, Petocz P, Darendeliler MA, Cistulli PA. Influence of nasal resistance on oral appliance treatment outcome in obstructive sleep apnea. Sleep. 2008;31(4):543-7.
19. Prescinotto R, Haddad FL, Fukuchi I, Gregório LC, Cunali PA, Tufik S, et al. Impact of upper airway abnormalities on the success and adherence to mandibular advancement device treatment in patients with obstructive sleep apnea syndrome. Braz J Otorhinolaringol. 2015;81(6):663-70.
20. Zeng B, Ng A, Darendeller M, Petocz P. Use of flow-volume curves to predict oral appliance treatment outcome in obstructive sleep apnea. Am J Respir Crit Care Med. 2007;175(7):726-30.
21. Chan A, Lee R, Srinivasan V. Nasopharyngoscopic evaluation of oral appliance therapy for obstructive sleep apnea. Eur Respir J. 2010;35(4):836-42.
22. Tsai WH, Vazquez JC, Oshima T, Dort L, Roycroft B, Lowe AA, et al. Remotely controlled mandibular positioner predicts efficacy of oral appliances insleep apnea. Am J Respir Crit Care Med. 2004;170(4):366-70.
23. Vroegop A, Vanderveken O, Dieltjens M, Wouters K, Saldien V, Braem M, et al. Sleep endoscopy with simulation bite for prediction of oral appliance treatment outcome. J Sleep Res. 2013;22:348-55.

13 | Particularidades do sono na mulher

Helena Hachul
Andréia Gomes Bezerra

INTRODUÇÃO

O sono constitui um aspecto importante na fisiologia feminina, uma vez que parece sofrer modificações conjuntas com a variação hormonal. De fato, os problemas com insônia e queixas de sono são muito mais prevalentes em mulheres do que em homens.[1] Associado ao aspecto fisiológico, há o fato de que, atualmente, as mulheres desempenham um papel socioeconômico importante, e essa alteração parcial de seu estilo de vida gera mudanças na estrutura familiar e pode, muitas vezes, trazer uma sobrecarga e aumentar sua vulnerabilidade a fatores estressantes e, consequentemente, aos riscos à saúde e ao bem-estar. Neste capítulo, são abordadas as três principais fases da vida da mulher, seus aspectos hormonais, a maneira como o contexto biopsicossocial afeta o sono e os possíveis tratamentos para os consequentes distúrbios.

O SONO NA FASE REPRODUTIVA

A fase reprodutiva da mulher inicia-se na puberdade com a produção dos principais hormônios sexuais femininos, que são o estrógeno e a progesterona. A partir desse momento, inicia-se o ciclo menstrual, que dura cerca de 28 dias e é caracterizado por oscilações hormonais que objetivam desencadear a ovulação e, caso não ocorra a fecundação, a eliminação do óvulo, que ocorre por meio da menstruação. Existem poucos estudos que descrevam o sono da mulher na fase reprodutiva, dada a dificuldade em acompanhar as oscilações do ciclo menstrual de forma padronizada, como o método científico exige.

Com relação ao ciclo menstrual, está descrito que as queixas de má qualidade de sono parecem estar aumentadas quando as mulheres possuem ciclos menstruais irregulares.[2] Em relação a essa ciclicidade, um outro estudo demonstrou que as queixas são maiores na fase folicular.[3] Na fase lútea, há predomínio da progesterona, considerada um estimulante ventilatório, por isso os estudos mostram menor resistência de vias aéreas superiores nos registros polissonográficos. Entretanto, as variações não parecem ser significativas a ponto de ter de se levar em conta o dia do ciclo menstrual (período folicular ou lúteo) para se realizar o exame de polissonografia diagnóstica, quando indicada.

A tensão pré-menstrual (TPM) pode se manifestar com mais de 150 sintomas, principalmente baixa produtividade, falta de coordenação, ansiedade, dor muscular, dor de cabeça, depressão, ganho de peso, hostilidade, instabilidade, choro fácil, esquecimento e fadiga. Cerca de 80% das mulheres têm algum grau de TPM, em geral, de leve a moderado. O ciclo menstrual pode ser diferente entre as mulheres e ainda pode variar de um mês para outro, se elas forem submetidas a situações de estresse. É possível, nesse período, que as mulheres apresentem queixas em um dos dois extremos: sonolência ou insônia. Ainda assim, foi observado o aumento de problemas em relação à qualidade do sono em mulheres que sofrem de síndrome pré-menstrual grave, embora o registro polissonográfico não retrate diferenças objetivas.[4] As cólicas menstruais (dismenorreia) graves podem alterar o padrão de sono, provavelmente pelo efeito da dor em si, mas, em casos brandos, o padrão de sono permanece inalterado, segundo dados de estudo mais recente. Há indícios de que o contraceptivo hormonal possa ajudar a mulher a manter melhor padrão de sono, embora ainda faltem estudos para comprovar esses achados.[5]

A síndrome dos ovários policísticos (SOP) atinge dois terços das mulheres hiperandrogênicas e é considerada uma doença significativa em mulheres com alteração no ciclo menstrual, com prevalência de 6 a 10%. A presença de dois dos três critérios a seguir, com exclusão de outras etiologias, é utilizada para o diagnóstico da síndrome:

- Oligo e/ou anovulação.
- Evidências clínicas ou laboratoriais de aumento de andrógenos.
- Presença de ovários policísticos na ultrassonografia.

A literatura tem apontado a síndrome da apneia obstrutiva do sono como uma complicação do quadro de ovários policísticos, seja pelo hiperandrogenismo ou pela resistência insulínica, mostrando uma contribuição hormonal significativa no padrão de sono dessas pacientes.[6]

O tratamento da SOP visa à regularização do ciclo menstrual, para normalizar a condição hormonal. Pode consistir do uso de contraceptivo hormonal (ou metformina), anti-inflamatórios no caso de dismenorreia, e medidas específicas conforme a queixa na TPM. É importante considerar o contexto social da mulher nessa fase da vida, uma vez que, muitas vezes, as queixas de sono são resultado da rotina de sobrecarga de trabalho e estresse crônico. Frequentemente, medidas comportamentais, como orientações de higiene de sono, inclusão de exercícios físicos e hábitos de alimentação saudável, já ajudam a melhorar o sono nesse período. É preciso observar também as situações em que as queixas de sono vierem acompanhadas de comorbidades psiquiátricas, como depressão e ansiedade graves. Nesses casos, além das medidas comportamentais citadas e do tratamento preconizado a cada situação, é necessário o encaminhamento para a especialidade médica apropriada.

O SONO DURANTE A GRAVIDEZ E O PÓS-PARTO[7]

As mulheres estão sujeitas a diversas mudanças anatomofisiológicas no período gestacional, que são, de certa forma, muito estressantes para elas, por exemplo, maiores fluxo e frequência urinária, noctúria, enjoos, lombalgia, dificuldades para assumir posições habituais de sono, desconforto pelos movimentos fetais e cãibras. Todo esse contexto contribui para a queixa de baixa qualidade de sono, que tende a piorar progressivamente com o decorrer da gestação, levando a um quadro crônico de fragmentação de sono e, consequentemente, de sonolência diurna excessiva.[8,9]

As alterações no sono da mulher gestante variam de acordo com os trimestres gestacionais. Assim, no primeiro trimestre, são comuns as queixas de sonolência derivadas do aumento rápido nos níveis de progesterona e geralmente acompanhadas por aumento de até 1 hora no tempo total de sono e por diminuição na eficiência de sono e na porcentagem de sono de ondas lentas. De modo similar, enjoos, náuseas e vômitos, também decorrentes do aumento das concentrações de progesterona, e aumento da frequência urinária prejudicam a manutenção do sono de boa qualidade.

Já no segundo trimestre de gestação, a intensidade das queixas relacionadas ao sono diminui, mas passam a ser relativas a insônia e sono não reparador. A essas queixas somam-se os achados polissonográficos de diminuição no tempo total de sono e aumento na porcentagem de sono de ondas lentas em comparação ao primeiro trimestre.

Por fim, o terceiro trimestre apresenta as maiores e mais relevantes queixas relacionadas ao sono por parte das gestantes. Nesse momento, tornam-se corriqueiras as queixas de sono não reparador e fragmentação de sono causada por aumento da frequência urinária, dor lombar, cãibras e dificuldade respiratória (decorrente do aumento do volume abdominal). Somam-se a essas queixas os achados de diminuição na porcentagem de sono de ondas lentas e aumento na porcentagem do estágio 1 do sono, além de diminuição no tempo de sono REM. Essa última característica parece ser uma consequência direta do aumento nos níveis de hormônios esteroides, os quais possuem efeitos redutores sobre o sono REM.[7,10]

Os distúrbios de sono mais prevalentes durante a gestação são insônia, síndrome da apneia obstrutiva do sono (SAOS) e síndrome das pernas inquietas. A insônia torna-se uma queixa comum a partir do segundo trimestre de gravidez e parece estar relacionada às mudanças físicas inerentes a esse período e ao desconforto que elas causam. Assim, essa queixa pode ser explicada pela dificuldade para assumir posições habituais de sono, lombalgia, cãibras e desconforto pelos movimentos fetais, associados a fluxo urinário e frequência de micção maiores e aos enjoos. A SAOS pode estar presente na gestação e, nesse caso, observam-se como consequência a fragmentação de sono e, por conseguinte, a sonolência diurna excessiva. Contudo, nesse período, os efeitos podem ser ainda mais deletérios por serem somados aos da fragmentação de sono inerente à gravidez, causada pelas alterações anatômicas e funcionais próprias dessa condição. A síndrome das pernas inquietas é um distúrbio de movimento altamente correlacionado com a gestação. Estima-se que cerca de 25% das mulheres grávidas sejam acometidas por essa condição. A etiologia da síndrome das pernas inquietas está ligada à dopamina e, consequentemente, aos níveis plasmáticos de ferro, um componente fundamental da síntese dopaminérgica. Assim, especula-se que a alta prevalência da síndrome das pernas inquietas durante a gravidez se dê pela hemodiluição e pelas anemias corriqueiras durante o período. A maioria dos casos é específica da gestação e secundária a alguma condição, como anemias ou deficiência de ferro. Nesse caso, a condição tende a se tornar clinicamente relevante apenas durante o terceiro trimestre de gravidez, desaparecendo rápida e naturalmente após o parto. Como consequências da síndrome das pernas inquietas durante a gravidez, observam-se fragmentação de sono, insônia e aumento da sonolência diurna.[7,10]

Durante o período pós-parto, o sono também é alterado. Contudo, as razões para essas diferenças tornam-se mais extrínsecas do que intrínsecas. Nesse caso, o principal fator contribuinte para o déficit na qualidade de sono é a disparidade entre o padrão polifásico do sono infantil e o monofásico adulto, associado às demandas diversas do infante. Nessa situação, o tempo total de sono se mostra reduzido quando comparado ao sono normal e mesmo quando comparado ao sono durante a gravidez. Observam-se diminuição da eficiência de sono e aumento no tempo de vigília após o início do sono, mas, curiosamente, nota-se aumento na quantidade de sono de ondas lentas, efeito provavelmente associado à importância da lactação, visto que a prolactina é liberada durante esse estágio de sono. Essas alterações acometem em menor ou maior grau todas as mulheres durante o puerpério, contudo tendem a ser mais relevantes em primíparas do que em multíparas. Ademais, tendem a diminuir com o crescimento e o desenvolvimento da criança, cujo padrão de sono polifásico vai se tornando monofásico.[10]

Dada a alta prevalência dos distúrbios de sono na gestação, a assistência pré-natal deve dar especial atenção às queixas de sono. Uma vez suspeitado um distúrbio de sono nesse período, a polissonografia é indicada como melhor exame diagnóstico. Muitas vezes, o tratamento não farmacológico, como o uso de pressão positiva contínua nas vias aéreas (CPAP) e medidas comportamentais, é indicado. Em relação ao tratamento farmacológico, deve-se considerar o distúrbio de sono em questão, bem como a segurança da medicação durante a gestação. No caso de distúrbios respiratórios de sono, a melhor abordagem é o uso do CPAP, o qual também pode normalizar os níveis de pressão arterial e melhorar o prognóstico fetal em casos de hipertensão arterial. Para os casos de insônia, sobretudo no terceiro trimestre, deve-se avaliar a relação risco/benefício do emprego de medicação fitoterápica ou zolpidem. Em relação à síndrome das pernas inquietas durante a gestação, devem-se avaliar a etiologia e a gravidade desse distúrbio de sono. Nos casos em que esse distúrbio de sono for relacionado com hemodiluição fisiológica ou anemia ferropriva, deve-se optar por tratamento com reposição de sulfato ferroso. Em casos de síndrome das pernas inquietas na gestação, dá-se preferência a tratamentos não farmacológicos, como exercícios físicos. Em relação ao período pós-parto, é necessário considerar eventuais riscos de passagem de medicamentos pelo aleitamento materno, bem como avaliar a relação risco/benefício no uso de medicação escolhida.[7]

O SONO NA PÓS-MENOPAUSA

A menopausa é definida como o momento em que os ciclos menstruais cessam permanentemente, em decorrência da queda de síntese hormonal e da ausência de ovulação. Após 12 meses consecutivos de amenorreia, pode-se confirmar a data da menopausa. As mulheres sofrem as consequências do hipoestrogenismo, que ocorre de forma progressiva, da fase de pós-menopausa precoce, que ocorre logo em seguida à menopausa e que dura cerca de 5 anos, e da pós-menopausa tardia, que corresponde ao período posterior e, em geral, a um período mais longo sem estrogênio (mais de 5 anos após a menopausa).[11] Todas essas modificações podem afetar o sono de alguma forma. Entre os sintomas na fase precoce, o de maior importância é a presença dos sintomas vasomotores (calor e suor repentinos), presentes em cerca de 70% das mulheres.[12] Além disso, ocorrem diminuição da libido, aumento de irritação, ansiedade e depressão. Dentre os fenômenos mais relacionados à menopausa tardia, estão os desfechos cardiovasculares, a presença de osteoporose e a atrofia do sistema urogenital.[12]

Os principais distúrbios de sono presentes na pós-menopausa são a insônia, que pode estar associada a todos os elementos citados anteriormente, e a SAOS causada pela diminuição dos hormônios femininos, sobretudo a progesterona, considerada um estimulante ventilatório.[13] O diagnóstico diferencial da causa das queixas de problemas de sono, nessa fase, é muito importante. Frequentemente, há uma confusão com os sintomas, já que a queixa mais prevalente no período é a "dificuldade para dormir" e, por consequência, a sonolência e o cansaço diurnos. Contudo, a fragmentação de sono pode não ser causada por uma insônia *per se*. Os sintomas vasomotores podem estar relacionados a uma dificuldade de iniciar ou manter o sono, assim como a um quadro de ansiedade e/ou depressão. A atrofia urogenital pode gerar um quadro de noctúria, evento no qual a mulher acorda várias vezes durante a noite para urinar, o que pode levar a queixas relacionadas ao sono. Além disso, a própria queda do estrogênio está relacionada à pior qualidade de sono. A SAOS também é responsável pela fragmentação do sono e, frequentemente, está associada a quadros de insônia.

Para atenuar a sintomatologia dessa fase da vida das mulheres, tem sido utilizada a terapia hormonal (TH), que consiste na reposição exógena de estrogênios. Com a reposição, observam-se os seus benefícios em reverter os sintomas neurovegetativos, melhorar o trofismo urogenital, diminuir o risco de doença cardiovascular, dificultar a perda óssea e diminuir as chances de aparecimento da doença de Alzheimer.

Alguns estudos desenvolvidos na última década sobre os efeitos da TH têm provocado polêmica, no meio científico, pelos resultados obtidos. Seu uso tem efeitos protetores. Alguns pesquisadores a recomendam como primeira escolha no tratamento da insônia na pós-menopausa, quando ela se inicia ou se intensifica nesse período. Mais recentemente, por um lado, Sarti et al.[14] observaram que mulheres em TH apresentaram qualidade de sono melhor que aquelas sem TH. Por outro lado, é necessário considerar o famoso estudo WHI (*Women's Health Initiative Investigators*), de 2002, que mostrou aumento significativo de doença coronária, câncer de mama, acidente vascular cerebral e tromboembolias nas mulheres do grupo que receberam TH. É importante assinalar que a hormonioterapia substitutiva no climatério não deve ser usada de modo aleatório e indiscriminado, mas sim de maneira individualizada, conforme as necessidades de cada mulher, respeitando-se as eventuais contraindicações. O tempo de uso também deve ser particularizado para cada paciente.

Considerando-se todos esses aspectos multifatoriais que podem estar envolvidos com as queixas de sono nessa fase da vida, parece ser interessante que essa população seja avaliada por um grupo multidisciplinar. A avaliação criteriosa de um ginecologista pode trazer informações sobre o estado hormonal e o quanto o hipoestrogenismo pode ser o responsável pelos sintomas apresentados.

Em relação aos riscos e os benefícios, a reposição hormonal pode ser indicada como tratamento para alguns casos, trazendo alívio dos sintomas vasomotores e dos problemas de sono concomitantes. Métodos alternativos, como as isoflavonas e o chá de folha de amora, por um lado, também podem ser considerados para o tratamento desses sintomas. Por outro lado, a avaliação por um médico especialista em sono pode trazer informações relevantes sobre possíveis quadros de SAOS ou outros distúrbios de sono. Como citado anteriormente, o uso do CPAP é a intervenção de escolha no caso de SAOS, porém há de se avaliar a indicação de aparelho intraoral e ainda o uso de terapia hormonal. Ainda, a avaliação por fisioterapeutas, psicólogos e nutricionistas pode ter grande valia nessa população. Os fisioterapeutas podem auxiliar no alívio de dores crônicas provenientes da perda muscular e óssea do período, assim como os nutricionistas podem atuar diretamente no controle da obesidade, o que tem consequências positivas nos desfechos cardiovasculares. Por fim, o quadro psicológico pode ser levado em consideração e ter o acompanhamento de profissionais da área, já que essa fase é seguida de grande prevalência de distúrbios de humor.

A insônia *per se* pode ser tratada farmacologicamente, no início por TH, nos casos em que a insônia começou ou piorou com menopausa e nos casos em que não haja contraindicação ao seu uso (é preciso avaliar sempre os riscos e os benefícios desse uso). Outra possibilidade medicamentosa é o uso de drogas Z, que no Brasil são representadas pelo zolpidem, um hipnótico indutor de sono. Como alternativa fitoterápica, a valeriana tem apresentado ótimos resultados no tratamento da insônia. Por outro lado, a terapia cognitivo-comportamental tem tido grande evidência de sucesso como tratamento não farmacológico. Existem, ainda, tratamentos alternativos e complementares, como acupuntura, massagem, ioga e meditação.[15] Considerando todo o contexto fisiológico e social ao qual as mulheres na pós-menopausa estão expostas, essas terapias podem auxiliar na redução dos sintomas desagradáveis a que elas estão submetidas.

CONSIDERAÇÕES FINAIS

Ao avaliar o sono de uma mulher, é muito importante considerar a fase da vida em que ela se encontra. As oscilações hormonais são, sem dúvida, as maiores fontes de mudanças fisiológicas que afetam diretamente o sono. Uma vez constatado distúrbio hormonal, este deve ser tratado. Concomitantemente, o contexto social e comportamental pode contribuir para determinada queixa de sono. Muitas intervenções comportamentais, como exercício físico e dieta, já podem trazer resultados promissores para a melhora de sono, porém a avaliação aprofundada e a constatação de distúrbios de sono com o devido tratamento podem trazer melhora substancial na qualidade de vida dessa população.

REFERÊNCIAS BIBLIOGRÁFICAS

1. Bittencourt LR, Santos-Silva R, Taddei JA, Andersen ML, de Mello MT, Tufik S. Sleep complaints in the adult Brazilian population: a national survey based on screening questions. J Clin Sleep Med. 2009;5(5):459-63.
2. Hachul H, Andersen ML, Bittencourt LR, Santos-Silva R, Conway SG, Tufik S. Does the reproductive cycle influence sleep patterns in women with sleep complaints? Climacteric. 2010;13(6):594-603.
3. Guillermo CJ, Manlove HA, Gray PB, Zava DT, Marrs CR. Female social and sexual interest across the menstrual cycle: the roles of pain, sleep and hormones. BMC Womens Health. 2010;10:19.
4. Baker FC, Kahan TL, Trinder J, Colrain IM. Sleep quality and the sleep electroencephalogram in women with severe premenstrual syndrome. Sleep. 2007;30(10):1283-91.
5. Hachul H, Andersen ML, Bittencourt L, Santos-Silva R, Tufik S. A population-based survey on the influence of the menstrual cycle and the use of hormonal contraceptives on sleep patterns in São Paulo, Brazil. Int J Gynaecol Obstet. 2013;120(2):137-40.
6. Bethea SW, Nestler JE. Comorbidities in polycystic ovary syndrome: their relationship to insulin resistance. Panminerva Med. 2008;50(4):295-304.
7. Hachul H, Pires GN, Andersen ML, Tufik S. Sueño durante el embarazo y en el período postparto. In: Pedemonte M, Adrados R, Tufik S (eds.). Master em sueño: fisiologia y medicina. Madrid: Viguera; 2011.
8. Hertz G, Fast A, Feinsilver SH, Albertario CL, Schulman H, Fein AM. Sleep in normal late pregnancy. Sleep. 1992;15(3):246-51.
9. Brunner DP, Münch M, Biedermann K, Huch R, Huch A, Borbély AA. Changes in sleep and sleep electroencephalogram during pregnancy. Sleep. 1994;17(7):576-82.
10. Parry BL, Martínez LF, Maurer EL, López AM, Sorenson D, Meliska CJ. Sleep, rhythms and women's mood. Part I. Menstrual cycle, pregnancy and postpartum. Sleep Med Rev. 2006;10(2):129-44.
11. Soules MR, Sherman S, Parrott E, Rebar R, Santoro N, Utian W, et al. Executive summary: Stages of Reproductive Aging Workshop (STRAW). Climacteric. 2001;4(4):267-72.
12. Girão MJBC, Lima GRd, Baracat EC. Ginecologia. Série ginecologia Unifesp. Barueri: Manole; 2009. p.980.
13. Bixler EO, Vgontzas AN, Lin HM, Ten Have T, Rein J, Vela-Bueno A, et al. Prevalence of sleep-disordered breathing in women: effects of gender. Am J Respir Crit Care Med. 2001;163(3 Pt 1):608-13.
14. Sarti CD, Chiantera A, Graziottin A, Ognisanti F, Sidoli C, Mincigrucci M, et al. Hormone therapy and sleep quality in women around menopause. Menopause. 2005;12(5):545-51.
15. Attarian H, Hachul H, Guttuso T, Phillips B. Treatment of chronic insomnia disorder in menopause: evaluation of literature. Menopause. 2015;22(6):674-84.

14 | Tratamento cirúrgico da síndrome da apneia obstrutiva do sono: o papel do nariz

Tatiana de Aguiar Vidigal

A obstrução nasal é comumente relacionada ao ronco e à síndrome da apneia obstrutiva do sono (SAOS), resultando em fragmentação e má qualidade do sono, sonolência diurna, fadiga e comprometimento cognitivo. Estima-se que a obstrução nasal esteja presente em 59 a 64% dos pacientes com SAOS e que a maioria deles apresenta alterações anatômicas associadas, como desvio septal e hipertrofia de conchas inferiores.[1,2] Em estudo epidemiológico na cidade de São Paulo, pacientes com SAOS apresentaram maior frequência de alterações nasais quando comparados a grupo-controle e, inclusive entre todas as características avaliadas no exame físico otorrinolaringológico, apenas o nariz desfavorável mostrou-se um fator de risco associado a SAOS.[2] Embora as alterações nasais sejam frequentemente encontradas em pacientes com SAOS, trabalhos mostram que a correção cirúrgica dessas alterações é capaz de melhorar a qualidade do sono e reduzir os roncos dos pacientes apneicos, mas pouco interfere na redução do índice de apneia e hipopneia (IAH) do sono obtido na polissonografia.[3,4] A cirurgia nasal em pacientes com SAOS melhora a permeabilidade nasal e queixas subjetivas como a sonolência diurna e fragmentação do sono,[5,6] porém pode não ser efetiva como tratamento único para SAOS.[7] Por essa constatação, a literatura tem preconizado a correção dos fatores obstrutivos nasais em pacientes apneicos independentemente da gravidade do quadro.[4]

A participação da obstrução nasal na fisiopatologia da SAOS ainda não está bem estabelecida.[8] Existem várias patologias que causam obstrução nasal. Por meio da rinoscopia anterior e da nasofibrolaringoscopia, podem-se encontrar alterações como desvio do septo nasal, hipertrofia das conchas nasais inferiores, alterações na região da válvula nasal, pólipos nasais e outras tumorações.[4] No entanto, acredita-se que a obstrução nasal possa ter um papel coadjuvante, agravando um quadro obstrutivo preexistente da via aérea superior (VAS). Associados à obstrução nasal, ocorrem respiração oral e estreitamento da VAS, aumentando a resistência à passagem do ar e facilitando o colapso da faringe.[9]

Classicamente, grande parte dos estudos que investigam o(s) possível(s) local(is) de obstrução das VAS enfatiza que ela ocorre no palato mole, na base da língua ou em ambos.[9] Baseados no princípio de que a obstrução das VAS ocorre quando a pressão negativa intraluminal de faringe suplanta a capacidade da musculatura dilatadora de manter a via aérea pérvia, alguns autores postulam que a obstrução nasal, por exigir maior esforço inspiratório, aumentaria a pressão negativa na faringe, o que favoreceria o colabamento em pacientes susceptíveis.[10] Outra teoria que poderia explicar essa relação é a da instabilidade da respiração oral. Na obstrução nasal, os indivíduos assumem um padrão respiratório oral, que promove um deslocamento posterior e inferior da mandíbula e um estreitamento das regiões retropalatal e retroglossal.[10,11] Além disso, essa manobra aumenta o comprimento da faringe[11] e diminui a tensão dos músculos envolvidos.[10] O fluxo respiratório mais rápido gerado por uma VAS mais estreita, alongada e complacente aumenta a pressão intraluminal negativa durante a inspiração e facilita o colapso.[10,11]

Acredita-se que a análise em conjunto das alterações nasais traz informações mais precisas do que pode ser um nariz realmente obstrutivo e que, pelo fato de ele ter associação com a presença da SAOS, o seu tratamento, seja ele clínico ou cirúrgico, realizado em pacientes adultos é capaz de permeabilizar as fossas nasais e tratar a obstrução nasal, mas dificilmente reverterá todas as alterações musculares e esqueléticas faciais oriundas da respiração oral por longo prazo, como hipoplasia de maxila, retrognatia e palato ogival. Dessa forma, sabe-se que o tratamento precoce da respiração oral, na infância e na adolescência, é fundamental na prevenção da SAOS na fase adulta.[12]

O objetivo do tratamento cirúrgico nasal em pacientes com SAOS é aumentar a permeabilidade das fossas nasais e diminuir a resistência da via aérea por meio da correção de desvios septais (septoplastia) e insuficiência da válvula nasal, redução das conchas nasais inferiores (turbinectomia, turbinoplastia, cauterização linear ou radiofrequência das conchas nasais inferiores) e remoção de eventuais tumores nasais.[4] Pode ter intuito curativo em pacientes jovens, não obesos, com quadros leves e sem outros sítios de obstrução; ou coadjuvante, beneficiando o paciente que necessita do aparelho de pressão positiva contínua nas vias aéreas (CPAP)[13] ou aparelho intraoral (AIO)[14] para tratamento da SAOS. O procedimento ideal nesse grupo de pacientes deve provocar o mínimo de desconforto possível, sem uso de tampão nasal e com poucos efeitos adversos, como sangramentos, crostas e edema da cavidade nasal, para que a limitação do uso de CPAP no pós-operatório seja a menor possível.

Apesar do resultado limitado no controle da SAOS, estudos que realizaram polissonografia para titulação do CPAP, pré e pós-tratamento cirúrgico nasal, demonstraram que a permeabilidade cirúrgica do nariz foi capaz de reduzir os níveis pressóricos terapêuticos do CPAP, o que poderia facilitar o uso desses aparelhos, em especial nos pacientes que necessitavam de pressões mais elevadas.[13,15] Um estudo avaliou essa adesão objetivamente e encontrou um aumento médio de 48,6 minutos no uso do CPAP após a cirurgia.[16] A cirurgia nasal pode, portanto, promover uma diminuição da pressão do CPAP, tornando seu uso mais confortável.

Vidigal et al., em 2013, avaliaram as alterações nasais de pacientes com SAOS por meio de diferentes métodos como avaliação subjetiva (questionários), anatômica (por meio da rinoscopia anterior, nasofibroscopia e rinometria acústica) e funcional nasal (*peak flow* nasal inspiratório). Na avaliação objetiva das alterações nasais realizada pela rinometria acústica, encontrou-se diminuição da cavidade nasal em sua área e volume quando o paciente passou da posição sentada para a posição supina. Esse fato é de fundamental importância, já que indivíduos sem queixas nasais durante o dia podem ter redução da geometria nasal e passar a ter obstrução e maior resistência ao fluxo aéreo durante o sono. A posição supina determina um ingurgitamento dos vasos de capacitância da submucosa nas conchas inferior e média principalmente, determinando um aumento da resistência nasal. Isso determina que a avaliação da cavidade nasal nos distúrbios do sono por meio da rinometria acústica deve ser feita sempre que possível também em posição supina. O *peak flow* nasal inspiratório foi capaz de predizer o IAH, podendo se apresentar como um bom marcador de gravidade da doença, sendo que quanto menor o fluxo nasal maior o IAH. Como na literatura não existem trabalhos com medidas de *peak flow* nasal inspiratório em pacientes com SAOS, considera-se um achado importante e relevante a ser mais bem estudado.[17]

Outros estudos realizaram avaliação nasal por rinometria acústica ou rinomanometria em pacientes com SAOS com indicação de tratamento com CPAP, e alguns encontraram associação entre os achados nasais e a adesão ao CPAP, demonstrando que pacientes com áreas nasais menores ou resistência nasal maior apresentaram menor adesão ao CPAP,[18,19] porém esses achados não foram confirmados em outros estudos.[20,21] Desse modo, não se pode afirmar que a presença de alterações nasais poderia predizer a adesão ao CPAP.

Em pacientes com SAOS com indicação de tratamento com AIO de avanço mandibular, sabe-se que a obstrução nasal pode causar maloclusão labial durante o sono, dificultando o uso do aparelho,[4] e que o aumento da resistência nasal avaliada por rinomanometria pode influenciar negativamente nos resultados do tratamento com AIO,[22] ou seja, os pacientes que apresentaram sucesso com tratamento com o AIO apresentavam resistência nasal menor, sugerindo que a presença de alterações nasais poderia prejudicar o sucesso do tratamento com AIO. A menor eficácia do tratamento com AIO nos pacientes com alterações nasais também foi encontrada por Prescinotto et al. em 2015, porém a adesão não foi influenciada pela presença de alterações de VAS ou esqueléticas faciais.[14] Assim, uma avaliação da VAS, principalmente dos fatores obstrutivos nasais, deve ser realizada com cautela durante a avaliação inicial dos pacientes candidatos ao tratamento da SAOS com AIO, uma vez que possíveis tratamentos das alterações nasais, como já proposto em relação ao CPAP, podem ser coadjuvantes no sucesso do AIO.[15]

CONSIDERAÇÕES FINAIS

Pacientes com SAOS apresentam alta frequência de alterações nasais quando comparados ao grupo-controle, sugerindo que o nariz exerça um papel na fisiopatologia da doença. Entretanto, o tratamento clínico ou cirúrgico dessas alterações tem se mostrado limitado e, muitas vezes, coadjuvante no seu controle. A cirurgia nasal pode melhorar o ronco e a qualidade de vida dos pacientes com obstrução nasal, porém, muitas vezes, pode não ser efetiva como abordagem única para o tratamento da SAOS. A cirurgia nasal é capaz de reduzir os níveis pressóricos terapêuticos do CPAP e aumentar a adaptação ao uso do AIO.

REFERÊNCIAS BIBLIOGRÁFICAS

1. Zonato AI, Bittencourt LR, Martinho FL, Junior JF, Gregorio LC, Tufik S. Association of systematic head and neck physical examination with severity of obstructive sleep apnea-hypopnea syndrome. Laryngoscope. 2003;113(6):973-80.
2. Oliveira MC, Tufik S, Haddad FL, Santos-Silva R, Gregório LC, Bittencourt L. Systematic evaluation of the upper airway in a sample population: factors associated with obstructive sleep apnea syndrome. Otolaryngol Head Neck Surg. 2015;153(4):663-7.
3. Verse T, Maurer J, Pirsig W. Effect of nasal surgery on sleep-disorderer breathing disorders. Laryngoscope. 2002;112:64-8.
4. Li HY, LinY, Chen NH, Lee LA, FangTJ, Wang PC. Improvement in quality of life after nasal surgery alone for patients with obstructive sleep apnea and nasal obstruction. Arch Otolaryngol Head Neck Surg. 2008;134(4):429-33.
5. Sundaram S, Bridgman SA, Lim J, Lasserson TJ. Surgery for obstructive sleep apnoea. Cochrane Database Syst Rev. 2005;(4):CD001004.
6. Sufioğlu M, Ozmen OA, Kasapoglu F, Demir UL, Ursavas A, Erişen L, et al. The efficacy of nasal surgery in obstructive sleep apnea syndrome: a prospective clinical study. Eur Arch Otorhinolaryngol. 2012;269(2):487-94.
7. Koutsourelakis I, Perraki E, Bonakis A, Vagiakis E, Roussos C, Zakynthinos S. Determinants of subjective sleepiness in suspected obstructive sleep apnoea. J Sleep Res. 2008;17:437-43.
8. Kohler M, Bloch KE, Stradling JR. The role of the nose in the pathogenesis of obstructive sleep apnoea and snoring. Eur Respir J. 2007;30:1208-15.
9. Faber CE, Grymer L, Norregaard O, Hilberg O. Flextube reflectometry for localization of upper airway narrowing — a preliminary study in models and awake subjects. Respir Med. 2001;95(8):631-8.

10. Friedman M. Sleep apnea and snoring: surgical and non-surgical therapy. Philadelphia: Saunders Elsevier; 2009.
11. Lee SH, Choi JH, Shin C, Lee HM, Kwon SY. How does open-mouth breathing influence upper airway anatomy? Laryngoscope. 2007;117(6):1102-6.
12. Gu Q, Zhang Q. Influence of nasal obstruction on obstructive sleep apnea syndrome. Lin Chuang Er Bi Yan Hou Ke Za Zhi. 2003;17(4):213-4.
13. Tonnelier JM, Prat G, Nowak E, Goetghebeur D, Renault A, Boles JM, et al. Noninvasive continuous positive airway pressure ventilation using a new helmet interface: a case-control prospective pilot study. Intensive Care Med. 2003;29(11):2077-80.
14. Prescinotto R, Haddad FLM, Fukuchi I, Gregório LC, Cunali PA, Tufik S, et al. Impact of upper airway abnormalities on the success and adherence to mandibular advancement device treatment in patients with obstructive sleep apnea syndrome. Braz J Otorhinolaryngol. 2015;81:663-70.
15. Zonato AI, Martinho FL, Bittencourt LR, Gregório LC, Tufik S. Upper airway surgery: the effect on nasal continuous positive airway pressure titration on obstructive sleep apnea patients. Eur Arch Otorhinolaryngol. 2006;263:481-6.
16. Chandrashekariah R, Shaman Z, Auckley D. Impact of upper airway surgery on CPAP compliance in difficult-to-manage obstructive sleep apnea. Arch Otolaryngol Head Neck Surg. 2008;134(9):926-30.
17. de Aguiar Vidigal T, Martinho Haddad FL, Gregório LC, Poyares D, Tufik S, Azeredo Bittencourt LR. Subjective, anatomical, and functional nasal evaluation of patients with obstructive sleep apnea syndrome. Sleep Breath. 2013;17(1):427-33.
18. Morris LG, Setlur J, Burschtin OE, Steward DL, Jacobs JB, Lee KC. Acoustic rhinometry predicts tolerance of nasal continuous positive airway pressure: a pilot study. Am J Rhinol. 2006;20(2):133-7.
19. Sugiura T, Noda A, Nakata S, Yasuda Y, Soga T, Miyata S, et al. Influence of nasal resistance on initial acceptance of continuous positive airway pressure in treatment for obstructive sleep apnea syndrome. Respiration. 2007;74(1):56-60.
20. Tárrega J, Mayos M, Montserrat JR, Fabra JM, Morante F, Cáliz A, et al. Nasal resistance and continuous positive airway pressure treatment for sleep apnea/hypopnea syndrome. Arch Bronconeumol. 2003;39(3):106-10.
21. Haddad FL, Vidigal TD, Mello-Fujita L, Cintra FD, Gregório LC, Tufik S, et al. The influence of nasal abnormalities in adherence to continuous positive airway pressure device therapy in obstructive sleep apnea patients. Sleep Breath. 2013.
22. Zeng B, Ng AT, Qian J, Petocz P, Darendeliler MA, Cistulli PA. Influence of nasal resistance on oral appliance treatment outcome in obstructive sleep apnea. Sleep. 2008;31(4):543-7.

Cirurgias faríngeas na síndrome da apneia obstrutiva do sono | 15

Renato Stefanini

INTRODUÇÃO

A síndrome da apneia obstrutiva do sono (SAOS) é uma doença de etiologia multifatorial e bastante prevalente na população mundial. Um estudo epidemiológico realizado em São Paulo encontrou prevalência de 32,9% na população adulta.[1] A SAOS aumenta os riscos de doenças cardiovasculares, causa sonolência excessiva diurna, com consequentes riscos para acidentes automobilísticos e de trabalho, piora as funções cognitivas e a qualidade de vida dos indivíduos acometidos.[2-4] A terapia com pressão positiva contínua nas vias aéreas (CPAP) continua sendo o tratamento padrão-ouro para a SAOS.[4,5] No entanto, muitos pacientes apresentam dificuldades para aderir ao tratamento com CPAP[6] e necessitam de outras alternativas de tratamento, buscando o controle da doença ou a melhora da permeabilidade das vias aéreas para facilitar a adesão ao CPAP.

Os procedimentos cirúrgicos para o tratamento da SAOS têm como objetivos desobstruir as vias aéreas superiores (VAS) e/ou diminuir a sua colapsabilidade. Diferentes modalidades e técnicas cirúrgicas podem ser realizadas nos diversos níveis das VAS: nariz, rinofaringe, orofaringe, hipofaringe. Podem ser realizadas nas partes moles da faringe ou também no esqueleto facial, buscando aumentar a luz da via aérea e a tensão na musculatura da faringe. Neste capítulo serão abordadas as modalidades e as técnicas cirúrgicas da faringe.

CONSIDERAÇÕES PARA O TRATAMENTO CIRÚRGICO

Algumas considerações devem ser observadas antes de se indicar o tratamento cirúrgico para um paciente com SAOS.

Objetivos do tratamento

O tratamento cirúrgico poderá ser indicado com o objetivo de curar o paciente, buscando o controle da doença e reduzindo o índice de apneia e hipopneia (IAH) para valores normais (< 5 eventos por hora). Também poderá ser indicado como coadjuvante, para facilitar a adesão ao CPAP ou ao aparelho intraoral (AIO). Alguns casos podem responder parcialmente ao tratamento cirúrgico, transformando uma SAOS acentuada em uma SAOS leve, por exemplo, possibilitando a indicação do AIO ao invés do CPAP. Outros casos poderão não responder ao tratamento cirúrgico, permanecendo o mesmo grau da doença após a cirurgia. Essas diferentes possibilidades devem ser apresentadas ao paciente no momento da indicação cirúrgica para adequar as suas expectativas ao tratamento.

Risco × benefício da cirurgia

Os riscos do tratamento cirúrgico devem ser considerados, levando em conta a idade do paciente, a gravidade da SAOS e a presença de comorbidades, como obesidade, hipertensão arterial sistêmica, *diabetes mellitus* e cardiopatias. A avaliação pré-operatória do paciente deve contemplar anamnese completa, exame físico geral e específico, nasofibrolaringoscopia, polissonografia, exames complementares em casos selecionados e avaliação pré-anestésica. Deve-se lembrar que os manejos pré, intra e pós-operatório dos pacientes com SAOS, principalmente com grau acentuado, são diferentes dos pacientes não portadores da doença. Os riscos de complicações são maiores em pacientes com SAOS, por isso, cuidados devem ser tomados com medicamentos pré-anestésicos e anestésicos, intubação orotraqueal, extubação no pós-operatório imediato, edema das VAS e medicamentos prescritos no pós-operatório.[7] Os riscos de cada procedimento deverão ser explicados ao paciente, bem como os benefícios esperados com o tratamento cirúrgico.

CIRURGIAS FARÍNGEAS

Uvulopalatofaringoplastia e suas variações

A uvulopalatofaringoplastia (UPFP) foi inicialmente descrita para o tratamento da SAOS por Fujita et al.,[8] em 1981, após modificar a técnica descrita por Ikematsu,[9] em 1964, para o tratamento do ronco. A técnica envolvia a exérese das tonsilas palatinas, de uma extensão considerável do palato mole, a exérese da úvula e o fechamento das lojas amigdalianas. Essa modalidade cirúrgica foi bastante realizada nas décadas de 1980 e 1990 e, com o tempo, foram surgindo publicações na literatura descrevendo os resultados e os efeitos adversos da cirurgia. Os resultados desse tratamento variam bastante na literatura,[10] com taxas de sucesso em torno de 40%.[11] Os estudos mostram altas taxas de efeitos adversos e sequelas provocadas por essa técnica, como insuficiência velofaríngea, disfagia, alterações da voz, entre outros.[12,13] Vale lembrar que, naquela época, a cirurgia era indicada indiscriminadamente, sem a preocupação de utilizar critérios para a adequada seleção dos pacientes. Com o tempo, foram surgindo diversas modificações na técnica cirúrgica, com técnicas mais conservadoras, e, mais recentemente, começou a surgir uma tendência a poupar a linha média, concentrando as manipulações nas paredes laterais da faringe, procurando diminuir os efeitos colaterais e as sequelas. Diversos autores descreveram novas técnicas como a UPFP modificada por Fairbanks, *flap* uvulopalatal, faringoplastia lateral, expansão esfincteroplástica, zetafaringoplastia, entre outras.[14,15] A uvulopalatoplastia a *laser* utiliza o *laser* de dióxido de carbono e aborda o palato mole e a úvula, contrariando a tendência mais recente da literatura de preservar a linha média. Seus resultados variam na literatura, mas, em geral, as taxas de sucesso em longo prazo são baixas, por isso ela não tem sido recomendada para o tratamento da SAOS.[16]

Mais recentemente, critérios para a melhor seleção dos pacientes candidatos ao tratamento cirúrgico têm sido valorizados, buscando melhores taxas de sucesso. O exame físico sistemático das VAS identifica alterações nasais, faríngeas e esqueléticas, ajudando na indicação cirúrgica dos pacientes com SAOS.[17] A nasofibrolaringoscopia e, em alguns casos, outros exames complementares também auxiliam na indicação do tratamento cirúrgico. Em 2002, Friedman et al.[18] publicaram um estadiamento clínico que utiliza o índice de Mallampati modificado (MM), o grau das tonsilas palatinas e o índice de massa corpórea (IMC) para a indicação de UPFP, sendo que o estádio I, em que os pacientes apresentam MM classes I ou II, tonsilas palatinas graus 3 ou 4 e IMC < 40 kg/m^2, apresentou alta taxa de sucesso (80,6%) (Tabela 1).

Na Universidade Federal de São Paulo (Unifesp), em 2014, foi proposto um novo estadiamento para a indicação cirúrgica, valorizando-se, principalmente, a hipertrofia das tonsilas palatinas e incluindo pacientes com IMC > 40 kg/m^2. A técnica cirúrgica utilizada foi a amigdalectomia ampliada, que é mais conservadora e consiste em amigdalectomia, ressecção do palato *web* e fechamento das lojas amigdalianas. As taxas de sucesso obtidas foram altas nos pacientes com tonsilas palatinas graus 3 e 4[19] (Tabela 2).

Tabela 1 Estadiamento de Friedman[18]

Estádio (taxa de sucesso)	Mallampati modificado	Tonsilas palatinas	IMC
I (80,6%)	1, 2	3, 4	< 40 kg/m²
II (37,9%)	1, 2 3, 4	1, 2 3, 4	< 40 kg/m²
III (8,1%)	3, 4	1, 2	< 40 kg/m²
IV (sem indicação cirúrgica)	1, 2, 3, 4	1, 2, 3, 4	> 40 kg/m²

Tabela 2 Estadiamento da Unifesp[19]

Estádio (taxa de sucesso)	Mallampati modificado	Tonsilas palatinas	IMC
I 88,9%	1 ou 2	3 ou 4	< 40 kg/m²
II 75%	3 ou 4	3 ou 4	< 40 kg/m²
III 35,7%	1 ou 2	1 ou 2	< 40 kg/m²
IV 38,5%	3 ou 4	1 ou 2	< 40 kg/m²
V 100%	1, 2, 3 ou 4	3 ou 4	> 40 kg/m²
VI (sem indicação cirúrgica)	1, 2, 3 ou 4	1 ou 2	> 40 kg/m²

Os melhores resultados das cirurgias faríngeas são obtidos em pacientes jovens, não obesos, com alterações anatômicas isoladas em orofaringe, principalmente a hipertrofia das tonsilas palatinas, e quadros mais leves da SAOS (Figura 1).

Procedimentos palatais minimamente invasivos

Os procedimentos palatais minimamente invasivos são diferentes modalidades cirúrgicas que têm como objetivos aumentar o tônus e enrijecer o pala-

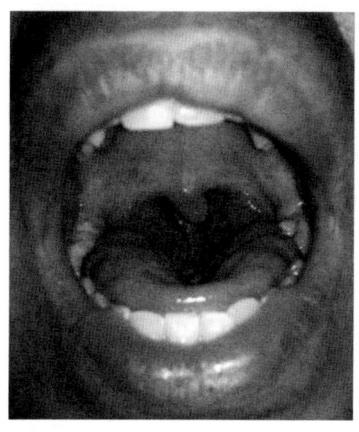

Figura 1 Paciente com alta chance de sucesso para cirurgia da orofaringe (jovem, não obeso, Mallampati modificado classe 2, tonsilas palatinas grau 3).

to mole, levando à melhora do ronco. Os procedimentos são: radiofrequência de palato mole, implantes palatais e escleroterapia ou injeção roncoplástica. São indicados em pacientes com ronco primário ou SAOS leve e, geralmente, em indivíduos com tonsilas palatinas normotróficas ou amigdalectomizados, com contraindicação para uso de aparelho intraoral e que não se adaptaram ao CPAP ou não querem utilizá-lo.[16] São procedimentos que podem ser realizados ambulatorialmente, com anestesia local. Os resultados são variáveis e geralmente ocorre melhora do ronco em curto prazo, porém, a taxa de sucesso diminui em médio e longo prazos.[20-23] A Tabela 3 resume as informações sobre os três tratamentos.

Cirurgias da base da língua

A região retrolingual é um possível local de colapso das VAS, principalmente nos indivíduos obesos e em portadores de SAOS acentuada.[24] Com os resultados modestos da UPFP, começaram a surgir diversas técnicas cirúrgicas para melhorar a permeabilidade na região da base da língua, como a glossectomia parcial, a suspensão do osso hioide, o avanço do músculo genioglosso e a radiofrequência da base da língua. Esses procedimentos passaram a ser

Tabela 3 Procedimentos minimamente invasivos do palato[20-23]

Procedimento	Descrição	Vantagens	Desvantagens	Complicações
Radiofrequência do palato	Equipamentos unipolares ou bipolares que promovem termólise tecidual com temperatura controlada, levando à fibrose local. A aplicação é submucosa através de ponteiras específicas	Pouca dor; anestesia local	Custo alto; novas aplicações necessárias	Infrequentes; úlcera no palato
Implantes palatais	Inserção de 3 a 5 implantes de polietileno na região mediana do palato mole com aplicador específico	Pouca dor; anestesia local	Custo alto	Extrusão
Escleroterapia	Injeção de substância esclerosante (sotradecol 3% ou etanol 5%) no palato mole	Custo baixo; anestesia local	Ausência de padronização; área da esclerose é imprevisível	Úlceras e perfuração palatal

realizados de forma isolada ou, mais frequentemente, juntamente com outros procedimentos (cirurgias multinível).

Em razão da eficácia pouco previsível e da morbidade das técnicas mais extensas, como a glossectomia mediana, esses procedimentos passaram a ter indicações mais restritas, dando-se preferência aos procedimentos minimamente invasivos, como a ressecção submucosa por radiofrequência. Recentemente, com o surgimento da cirurgia robótica transoral, as glossectomias medianas mais extensas estão voltando a ser realizadas, podendo ser associadas à epiglotoplastia.[24,25] O uso do robô para a realização dessas cirurgias melhora o acesso e diminui a morbidade, porém, ainda faltam estudos de médio e longo prazos para melhor avaliação dessa modalidade cirúrgica.[25] Em revisão sistemática e metanálise publicada em 2015, a glossectomia apresenta melhora significativa nos resultados obtidos com cirurgia multinível.[24]

As possíveis complicações da glossectomia são: sangramento, deiscência, disfagia, alterações gustatórias, obstrução da via aérea e paralisia do nervo hipoglosso.[24]

Eletroestimulação do nervo hipoglosso

O músculo genioglosso, inervado pelo nervo hipoglosso, é um dos principais músculos dilatadores da faringe e está diretamente envolvido na fisiopatologia da SAOS, contribuindo para evitar o colabamento da faringe durante o sono. Nos últimos anos, uma nova modalidade de tratamento para a SAOS tem sido proposta, principalmente para os pacientes com SAOS moderada e grave que não se adaptaram ao CPAP e não têm alterações anatômicas significativas que justifiquem indicações de outras cirurgias. Nesse tratamento, um estimulador do nervo hipoglosso é implantado unilateralmente e é capaz de sincronizar os estímulos com o esforço respiratório, evitando o colabamento da faringe que leva aos eventos respiratórios durante o sono.[26] Possíveis efeitos adversos relacionados a esse procedimento são: fraqueza/paresia da língua, geralmente transitória, escoriações ou lesões na língua decorrentes de trauma contra os dentes durante a estimulação noturna e sintomas relacionados à cirurgia de implantação do neuroestimulador, também transitórios.[26] Os resultados parecem promissores, com redução no IAH de aproximadamente 70% em um estudo que avaliou os resultados após 12 meses do tratamento.[26] Entretanto, é um tratamento de alto custo e são necessários mais estudos de longo prazo para avaliar seus resultados.

CONSIDERAÇÕES FINAIS

As cirurgias faríngeas são uma opção de tratamento para SAOS. Podem ser indicadas com o objetivo curativo, quando o paciente não se adapta ou não deseja usar o CPAP, ou como coadjuvante a outros tratamentos, como o CPAP e o AIO. Na literatura, os resultados ainda variam bastante, havendo muita controvérsia, principalmente por causa do baixo nível de evidência da maioria dos estudos e das diferenças na metodologia entre eles. As melhores taxas de sucesso são atingidas quando a cirurgia é indicada de forma individualizada, levando em conta as alterações das vias aéreas, a idade do paciente, o IMC e o grau da SAOS. O importante no momento de indicar um tratamento cirúrgico é discutir as expectativas com o paciente, explicando os riscos e os resultados esperados com o procedimento.

REFERÊNCIAS BIBLIOGRÁFICAS

1. Tufik S, Santos-Silva R, Taddei JA, Bittencourt LRA. Obstructive sleep apnea syndrome in the Sao Paulo epidemiologic sleep study. Sleep Med. 2010;11:441-6.
2. Takama N, Kurabayasi M. Influence of untreated sleep-disordered breathing on the long-term prognosis of patients with cardiovascular disease. Am J Cardiol. 2009;103:730-4.
3. Ayalon L, Ancoli-Israel S, Aka A, McKenna B, Drummond S. Relationship between obstructive sleep apnea severity and brain activation during a sustained attention task. Sleep. 2009;32:373-81.
4. Engleman HM, Douglas NJ. Sleep. 4: Sleepiness, cognitive function, and quality of life in obstructive sleep apnoea/hypopnoea syndrome. Thorax. 2004;59:618-22.

5. Haentjens P, Van Meerhaeghe A, Moscariello A, De Weerdt S, Poppe K, Dupont A, et al. The impact of continuous positive airway pressure on blood pressure in patients with obstructive sleep apnea syndrome: evidence from a meta-analysis of placebo-controlled randomized trials. Arch Intern Med. 2007;167:757-64.
6. Weaver TE, Grunstein RR. Adherence to continuous positive airway pressure therapy: the challenge to effective treatment. Proc Am Thorac Soc. 2008;5:173-8.
7. Vasu TS, Grewal R, Doghramji K. Obstructive sleep apnea syndrome and perioperative complications: a systematic review of the literature. J Clin Sleep Med. 2012;8:199-207.
8. Fujita S, Conway W, Zorick F, Roth T. Surgical correction of anatomic abnormalities in obstructive sleep apnea syndrome: uvulopalatopharyngoplasty. Otolaryngol Head Neck Surg. 1981;89:923-34.
9. Ikematsu T. Study of snoring, 4th report: therapy. J Jpn Otol Rhinol Laryngol. 1964;64:434-5.
10. Caples SM, Rowley JA, Prinsell JR, Pallanch JF, Elamin MB, Katz SG, et al. Surgical modifications of the upper airway for obstructive sleep apnea in adults: a systematic review and meta-analysis. Sleep. 2010;33:1396-407.
11. Sher AE, Schechtman KB, Piccirillo JF. The efficacy of surgical modifications of the upper airway in adults with obstructive sleep apnea syndrome. Sleep. 1996;19:156-77.
12. Franklin KA, Anttila H, Axelsson S, Gislason T, Maasilta P, Myhre KI, et al. Effects and side-effects of surgery for snoring and obstructive sleep apnea e a systematic review. Sleep. 2009;32:27-36.
13. Värendh M, Berg S, Andersson M. Long-term follow-up of patients operated with uvulopalatopharyngoplasty. Respir Med. 2012;106:1788-93.
14. Martinho FL, Tangerina RP, Gregório LC. Tratamento cirúrgico da síndrome da apneia do sono. Tratado de otorrinolaringologia. 23.ed. São Paulo: Artes Médicas; 2007.
15. Braga A, Grechi TH, Eckeli A, Vieira BB, Itikawa CE, Küpper DS, et al. Predictors of uvulopalatopharyngoplasty success in the treatment of obstructive sleep apnea syndrome. Sleep Med. 2013;14:1266-71.
16. Aurora RN, Casey KR, Kristo D, Auerbach S, Bista SR, Chowdhuri S, et al.; American Academy of Sleep Medicine. Practice parameters for the surgical modifications of the upper airway for obstructive sleep apnea in adults. Sleep. 2010;33:1408-13.
17. Stefanini R, Tufik S, Soares MCM, Haddad FLM, Bittencourt LRA, Santos-Silva R, et al. Systematic evaluation of the upper airway in the adult population of São Paulo, Brazil. Otolaryngol Head Neck Surg. 2012;146:757-63.
18. Friedman M, Ibrahim H, Bass L. Clinical staging for sleep disordered breathing. Otolaryngol Head Neck Surg. 2002;127:13-21.
19. Vidigal TA, Haddad FLM, Cabral RFP, Oliveira MCS, Cavalcante RR, Bittencourt LRA, et al. New clinical staging for pharyngeal surgery in obstructive sleep apnea patients. Braz J Otorhinolaryngol. 2014;80:490-6.
20. De Kermadec H, Blumen MB, Engalenc D, Vezina JP, Chabolle F. Radiofrequency of the soft palate for sleep-disordered breathing: a 6-year follow-up study. Eur Ann Otorhinolaryngol Head Neck Dis. 2014;131:27-31.
21. Choi JH, Kim SN, Cho JH. Efficacy of the pillar implant in the treatment of snoring and mild-to-moderate obstructive sleep apnea: a meta-analysis. Laryngoscope. 2013;123:269-76.
22. Brietzke SE, Mair EA. Injection snoreplasty: extended follow-up and new objective data. Otolaryngol Head Neck Surg. 2003;128:605-15.
23. Iseri M, Balcioglu O. Radiofrequency versus injection snoreplasty in simple snoring. Otolaryngol Head Neck Surg. 2005;133:224-8.

24. Murphey AW, Kandl JA, Nguyen SA, Weber AC, Gillespie MB. The effect of glossectomy for obstructive sleep apnea: a systematic review and meta-analysis. Otolaryngol Head Neck Surg. 2015;153:334-42.
25. Arora A, Chaidas K, Garas G, Amlani A, Darzi A, Kotecha B, et al. Outcome of TORS to tongue base and epiglottis in patients with OSA intolerant of conventional treatment. Sleep Breath. 2016;20:739-47.
26. Strollo PJ, Soose RJ, Maurer JT, Vries N, Cornelius J, Froymovich O, et al. Upper-airway stimulation for obstructive sleep apnea. N Engl J Med. 2014;370:139-49.

16 | Cirurgias de base de língua

Fábio de Azevedo Caparroz

INTRODUÇÃO

A experiência clínica sugere que a relação entre fatores de risco como obesidade e síndrome da apneia obstrutiva do sono (SAOS) é muito mais complexa que a relação entre a massa corporal e o índice de apneia e hipopneia (IAH). Kim et al.[1] realizaram um estudo que comparou um grupo de indivíduos com sobrepeso e obesos com SAOS com outro grupo de indivíduos com sobrepeso e obesos sem SAOS, controlando fatores como idade, sexo e etnia. Os indivíduos com sobrepeso ou obesos com SAOS possuíam maior volume de tecido adiposo na língua que os indivíduos obesos ou com sobrepeso sem o diagnóstico de apneia do sono. Para os grupos pareados, a diferença no volume total da língua e no volume de tecido adiposo foi de mais de 12 e 8 mL, respectivamente. Corroborando estudos prévios em cadáver, a diferença na proporção de tecido adiposo foi maior na base da língua do que em outras regiões do tecido. Nesse sentido, um recente estudo multicêntrico demonstrou uma melhora substancial no IAH em pacientes obesos após uma redução cirúrgica de volume de tecido adiposo em base de língua média de aproximadamente 10 mL. Este volume é condizente com a diferença entre pacientes obesos apneicos e não apneicos supracitados.

Há um consenso de que a maioria dos pacientes com SAOS tem múltiplos sítios de obstrução na via aérea superior. Com o conceito recente de cirurgia multinível para o tratamento da SAOS, numerosos estudos têm demonstrado uma taxa de sucesso significativamente maior para os tratamentos combinados quando há obstrução em mais de um nível, particularmente na base da língua e na hipofaringe, em comparação com o tratamento isolado com a uvulopalatofaringoplastia (UVPF). Uma metanálise realizada por Friedman et al. com 1.978 pacientes mostrou uma taxa de sucesso de 66,4% para a cirurgia envolvendo pelo menos dois níveis na SAOS, sendo considerado sucesso cirúrgico uma redução maior que 50% do IAH basal e IAH menor que 20 por hora. A Figura 1 mostra um exemplo de obstrução parcial em base da língua à sonoendoscopia realizada com propofol. Em termos gerais, há duas indicações principais para as cirurgias de base de língua: hipertrofia da tonsila lingual – a qual pode estar relacionada à SAOS tanto em adultos como também na população pediátrica – e exérese de tumores de base de língua, como carcinoma de células escamosas (CEC). As técnicas de dissecção em base de língua incluem bisturi frio, eletrocautério, *coblation*, *laser* de CO_2 e uso do microdebridador.

REVISÃO DE LITERATURA: TÉCNICAS DESCRITAS

Várias técnicas de cirurgias envolvendo a base da língua já foram descritas. Podem ser citadas a glossectomia parcial, a redução de tecido lingual via endoscópica com *coblation* (CELL), a ressecção lingual submucosa minimamente invasiva (SMILE), a cirurgia robótica transoral (TORS), as cirurgias de suspensão de base da língua (TBS), entre outras. Não é objetivo do presente capítulo esgotar todas as técnicas cirúrgicas de base da língua, uma vez que muitas delas são variantes de técnicas previamente descritas. Será dada maior ênfase às técnicas com maior destaque na literatura e/ou com maior aplicabilidade nos dias atuais, pontuando as vantagens e as desvantagens de cada uma e suas respectivas taxas de sucesso. As técnicas aqui comentadas são resumidas na Tabela 1 de acordo com sua cronologia.

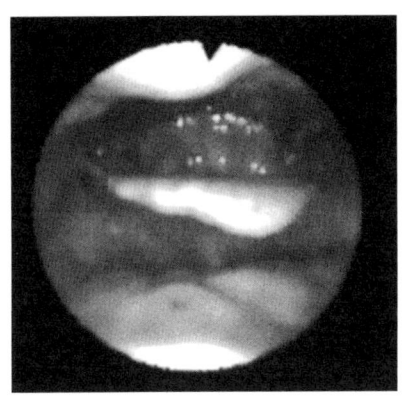

Figura 1   Obstrução parcial em base da língua.

A glossectomia de linha média foi uma das primeiras técnicas cirúrgicas descritas, em 1991 por Fujita et al. Utilizando o *laser* de CO_2, eles obtiveram sucesso em 42% dos pacientes (redução do IAH > 50% e IAH < 20/hora). Outros estudos demonstraram que a glossectomia de linha média associada com UVPF apresentaram melhores resultados, com melhoras entre 56 e 83%. No entanto, todos esses estudos possuíam amostra pequena e não totalmente homogênea. Ao se analisar os dados, os melhores resultados cirúrgicos da glossectomia de linha média foram obtidos em pacientes com Friedman III independentemente do IAH ou Friedman IV com IAH menor que 60 por hora.

Mais recentemente, a técnica foi modificada pelo dr. Tucker Woodson, em 2007, utilizando um endoscópio rígido de 30° e ablação por radiofrequência. US Doppler para mapeamento do trajeto das artérias linguais foi utilizado apenas nos primeiros casos realizados. O maior cuidado foi manter a dissecção dentro de um raio de até 1,5 cm da linha média, principalmente nas porções mais anteriores da língua. A dissecção era realizada de modo anterior para posterior, começando anteriormente 1 a 1,5 cm das papilas circunvaladas e progredindo-se posteriormente até a região da valécula. A dissecção progredia até visualização adequada da epiglote com a cabeça em posição neutra e supina.

A cirurgia de suspensão de base da língua (*tongue base suspension* ou TBS) foi descrita pela primeira vez, em 1998, por DeRowe et al. Eles descreveram uma técnica menos invasiva utilizando um sistema de ancoragem de osso com tecidos moles, conhecido como Repose®. Este dispositivo consiste em um kit de fixação com um minipafuso de titânio, colocado na porção anterior intraoral da sínfise mandibular com duas suturas acopladas lateralmente com fios de polipropileno (Prolene®). Permite a fixação do córtex lingual na sínfise mandibular. A sutura é então ancorada na base posterior da língua e fixada

Tabela 1 Cirurgias de base de língua de acordo com a cronologia de descrição, com os respectivos autores

Ano	Cirurgia	Autores
1991	Glossectomia de linha média - *laser* de CO_2	Fujita et al.
1998/2000	Cirurgia de suspensão de base da língua (TBS)	DeRowe et al.
1999	Redução da base da língua com epiglotoplastia	Chabolle et al.
2006	Ressecção mucosa lingual minimamente invasiva (SMILE)	Maturo et al.
2007	Glossectomia por ablação por vídeo - ótica de 30 graus	Woodson et al.
2010	Cirurgia robótica transoral (TORS)	Vicini et al.
2012-2016	*Coblation endoscopic lingual lightening* (CELL)	Li et al. Kezirian et al.

anteriormente. A vantagem é ser um procedimento reversível, sem alterações anatômicas definitivas, e a desvantagem consiste no fato de não ser possível ajustar o grau de tensão da sutura sem anestesia geral. A taxa de sucesso atual do procedimento isolado fica por volta de 50%. Em 2005, uma técnica modificada da TBS foi descrita por Omur et al. Utilizando uma abordagem submentoniana, uma sutura de suspensão é posicionada na sínfise mandibular, sem o uso de um fixador. Dessa forma, não há a necessidade do kit cirúrgico comercial, como o Repose®, diminuindo assim o custo do procedimento. As taxas de sucesso combinadas com a UVPF chegam a 73,4% de acordo com revisões recentes. As taxas de complicações de ambas as técnicas de suspensão chegam a 30%, incluindo dor acentuada no pós-operatório, infecção local tardia, algum grau de disfagia, odinofagia e até disartria. Outras complicações menos comuns são sangramento do assoalho da boca, atrofia da língua, hipoestesia da ponta da língua e diminuição da flexibilidade da língua.

Em 2012, a Academia Americana de Otorrinolaringologia e Cirurgia de Cabeça e Pescoço (AAO-HNS) destacou os procedimentos de suspensão da língua como efetivos em tratar pacientes com SAOS moderada e acentuada, especialmente os que apresentam evidência de obstrução em hipofaringe ou base da língua propriamente dita. O mesmo *position paper*, no entanto, destaca que os resultados não são tão efetivos para pacientes obesos, por isso tais procedimentos devem ter menor grau de recomendação nesse grupo de pacientes. Em uma revisão sistemática publicada em 2015 com 413 pacientes, a taxa de sucesso da TBS modificada foi maior em relação a TBS com o Repose® (73,7% vs. 56,7%, p < 0,001). A conclusão da revisão é uma recomendação com nível C de evidência em favor dos benefícios de ambas as técnicas, com ou sem a UVPF combinada. No entanto, há uma tendência a resultados mais favoráveis com a técnica modificada.

Em 1999, Chabolle et al. descreveram a redução de base de língua com epiglotoplastia associada. O procedimento consistia na ressecção parcial da base da língua após identificação e preservação do feixe neurovascular, alargamento da hipofaringe, verticalização da epiglote e reposicionamento do osso hioide. A taxa de sucesso relatada inicialmente foi de 50%, nos 14 pacientes de seu trabalho original.

Outra técnica utilizada nos dias de hoje foi descrita em 2006 por Maturo, em San Antonio, Texas. Foi denominada de ressecção lingual submucosa minimamente invasiva ou simplesmente SMILE (*submucosal minimally invasive lingual excision*). Foi descrita inicialmente na população pediátrica com macroglossia obstrutiva (pacientes com síndromes de Down e de Beckwith-Wiedemann). A técnica consiste em realizar um túnel na porção anterior da língua e remover os tecidos com o uso do *coblation* através desse túnel, preservando o feixe neurovascular. Variantes dessa técnica utilizam dois túneis submucosos, o primeiro na linha média no terço posterior da língua, caminhando em direção à valécula em um ângulo de 45° em relação à superfície da língua, e um segundo confeccionado ligeiramente anterior ao primeiro, indo em direção à musculatura da língua em um plano praticamente vertical. O uso do *coblation* para a dissecção dos tecidos marca a denominação SMILE-R (de 'radiofrequência'), ao passo que o uso do bisturi harmônico ou *ultracision* marca a denominação SMILE-H para a técnica utilizada.

Um estudo de Friedman et al. com 48 pacientes utilizando a técnica SMILE mostrou uma taxa de sucesso de 65% (definida como redução do IAH > 50% e IAH < 20/hora).

Posteriormente, outra técnica denominada LTBR (*low temperature bipo*lar *radiofrequency ablation*) foi descrita, também com o uso do *coblation*. Nessa técnica, no terço posterior da língua, a ablação dos tecidos é realizada na linha média através da valécula, 2 cm em largura, 3 cm em extensão longitudinal e 3 cm em profundidade, movimentando a ponteira do dissector em um sentido anteroposterior e também superoinferior.

Um estudo comparou 50 pacientes com SAOS supino-dependente, que foram randomizados e submetidos à UVPF associada a uma das técnicas de cirurgias de base de língua: SMILE-R, SMILE-H e LTBR. O decréscimo do IAH global e do IAH em posição supina, além da maior redução volumétrica medida por ressonância magnética no período de 3 meses de pós-operatório, foi estatisticamente significante apenas no grupo SMILE-R. Comparando as três técnicas, não se obteve diferença significante em relação a morbidade cirúrgica ou complicações pós-operatórias, nem nas medidas subjetivas do ronco relatadas pelo parceiro. O tempo cirúrgico foi menor no grupo SMILE-H.

A redução de tecido lingual via endoscópica com *coblation* (*coblation endoscopic lingual lightening* – CELL) tem ganhado destaque nos últimos anos por ser um método com bons resultados cirúrgicos e poucas complicações no pós-operatório, além de oferecer poucas dificuldades técnicas. Pode ser considerada uma variação da glossectomia parcial. Um estudo recente com 90 pacientes com SAOS moderada e acentuada (IAH > 20/hora), classificados como Friedman III (Mallampatti modificado grau III e tonsilas palatinas grau I ou II), comparou a cirurgia de base língua (CELL) associada à faringoplastia de realocação (UVPF modificada) com a faringoplastia de realocação isolada no tratamento desses pacientes. A redução do IAH foi significativamente maior no grupo com o tratamento combinado 6 meses após a cirurgia.

Já para os pacientes em estádio de Friedman IV e IAH maior que 60 por hora, que tenham indicação de cirurgia de base de língua, a cirurgia robótica transoral (TORS) pode ser boa opção terapêutica, de acordo com os estudos mais recentes. Isso por conta da possibilidade de magnificação do campo operatório, da visão tridimensional e do maior alcance em áreas da hipofaringe ou mais inferiores da base da língua. Além disso, pacientes que necessitam de maior ressecção em áreas mais inferiores da base da língua e com hipertrofia acentuada de tonsila lingual são bons candidatos para essa técnica.

Uma recente revisão sistemática e metanálise avaliando a TORS para o tratamento da SAOS e envolvendo a base de língua mostrou redução estatisticamente significante do IAH e da escala de sonolência de Epworth, especialmente em pacientes com IMC menor que 30 kg/m^2. A taxa de sucesso cirúrgico média foi de 48,2%, e a taxa média de complicações foi de 22,3%. A conclusão foi de que a TORS é promissora para pacientes bem selecionados, mas seu custo e sua morbidade são maiores do que outras técnicas cirúrgicas, por isso sua empregabilidade deve ser avaliada de acordo com relação custo/benefício e a disponibilidade do material.

CONSIDERAÇÕES FINAIS

A cirurgia de base de língua tem ganhado destaque nos últimos anos no tratamento da SAOS em pacientes com indicações precisas, como obstrução em hipofaringe e/ou hipertrofia de amígdala lingual, dentro do contexto de cirurgia multinível para o tratamento da apneia. O surgimento de técnicas menos invasivas com o uso de dissectores menos traumáticos, mais precisos e com menor risco de sangramento, o conhecimento anatômico por meio de trabalhos prévios de dissecção em cadáver e a experiência crescente nas diversas técnicas já descritas vêm permitindo bons resultados cirúrgicos com menor morbidade e melhores desfechos clínicos combinados no tratamento da SAOS.

REFERÊNCIAS BIBLIOGRÁFICAS

1. Kim AM, Keenan BT, Jackson N, Chan EL, Staley B, Poptani H, et al. Tongue fat and its relationship to obstructive sleep apnea. Sleep. 2014;37:1639-48.
2. Vicini C, Montevecchi F, Campanini A, Dallan I, Hoff PT, Spector ME, et al. Clinical outcomes and complications associated with TORS for OSAHS: a benchmark for evaluating an emerging surgical technology in a targeted application for benign disease. ORL J Otorhinolaryngol Relat Spec. 2014;76:63-9.
3. Lin HC, Friedman M, Chang HW, Gurpinar B. The efficacy of multilevel surgery of the upper airway in adults with obstructive sleep apnea/hypopnea syndrome. Laryngoscope. 2008;118:902-8.
4. Li HY, Lee LA, Kezirian EJ. Efficacy of coblation endoscopic lingual lightening in multilevel surgery for obstructive sleep apnea. JAMA Otolaryngol Head Neck Surg. 2016;142(5):438-43.
5. Fujita S, Woodson BT, Clark JL, Wittig R. Laser midline glossectomy as a treatment for obstructive sleep apnea. Laryngoscope. 1991;101:805-9.

6. Suh GD. Evaluation of open midline glossectomy in the multilevel surgical management of obstructive sleep apnea syndrome. Otolaryngol Head Neck Surg. 2013;148(1):166-71.
7. Friedman M, Soans R, Gurpinar B, Lin HC, Joseph N. Evaluation of submucosal minimally invasive lingual excision technique for treatment of obstructive sleep apnea/hypopnea syndrome. Otolaryngol Head Neck Surg. 2008;39:378-84.
8. Woodson BT. Innovative technique for lingual tonsillectomy and midline posterior glossectomy for obstructive sleep apnea. Oper Techn Otolaryngol Head Neck Surg. 2007;18:20-8.
9. Justin GA, Chang ET, Camacho M, Brietzke SE. Transoral robotic surgery for obstructive sleep apnea: a systematic review and meta-analysis. Otolaryngol Head Neck Surg. 2016;154(5):835-46.
10. Maturo SC, Mair EA. Submucosal minimally invasive lingual excision: an effective, novel surgery for pediatric tongue base reduction. Ann Otol Rhinol Laryngol. 2006;115(8):624-30.
11. Babademez MA, Ciftci B, Acar B, Yurikli MF, Karabulut H, Yilmaz A, et al. Low-temperature bipolar radiofrequency ablation (coblation) of the tongue base for supine-position associated obstructive sleep apnea. ORL J Otorhinolaryngol Relat Spec. 2010;72(1):51-5.
12. Chabolle F, Wagner I, Blumen M, Sequert C, Fleury B, de Dieuleveult T. Tongue base reduction with epiglottoplasty: a treatment for severe obstructive sleep apnea. Laryngoscope. 1999;109:1273-80.
13. Babademez MA, Yorubulut M, Yurekli MF, Gunbey E, Baysal S, Acar B, et al. Comparison of minimally invasive techniques in tongue base surgery in patients with obstructive sleep apnea. Otolaryngol Head Neck Surg. 2011;145(5):858-64.
14. Omur M, Ozturan D, Elez F, Unver C, Derman S. Tongue base suspension combined with UPPP in severe OSA patients. Otolaryngol Head Neck Surg. 2005;133:218-23.
15. DeRowe A, Gunther E, Fibbi A, Lehtimaki K, Vahatalo K, Maurer J, et al. Tongue-base suspension with soft tissue-to-bone anchor for obstructive sleep apnea: preliminar clinical results of a new minimally invasive technique. Otolaryngol Head Neck Surg. 2000;122:100-3.
16. Bostanci A, Turhan M. A systematic review of tongue base suspension techniques as an isolated procedure or combined with uvulopalatopharyngoplasty in obstructive sleep apnea. Eur Arch Otorhinolaryngol. 2015.
17. Li HY, Lee LA, Kezirian EJ. Coblation endoscopic lingual lightening (CELL) for obstructive sleep apnea. Eur Arch Otorhinolaryngol. 2016;273(1):231-6.

Cirurgia craniomaxilofacial na síndrome da apneia obstrutiva do sono | 17

Sérgio Luís de Miranda
Roberto Moreno
Henrique Celestino Lima e Silva

INTRODUÇÃO

As deformidades dentofaciais, caracterizadas pela desarmonia das estruturas esqueléticas, apresentam grande prevalência na população. Trata-se de alterações que podem influenciar negativamente a estética facial e o equilíbrio do sistema estomatognático. Em alguns casos, as deformidades esqueléticas podem estar relacionadas a obstruções das vias respiratórias superiores, levando a desequilíbrio do sistema neuromuscular e provocando, consequentemente, alterações em funções essenciais, como a oclusão dental, a mastigação e a fonação, e na articulação temporomandibular (ATM).[1]

A síndrome da apneia obstrutiva do sono (SAOS) pode ser diagnosticada pela história clínica por intermédio de questionários, exames físicos, exames por imagem e polissonografia (padrão-ouro).[2]

A análise facial é de extrema importância para a avaliação do paciente portador da SAOS, e o perfil facial muitas vezes é um sinal dessa síndrome.[2]

Em uma análise formal da estética facial, o ponto mais importante é a utilização de um padrão clínico. O exame para diagnóstico não deve ser baseado em radiografia estática e representação fotográfica isolada do paciente. As radiografias e as fotografias podem posicionar inapropriadamente a orientação da cabeça do paciente, a posição da mandíbula (côndilo) e a postura labial, o que pode levar a diagnóstico e plano de tratamento imprecisos.[3]

A análise facial e a cefalometria passaram a ser utilizadas frequentemente no estudo da SAOS, a partir da década de 1980, para auxiliar na identificação dos determinantes anatômicos craniofaciais envolvidos no colabamento faríngeo durante o sono.[4] A cefalometria em incidência lateral é de fácil análise, tem baixo custo, emite níveis mínimos de radiação e oferece a visualização bidimensional das estruturas anatômicas.[5]

A morfologia craniofacial parece fazer parte de um conjunto de fatores que aumentam a predisposição para o desenvolvimento da SAOS. Muitos dos trabalhos na literatura mundial avaliam a morfologia craniofacial por meio de medidas cefalométricas, geradas por telerradiografias, mas há uma série de limitações, pois o exame é realizado em posição supina e com o paciente acordado, dessa forma, como isso limita a avaliação, é consenso atual entre os cirurgiões e ortodontistas que a análise mais precisa é a do perfil facial de tecidos moles, caracterizando não a área de colabamento, mas sim as faces com maior tendência à obstrução das vias aéreas.[4,5]

Existem diversos tipos de tratamentos da SAOS, que pode ser realizado tanto de formas conservadoras como cirúrgicas, dependendo de inúmeros fatores, como gravidade da doença, alteração anatômica da via aérea superior, idade e condições sistêmicas do paciente. Assim, identificar as deformidades faciais mais frequentes causadoras da SAOS torna-se indispensável no conjunto do estudo.

REVISÃO DE LITERATURA

O tratamento da SAOS deve ser multidisciplinar e incluir médicos especializados em distúrbios respiratórios e doença do sono, otorrinolaringologistas, cirurgião craniomaxilofacial, cirurgião-dentista, entre outros profissionais da saúde.[6]

O tratamento conservador utiliza máscara de pressão positiva contínua de ar (*continuous positive air pressure* – CPAP) e, mais atualmente, os CPAP inteligentes chamados de Bipaps, que controlam a pressão de acordo com a necessidade, ou aparelhos intrabucais, que visam avançar a mandíbula e mantê-la em relação oclusal de protrusão durante o sono.[7,8] Kneisley, em 1998, citou também que a perda de peso, os dilatadores nasais e os tratamentos comportamentais (treinamento postural para dormir, higiene do sono e elevação da cabeceira) como tratamento paliativo.[9]

O tratamento cirúrgico da SAOS permanece um desafio, não havendo um procedimento de escolha que, com certeza, promova resolução do fechamento das vias aéreas superiores no sono. Até a introdução da uvulopalatofaringoplastia (UPFP) por Fujita, em 1981, as únicas opções cirúrgicas eram a amidalectomia e a traqueostomia, esta última rejeitada por pacientes e médicos em razão do desconforto médico-social proporcionado pelo procedimento.[10] Nos últimos 25 anos, vários procedimentos surgiram, na tentativa de solucionar a SAOS, como UPFP, uvulopalatoplastia, expansão rápida da maxila cirurgicamente assistida (ERMCA), avanço maxilomandibular (AMM), redução de base de língua, avanço de genioglosso, hioideopexia, isolados ou combinados e com cirurgias nasais.

Na ERMCA, por meio de osteotomias maxilares, as zonas de resistência esquelética são clivadas, facilitando a expansão maxilar pelo aparelho expansor. Eysel, citado por Haas em 1961, foi o primeiro rinologista a estudar os efeitos da ERMCA sobre a cavidade nasal. Ele observou que, no período pós-expansão, várias mudanças poderiam ocorrer na maxila e nos ossos adjacentes e que a ERMCA causava redução da resistência aérea nasal (RAN). Durante o acompanhamento da expansão, um aumento foi encontrado na largura da cavidade nasal, próximo à sutura palatina mediana.[11]

Desde os primeiros casos relatados de SAOS, a única cirurgia que consegue elevado índice de sucesso no tratamento é a traqueostomia, pelo desvio da passagem do ar contornando a região de colapso. Adicionalmente, a cirurgia de AMM tem obtido sucesso semelhante, por proporcionar adequado aumento do espaço faringiano.[6,9]

A cirurgia de AMM está indicada classicamente para pacientes portadores de apneia moderada e grave ou, nas falhas de outras formas de tratamento, em pacientes com faces proporcionais ou com discrepância maxilomandibular.[12]

Reconhecendo que a deficiência anteroposterior maxilomandibular foi identificada em alguns pacientes portadores da SAOS, o AMM tem sido relatado como umas das principais opções para manejo dessa síndrome. O AMM expande o arcabouço esquelético na faringe e na hipofaringe, o que leva ao aumento das dimensões da via aérea superior. Outrossim, o movimento anterior do complexo maxilomandibular resulta em aumento da tensão nas musculaturas supra-hioideia e velofaríngea e, consequentemente, reduz o colapso da via aérea.[12]

Com a osteotomia do tipo Lefort I com avanço maxilar, obtém-se o aumento da válvula nasal anterior e do espaço nasofaríngeo e a tensão dos músculos palatinos; com a osteotomia sagital para avanço mandibular, obtém-se o posicionamento mais anteriorizado da língua e do osso hioide e o aumento da tensão da parede lateral da faringe. A combinação de ambos os procedimentos resulta no aumento da luz do tubo aéreo com o fluxo normalizado.[4,5,12]

Miranda e Moreno, em 2007, avaliaram dez pacientes, nove pacientes do sexo masculino e um do sexo feminino, com idades entre 25 e 61 anos, e obtiveram 60% de efetividade com AMM de 10 mm em todos os pacientes. Quanto aos achados polissonográficos, comparados no pré e no pós-operatório, houve melhora no índice de apneia e hipopneia (IAH) e na SaO_2 mínima, pois estes são dois parâmetros fortemente relacionados à doença. Após o procedimento cirúrgico, dois pacientes tiveram o IAH normal, três pacientes o IAH leve, um paciente apresentou IAH moderado e quatro pacientes mantiveram o IAH grave. Sessenta por cento dos pacientes tiveram diminuição do IAH de 50%, e apenas um paciente teve o IAH aumentado, após o AMM. Assim como Waite e Wooten, os autores obtiveram a diminuição de dez eventos no IAH em 90% dos pacientes após o AMM. A média da SaO_2 mínima, no pré-operatório, foi de 63,4%, resultando em melhora significativa após o AMM, com média de 80,8%, sendo que 70% dos pacientes apresentaram SaO_2 mínima acima de 83%.[12]

Em 2008, foi realizado um estudo sobre a qualidade de vida dos pacientes submetidos ao AMM, correlacionando questionário, achados da polissonografia e exame físico. Dos 50 pacientes estudados, 86,7% obtiveram sucesso. O IAH médio no pré-operatório de 69,2 eventos/h diminui para 13 eventos/h. A SaO_2 mínima pré-operatória aumentou de 76,4% para 84,9% no pós-operatório. Dos pacientes estudados, 93% declararam sucesso cirúrgico nos itens de sonolência, índice de atividade social e vigília, bem como desempenho sexual. As alterações da SaO_2 mínima de IAH pós-operatória estavam altamente correlacionadas aos achados clínicos. Concluíram que o AMM é a forma mais efetiva de tratamento cirúrgico para a SAOS.[13]

Já em 2011, Gignon et al. realizaram um estudo retrospectivo com sete pacientes tratados com AMM maior que 10 mm em razão de SAOS grave. Os pacientes foram submetidos a polissonografia e cefalometria pré e pós-operatórias. Os resultados mostraram que houve redução significativa do IAH de 57,84/h para 3,34/h (p = 0,0009) e aumento da saturação mínima de oxigênio de 79% para 89,57% (p = 0,0004). O SNA aumentou de 79,60 para 84,70 (p = 0,0005), e o SNB aumentou de 75,80 para 81,40 (p = 0,003). A dimensão da via aérea superior aumentou de 11,08 para 13,84 (p = 0,002) e a da via aérea inferior, de 9,6 para 12,4 (p = 0,002). A conclusão foi de que o AMM maior que 10 mm apresentou resultado satisfatório em pacientes com SAOS grave, com baixo índice de complicações.[14]

DISCUSSÃO

Dos inúmeros procedimentos cirúrgicos propostos, a maioria tem mostrado resultados insatisfatórios, principalmente nos casos de SAOS grave com desproporção anatômica difusa das vias aéreas superiores, porém a Universidade de Stanford desenvolveu as fases I e II como protocolos de tratamento cirúrgico para a SAHOS, descritos como Stanford University Powell-Riley Protocol, denominados protocolos de Stanford:[15]

- Fase 1: UPFP com avanço do músculo genioglosso (osteotomia de Powell) e/ou tireo-hioideopexia.
- Fase 2: AMM.

A técnica cirúrgica para o AMM consiste na realização de osteotomia tipo Le Fort I para maxila, osteotomia sagital para mandíbula e mentoplastia, que são técnicas amplamente conhecidas e descritas na literatura, utilizadas há muito tempo com sucesso nas cirurgias de correção de deformidades dentofaciais. Trata-se de procedimentos seguros quando executados por equipe devidamente treinada.

A osteotomia tipo Le Fort I inicia-se com um retalho mucoperiosteal de espessura total por meio de uma incisão horizontal retilínea que se estende da região de fundo de vestíbulo da região do primeiro molar superior até a região do primeiro molar superior contralateral. Ao se deslocar o retalho, é preciso expor a região da parede anterior do seio maxilar, a abertura piriforme, o septo ósseo nasal e o assoalho de fossa nasal. Pelo deslocamento por tunelização, no sentido anteroposterior, a região de processo pterigóideo do osso esfenoide é abordada. A linha de osteotomia, na região de parede anterior do seio maxilar, estendeu-se da abertura piriforme até a região da tuberosidade maxilar, em sentido anteroposterior e descendente, utilizando-se uma broca (n. 702), montada em peça de mão cirúrgica ou serra. A osteotomia do septo ósseo nasal é realizada com um cinzel para septo ósseo com guarda bilateral, em toda a sua extensão, no sentido anteroposterior. A parede lateral da cavidade nasal é osteotomizada com um cinzel reto, com guarda unilateral em toda a sua extensão, no sentido anteroposterior. Em seguida, realiza-se a disjunção do processo pterigóideo do osso esfenoide do seu contato com a tuberosidade da maxila e do osso palatino, com um cinzel curvo (tipo Obwegeser). Após a realização dessas osteotomias, realiza-se a separação da maxila. Toda a interferência óssea entre a maxila abaixada e o seu remanescente ósseo (parte que se relaciona com o osso zigomático) são removidos. A goteira intermediária é adaptada à mandíbula e, depois, à maxila, o que proporciona o bloqueio maxilomandibular. O conjunto foi levado à posição proposta pela cirurgia de modelo e traçado preditivo ou planejamento virtual (Dolphin Imaging 11.8) (Figuras 1 e 2).

A osteotomia sagital mandibular é realizada por meio de uma incisão ao longo da linha oblíqua externa, da região lateral ao terceiro molar até o primeiro molar, sobre a mucosa, o músculo e o periósteo, sucessivamente, com cada plano sendo incisado e afastado individualmente. Muito cuidado deve ser tomado ao se incisar as fibras superiores do músculo bucinador, pelo possível seccionamento da artéria bucal e pela exposição do corpo adiposo da mandíbula. A osteotomia propriamente dita ocorre, inicialmente, em sentido horizontal na cortical lingual do ramo acima da língula da mandíbula, indo da margem anterior à margem posterior do ramo. Continua-se pela região do ramo até a região entre o segundo e primeiro molar inferior. Nesse ponto, inicia-se a osteotomia vertical na face externa do corpo, devendo se estender até a borda inferior da

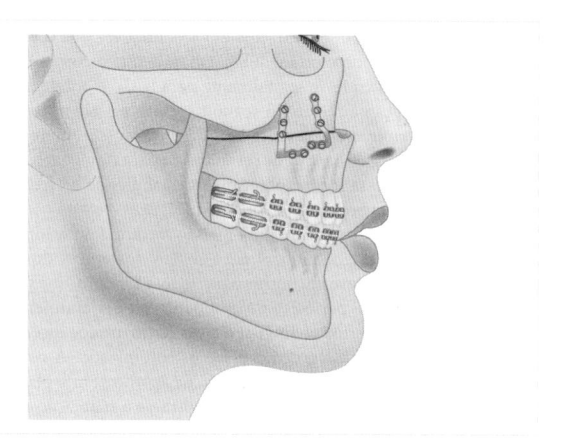

Figura 1 Planejamento virtual (Dolphin Imaging 11.8) da osteotomia tipo Le Fort I.

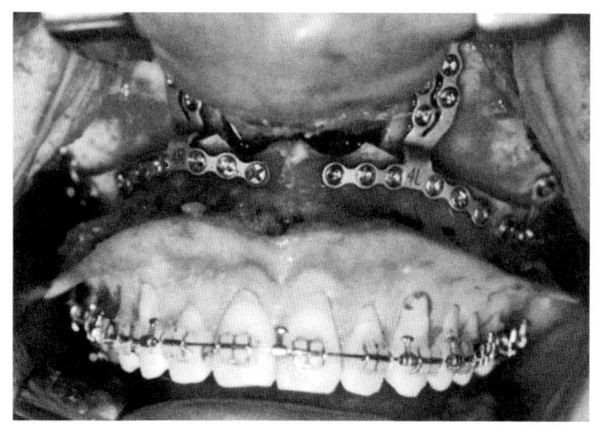

Figura 2 Aspecto transoperatório da osteotomia tipo Le Fort I.

mandíbula, a qual deve ser realizada em 45º, uma vez que o bisel proporciona melhor visualização do osso medular, evitando que o corte possa lesar o feixe nervoso. Assim, estende-se sagitalmente para baixo e paralelamente ao bordo anterior, em direção à região do segundo molar na face externa do corpo da mandíbula e terminando na margem inferior do osso, interessando apenas a cortical óssea. Serra de base pode ser utilizada para fragilizar a basilar do corpo da mandíbula e, dessa forma, obter maior estabilidade na fratura. Cinzéis são utilizados para a separação da mandíbula (Figuras 3 e 4).

Na mentoplastia, realiza-se uma incisão intraoral anteriormente ao fundo de sulco gengival, estendendo-se até a região dos ápices dos primeiros pré-molares, em que se deve encontrar o nervo mentoniano, que precisa ser visualizado e preservado. O periósteo é elevado inferior e lateralmente. Os músculos supra-hióideos e o periósteo lingual devem ser mantidos inseridos, para manter a vascularização do segmento ósseo osteotomizado. A osteotomia deverá ser horizontal ou inclinada e assimétrica, de acordo com o planejamento, para tal utiliza-se uma serra reciprocante e realiza-se a marcação vertical na linha média para orientação. A osteotomia deve ser realizada abaixo dos ápices dentários (Figuras 5 e 6).

O AMM com rotação anti-horária vem sendo relatado, na literatura mundial, como um dos tratamentos mais efetivos para a SAOS grave (Figuras 7 e 8).

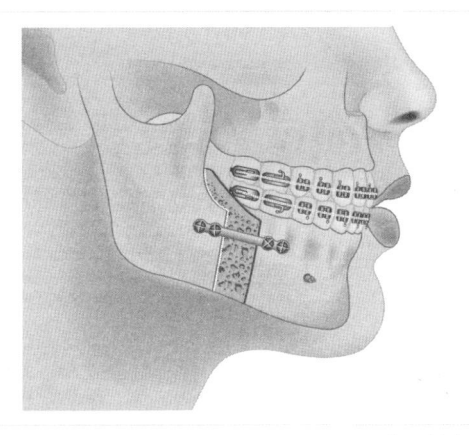

Figura 3   Planejamento virtual (Dolphin Imaging 11.8) da osteotomia sagital mandibular.

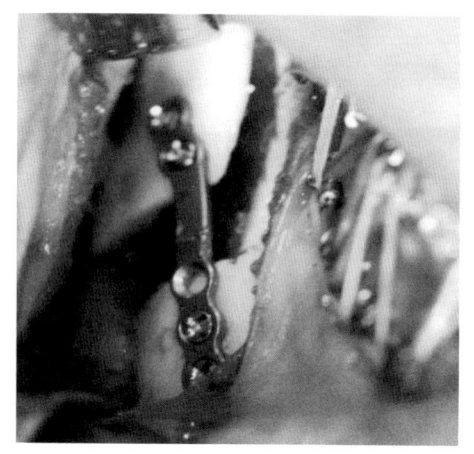

Figura 4 Aspecto transoperatório da osteotomia sagital mandibular.

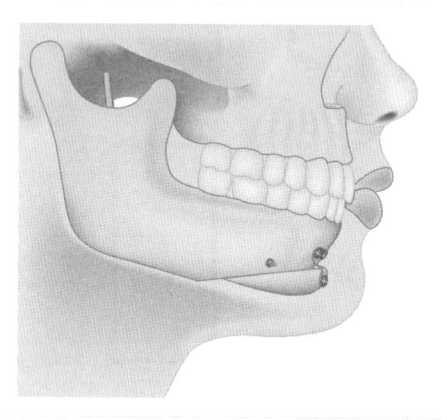

Figura 5 Planejamento virtual (Dolphin Imaging 11.8) da mentoplastia.

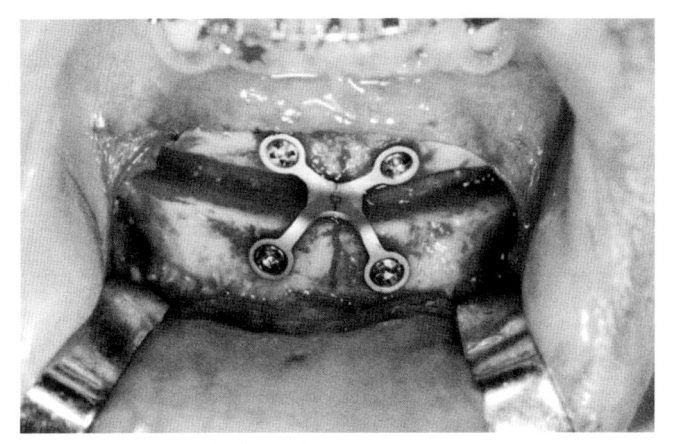

Figura 6   Aspecto transoperatório da mentoplastia.

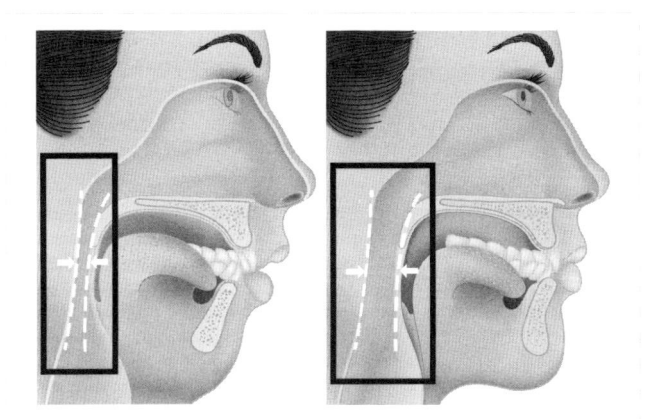

Figura 7   Planejamento virtual evidenciando a obstrução da via aérea superior e o aumento de volume obtido após o avanço maxilomandibular (AMM).

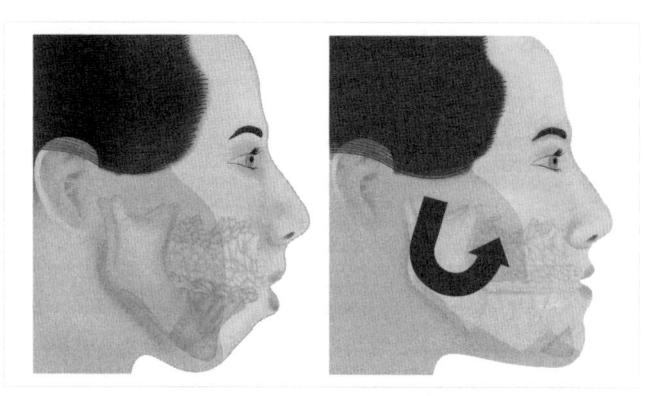

Figura 8   Planejamento virtual (Dolphin Imaging 11.8) do avanço maxilomandibular (AMM) com rotação anti-horária.

O principal determinante para o sucesso do tratamento parece ser a quantidade de avanço, preconizado pela literatura como de 8 a 10 mm, pois estabelece relação direta com a abertura desejada da via aérea.[12]

Sabe-se que a cirurgia de avanço mandibular associada à mentoplastia provoca também o avanço da musculatura da língua e da região supra-hióidea, bem como o avanço da maxila leva ao reposicionamento do véu palatino e dos músculos velofaríngeos.[12]

CONSIDERAÇÕES FINAIS

A cirurgia esquelética para a SAOS é uma indicação segura e que costuma ser bem-sucedida. É preciso avaliar o risco e considerar que as possibilidades de alterações esqueléticas podem causar maior permeabilidade das vias áreas superiores, mas procedimentos como osteotomias na maxila, na mandíbula ou combinados e em associação com mestoplastias podem ser realizados, visando também à possibilidade de rotação do plano oclusão no sentido anti-horário, gerando maior ganho de volume nas vias áreas superiores. É válido lembrar que os procedimentos cirúrgicos para a SAOS, apesar de terem o mesmo princípio da cirurgia ortognática, requerem atenção aos aspectos diferentes relacionados à SAOS, como a idade avançada e as comorbidades associadas, por isso são necessários os cuidados pós-operatórios com as vias aéreas superiores.

REFERÊNCIAS BIBLIOGRÁFICAS

1. Czarnecki ST, Nanda RS, Currier GF. Perceptions of a balanced facial profile. Am J Orthod Dentofacial Orthop. 1993;104(2):67-73.
2. Friedman M, Tanyeri H, La Rosa M, Landsberg R, Vaidyanathan K, Pieri S, et al. Clinical predictors of obstructive sleep apnea. Laryngoscope. 1999;109(12):1901-7.
3. Arnett WG, Bergman R. Chaves faciais para o diagnóstico e plano de tratamento ortodôntico – parte II. Am J Orthod Dentofacial Orthop. 1993;103(5):396-411.
4. Zonato AI, Bittencourt LRA, Martinho FL, Santos Jr JF, Gregório LC, Tufik S. Association of systematic head and neck physical examination whit severity of obstructive sleep apnea--hypopnea syndrome. Laryngoscope. 2003;113(6):973-80.
5. Endo S, Mataki S, Kurosaki N. Cephalometric evaluation of craniofacial and upper airway structures in Japanese patients with obstructive sleep apnea. J Med Dent. 2003;50:109-20.
6. Pinto JA. Distúrbio respiratório sonodependene. Ronco e apneia do sono. São Paulo: Revinter; 2000.
7. Krieger J. Long-term compliance with nasal continuous positive airway pressure (CPAP) in obstructive sleep apnoea patient and nonapneic snorers. Sleep. 1992;15(6):42-6.
8. Collop NA, Block AJ, Hellard D. The effect of nightly nasal CPAP tratment on underlying obstructive sleep apnea and pharyngeal size. Chest. 1991;99:855-60.
9. Kneisley LW. Medical and nondental treatments of snoring and sleep apnea syndrome. J Calif Dent Assoc. 1998;26(8):572-8.
10. Fujita S, Conway W, Zorick F, Roth T. Surgical correction of anatomic azbnormalities in obstructive sleep apnea syndrome: uvulopalatopharyngoplasty. Otolaryngol Head Neck Surg. 1981;89(6):923-34.
11. Epker BN, Fish LC, Paulus PJ. The surgical-orthodontic correction of maxillary deficiency. J Oral Surg, Chicago.1978;46(2):171-205.
12. Moreno R, Gregório LC, Miranda SL. Avaliação da síndrome da apneia/hipopneia grave do sono após tratamento cirúrgico de avanço maxilomandibular. Einstein. 2007;5(3):255-7.
13. Lye KW, Waite PD, Meara D, Wang D. Quality of life evaluation of maxillomandibular advancement surgery for treatment of obstructive sleep apnea. J Oral Maxillofac Surg. 2008;66(5):968-72.
14. Gignon VF, Melo MR, Alves TM, et al. Maxillomandibular advancement greater than 10 mm for treatment of severe obstructive sleep apnea. Rev Bras Cir Craniomaxilofac. 2011;14(4):183-6
15. Powell NB, Contemporary surgery for obstructive sleep apnea syndrome. Clin Exp Otorhinolaryngol. 2009;2(3):107-114.

18 | Apneia central e apneia emergente ao tratamento: fisiopatologia, diagnóstico e tratamento

Lia Rita Azeredo Bittencourt
Sergio Tufik

INTRODUÇÃO

Os distúrbios respiratórios relacionados ao sono são agrupados segundo a atual Classificação Internacional dos Distúrbios do Sono (ICSD-3)[1] em:

- Distúrbios da apneia obstrutiva do sono (SAOS).
- Síndromes da apneia central do sono (SACS).
- Distúrbios da hipoventilação relacionada ao sono.
- Distúrbio da hipoxemia relacionada ao sono.

Muitos pacientes irão satisfazer os critérios diagnósticos para mais de um desses grupos. Em particular, a maioria possui uma combinação de apneia obstrutiva e central durante o sono. Embora o diagnóstico seja muitas vezes baseado no distúrbio predominante, há variação de noite para noite, bem como ao longo do tempo. Ocorre também uma sobreposição na fisiopatologia, pois algumas apneias centrais estão associadas a uma via aérea superior ocluída e muitas apneias obstrutivas começam após um tempo da queda no comando ventilatório.

As SACS são caracterizadas por redução ou cessação do fluxo de ar decorrente da ausência de esforço respiratório. A pressão parcial de dióxido de carbono arterial ($PaCO_2$) durante a vigília nesses pacientes é normal ou baixa.

Dentro desse grupo de distúrbios respiratórios relacionados ao sono, SACS, encontram-se os seguintes subgrupos:

- Apneia central do sono com respiração de Cheyne-Stokes (ACS-RCS).
- Apneia central do sono associada a doenças médicas sem RCS.
- Respiração de Cheyne-Stokes (RCS).

- ACS associada à respiração periódica nas altas altitudes.
- ACS associada a medicações ou substâncias.
- ACS primária.
- ACS primária da infância.
- ACS primária da prematuridade.
- Apneia central emergente ao tratamento.

Dentre esses subgrupos de SACS, será dado enfoque aos mais frequentemente observados na prática clínica: ACS-RCS e apneia central emergente ao tratamento.

APNEIA CENTRAL DO SONO COM RESPIRAÇÃO DE CHEYNE-STOKES

A ACS-RCS ocorre em 30 a 50% dos pacientes com insuficiência cardíaca (IC) com fração de ejeção ventricular (FEV) reduzida e em 18 a 30% dos pacientes com IC com FEV preservada. O paciente geralmente se queixa de sonolência diurna excessiva, pior qualidade de sono, angina noturna, arritmias recorrentes, sintoma de IC refratária, insônia, apneias relatadas, ortopneia e dispneia paroxística noturna.[2]

Os fatores de risco para a ACS-RCS compreendem sexo masculino, idade acima de 60 anos, presença de fibrilação atrial e hipocapnia, ou seja, $PaCO_2$ igual ou menor que 38 mmHg.[2]

Fisiopatogenia

A fisiopatogenia da ACS-RCS ainda permanece não totalmente conhecida, mas já está bem demonstrado o papel da congestão pulmonar (em virtude de maior pressão diastólica ventricular esquerda final) levando a um estado de hiperventilação, por uma instabilidade do controle da ventilação e tempo prolongado de circulação, com queda da $PaCO_2$ abaixo do limiar de apneia. Esse fenômeno acarreta hipoventilação e apneia central, o que eleva a $PaCO_2$ acima do limiar de apneia, restaurando a ventilação e causando despertares do sono. Sendo assim, o ciclo se repete.[2]

Esse padrão de ACS-RCS ocorre predominantemente durante o sono NREM e no decúbito dorsal (Figura 1).

Diagnóstico

Na ICSD-3,[1] o diagnóstico da ACS-RCS deve preencher os critérios (A ou B) + C + D, sendo:

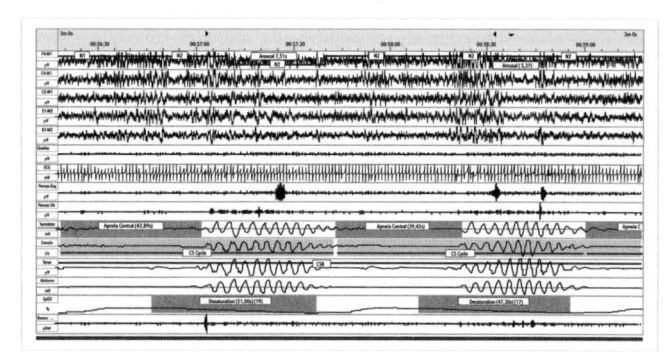

Figura 1   Critérios para marcar apneia central do sono com respiração de Cheyne-Stokes (ACS-RCS): ocorrer três ou mais apneias e/ou hipopneias centrais do sono consecutivas separadas por uma alteração de crescendo e decrescendo na amplitude da respiração, sendo o ciclo maior ou igual a 40 segundos; e ocorrer cinco ou mais apneias e/ou hipopneias centrais por hora de sono com um padrão de crescendo e decrescendo na amplitude da respiração em 2 horas ou mais de sono.

A. Presença de um ou mais dos seguintes parâmetros:
   - Sonolência.
   - Dificuldade em iniciar ou manter o sono, despertares frequentes ou sono não reparador.
   - Despertar com falta de ar.
   - Ronco.
   - Apneias testemunhadas.
B. Presença de fibrilação atrial, IC congestiva ou doença neurológica.
C. Exame de polissonografia com os seguintes resultados:
   - Cinco ou mais apneias centrais e/ou hipopneias centrais por hora de sono.
   - O número total de apneias centrais e/ou hipopneias centrais é maior que 50% do número total de apneias e hipopneias.
   - O padrão de ventilação atende aos critérios para a RCS.[3]
D. O distúrbio não é mais bem explicado por outro distúrbio de sono, uso de medicamentos (p. ex., opioides) ou abuso de substâncias.

APNEIA CENTRAL EMERGENTE AO TRATAMENTO

A apneia central emergente ao tratamento, também conhecida como apneia complexa, foi recentemente incorporada à ICSD-3.[1] É uma condição caracterizada pelo predomínio de eventos obstrutivos (apneias obstrutivas, mistas ou hipopneias obstrutivas) durante um registro diagnóstico de sono que se segue a um surgimento ou persistências de eventos centrais predominantemente durante o uso de aparelhos de pressão positiva sem frequência respiratória de *back-up*, apesar da significante resolução dos eventos obstrutivos (Figura 2). Se os eventos centrais forem mais bem explicados por outra SACS, o diagnóstico deverá ser de apneia obstrutiva do sono (AOS) associada à SACS.[1]

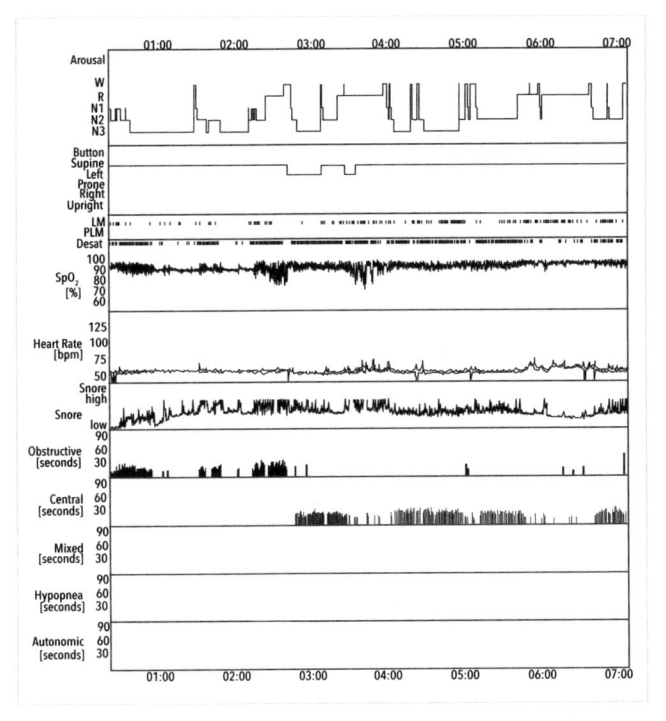

Figura 2   Exemplo de um gráfico de polissonografia tipo *split-night* (primeira metade diagnóstica e segunda metade com pressão positiva contínua nas vias aéreas (CPAP), com 13 cmH$_2$O), em que se observam no registro de eventos respiratórios predomínio de eventos obstrutivos no início da noite e predomínio de eventos centrais a partir das 3 horas com início do uso do CPAP.

Essa condição é muito discutida na literatura. Uma linha de pensamento acredita que é uma situação transitória (uma a duas noites de uso de pressão positiva contínua nas vias aéreas – CPAP), enquanto outra linha acredita que pode ser persistente ao uso do CPAP (em média após 3 meses). A prevalência dessa doença é derivada de estudos na sua maioria retrospectivos e varia de 0,56 a 18%. Acredita-se que 2% dos pacientes com AOS persistiram com ACS após uso de aparelhos de pressão positiva.[4]

As características de quais pacientes desenvolverão a apneia central emergente ao tratamento nem sempre são distintas dos que não desenvolverão. Predomina em homens, com maior idade, maior peso, história de doença cardiovascular e relato dispneia, deglutição de ar, retirada da máscara ao usar o CPAP. Na polissonografia diagnóstica, é frequentemente observado índice de apneia e hipopneia (IAH) mais elevado, mais eventos centrais, aumento da frequência de eventos centrais na posição supina e no sono NREM, maior tempo em vigília e mais despertares, sendo que esses dois últimos achados citados ocorrem também na polissonografia com CPAP. Os estudos não mostram que a pressão do CPAP difere entre os pacientes que desenvolverão a apneia central emergente ao tratamento e os que não.[4]

Fisiopatogenia

A apneia central emergente ao tratamento não tem uma fisiopatogenia muito bem conhecida. Parte-se do princípio de que deva existir previamente uma via aérea superior obstruída, o que caracteriza a AOS no diagnóstico. O alívio dessa obstrução com o uso dos aparelhos de pressão positiva levam à diminuição da $PaCO_2$ abaixo do limiar de apneia e à ocorrência de apneias centrais. Associado a isso, a pressão do ar no sistema respiratório pode estimular receptores de estiramento do parênquima pulmonar, gerando uma resposta reflexa do centro respiratório para gerar apneias centrais. As condições do paciente e a instabilidade do sono, que causa vários despertares, contribuem na fisiopatogenia.

Diagnóstico

Na ICSD-3,[1] o diagnóstico da apneia central emergente ao tratamento deve preencher os critérios A-C, sendo:

A. Polissonografia diagnóstica mostrando cinco ou mais eventos obstrutivos (apneias obstrtutivas e/ou mistas, hipopneias ou despertares relacionados a eventos respiratórios) por hora de sono.

B. Polissonografia durante titulação de aparelhos de pressão positiva sem frequência de *back up* mostrando resolução dos eventos obstrutivos e aparecimento ou persistência de apneias centrais ou hipopneias centrais com todos esses critérios:
   - IAH central maior ou igual a 5/hora.
   - Número de apneias centrais e hipopneias centrais é maior que 50% ou mais do total de apneias e hipopneias.
   - ACS não é mais bem explicada por outros tipos de ACS (p. ex., ACS-RCS ou ACS por uso de substâncias ou medicamentos).
C. A apneia central não é melhor explicada por outro distúrbio de apneia central do sono, como por exemplo a apneia central com respiração de Cheyne-Stoke ou apneia central causada por substância.

TRATAMENTO DAS SÍNDROMES DA APNEIA CENTRAL DO SONO

O tratamento da SACS consiste primeiramente em tratar qualquer doença primária que cause essa condição, como retirar medicações ou substâncias e otimizar o tratamento de doenças clínicas, como ICC, arritmias e doenças neurológicas. O tratamento específico para SACS inclui medicamentos, oxigenoterapia e aparelhos de pressão positiva (CPAP, *bilevel* e servoventilador – SV). Dispositivos que aumentem o espaço morto com o uso de aparelhos de pressão positiva foram testados em poucos estudos, e seu uso é ainda controverso.[5]

Os medicamentos testados no tratamento da SACS, como acetazolamida, teofilinas, hipnóticos que consolidam o sono e oxigenoterapia, mostraram-se não muito eficazes e têm suas indicações limitadas.

O CPAP pode ser usado e tem sido eficaz em 50 a 70% dos casos de SACS, principalmente a ACS-RCS, porém em alguns pacientes reduz parcialmente o IAH, sendo que neles a melhora dos desfechos cardiovasculares e de sobrevida não foi encontrada.[5]

O *bilevel* na modalidade ST (espontâneo-controlado) tem evidência moderada de ser eficaz, principalmente naqueles cuja SACS não responde ao CPAP.[5]

Os SV são aparelhos cujo princípio é o tratamento das apneias e hipopneias obstrutivas como faz o CPAP, em sistemas denominados EPAP. Por meio da pressão de suporte (PS) adaptada para manter o nível da ventilação adequada, abole a hipoventilação, as hipopneias e apneias centrais. Nessa última situação, a PS é estabelecida pela diferença entre IPAP e EPAP. Atualmente, esses aparelhos funcionam na modalidade automática tanto para o EPAP quanto para o IPAP, podendo-se ainda estabelecer uma frequência respiratória de *back up* automática. O algoritmo presente nesses aparelhos segue um princípio simples. Fornece altos níveis de IPAP quando o paciente ventila pouco e baixos níveis de IPAP quando o paciente ventila muito. O nível de IPAP varia de ciclo a ciclo ventilatório, tendo por base o pico de fluxo ou o volume corrente basal do paciente. O resultado consiste na estabilização da respiração. Vários estudos transversais com pacientes com as diversas formas de SACS (primária, ACS-RCS e apneia central emergente ao tratamento), que compararam oxigenoterapia, CPAP, *bilevel* e SV, demonstraram a superioridade desse último em abolir as apneias centrais. Recentes estudos randomizados e prospectivos em pacientes com ICC e AOS e/ou ACS-RCS estão sendo realizados, mas seus resultados ainda não são conclusivos. No entanto, em um desses estudos, o uso do SV em pacientes com ICC grave e ACS-RCS não diminuiu a morbidade e inclusive revelou aumento da taxa de mortalidade. Sendo assim, nessa condição, o uso dessa ventilação está proibida até novos achados comprovarem ou não esses resultados.[6]

REFERÊNCIAS BIBLIOGRÁFICAS

1. American Academy of Sleep Medicine. International classification of sleep disorders. 3.ed. Darien: American Academy of Sleep Medicine; 2014.
2. Garcia-Touchard A, Somers VK, Olson LJ, Caples SM. Central sleep apnea: implications for congestive heart failure. Chest. 2008;133(6):1495-504.
3. Berry RB, Brooks R, Gamaldo CE, Harding SM, Lloyd RM, Marcus CL, et al.; American Academy of Sleep Medicine. The AASM Manual for the Scoring of Sleep and Associated Events: Rules, Terminology and Technical Specifications, Version 2.3. Darien: American Academy of Sleep Medicine; 2016. Disponível em: www.aasmnet.org.
4. Javaheri S, Smith J, Chung E. The prevalence and natural history of complex sleep apnea. J Clin Sleep Med. 2009;5(3):205-11.
5. Aurora RN, Chowdhuri S, Ramar K, Bista SR, Casey KR, Lamm CI, et al. The treatment of central sleep apnea syndromes in adults: practice parameters with an evidence-based literature review and meta-analyses. Sleep. 2012;35(1):17-40.
6. Cowie MR, Woehrle H, Wegscheider K, Angermann C, d'Ortho MP, Erdmann E, et al. Adaptive servo-ventilation for central sleep apnea in systolic heart failure. N Engl J Med. 2015;373(12):1095-105.

Diagnóstico da insônia | 19

Luciano Ribeiro Pinto Junior
Andrea Bacelar
Maria Christina Ribeiro Pinto

DIAGNÓSTICO

O diagnóstico e o tratamento da insônia crônica têm apresentado avanços substanciais, com novos conceitos, aspectos etiopatogênicos e, consequentemente, diferentes propostas terapêuticas. Atender um paciente insone exige por parte do médico perseverança, paciência e uma dedicação obstinada, para que se obtenha sucesso na escolha do melhor método terapêutico.

CONCEITO DE INSÔNIA

Insônia é a dificuldade de iniciar ou manter o sono durante a noite, porém, em virtude da diversidade de sintomas, os resultados de levantamentos epidemiológicos são conflitantes, mostrando prevalências que vão de 5 até mais de 50% da população investigada.

O transtorno da insônia crônica (TIC) caracteriza-se pela dificuldade que o paciente apresenta em conciliar e manter o sono, com repercussões nas suas atividades diurnas, sejam profissionais ou sociais, no período mínimo de 3 meses. Uma insônia que ocorra abaixo desse tempo será considerada de curta duração. A frequência dos sintomas deve ser de no mínimo três noites mal dormidas por semana para se definir um transtorno da insônia. O Quadro 1 esquematiza os principais tópicos que compõem a definição e as características fundamentais para o diagnóstico do TIC.[1,2]

DIAGNÓSTICO DIFERENCIAL DAS INSÔNIAS

Outros transtornos do sono

Não raramente, um quadro de apneia do sono pode ser confundido com insônia. Na síndrome da apneia obstrutiva do sono (SAOS), além de serem

Quadro 1   Conceitos de transtorno da insônia crônica[1,2]

A. Queixa de insatisfação com a quantidade ou qualidade do sono, associada a um (ou mais) dos seguintes sintomas:
  1. Dificuldade de iniciar o sono
  2. Dificuldade de manter o sono, caracterizada por frequentes despertares ou problemas em retornar a dormir após o despertar
  3. Despertar precoce pela manhã com dificuldade em retornar ao sono

B. Comprometimento do funcionamento social, profissional, educacional ou comportamental causado clinicamente pelo transtorno do sono
C. Dificuldade de dormir por pelo menos três noites na semana
D. Dificuldade de dormir presente em pelo menos 3 meses
E. Dificuldade de dormir a despeito de oportunidade adequada para o sono
F. Insônia não mais bem explicada ou não ocorrendo exclusivamente durante o curso de outro transtorno do sono (narcolepsia, transtorno respiratório do sono, transtorno do ritmo circadiano vigília-sono, parassonia)
G. Insônia não atribuída a efeitos fisiológicos de uma substância (abuso de droga ou medicamentos)
H. Transtorno mental coexistente e condições médicas incapazes de explicar a queixa predominante de insônia

observadas as características do paciente, ou seja, homens obesos e sonolentos com história de ronco noturno e despertares com sufocamento, o registro na polissonografia (PSG) mostrando eventos respiratórios anormais faz o diagnóstico diferencial com TIC.[1-7]

Frequentemente, indivíduos procuram o médico com queixas de insônia e, após interrogatório cuidadoso, apresentam alterações do ritmo circadiano, que são caracterizadas pela não adequação do ritmo de sono-vigília no padrão habitual de 24 horas ou no ritmo social.[8] Os principais transtornos do ritmo circadiano vigília-sono que podem se confundir com uma insônia são o atraso e o avanço de fase.[10] O atraso de fase ocorre em pacientes jovens e vespertinos da noite, que tendem a permanecer dormindo até mais tarde pela manhã. Frequentemente, esses quadros são confundidos com insônias iniciais. Já no caso de avanço de fase, o paciente dorme muito cedo e, consequentemente, apresenta um despertar precoce na madrugada, e esse quadro é confundindo com uma insônia de manutenção.[9-11]

Diagnóstico diferencial entre dormidor curto e transtorno da insônia

Tanto o dormidor curto como o dormidor longo são variações do sono normal, não chegando a constituir nenhuma anormalidade bem definida. O dormidor curto deve entrar no diagnóstico diferencial de uma insônia, mas frequentemente apresenta um sono de boa qualidade sem repercussões nas suas atividades diárias.

O Quadro 2 apresenta o diagnóstico diferencial do transtorno da insônia.[1-7]

CAUSAS DAS INSÔNIAS

No TIC, a queixa de insônia deve ser analisada de maneira mais abrangente e sistêmica. Diversos fatores se interagem em uma estrutura circular, na qual o sintoma insônia ocuparia o centro desse universo e diversos fatores gravitacionariam ao seu redor. Muitos insones apresentam modificações tanto no funcionamento cerebral como em alterações comportamentais, que culminariam em mudanças de pensamentos (cognição) que alterariam a verdadeira dimensão da sua doença.

Os insones vivem em um estado de intenso hiperalerta, traduzido por um aumento de ritmos cerebrais de alta frequência. Esse estado de hiperalerta pode estar associado a um aumento da atividade do eixo hipotálamo-hipófise-adrenal, com consequente aumento na produção do cortisol, hormônio relacionado às situações de estresse. O que talvez seja o lado mais obscuro e intrigante no estudo das insônias é por que os sintomas tendem a se perpetuar cronicamente durante meses, anos ou até mesmo durante toda uma vida. Somente os achados neurobiológicos não são suficientes para explicar esse fenômeno. Por isso têm chamado a atenção os aspectos cognitivos mais complexos, com fundamentos psicológicos e emocionais importantes. O estudo da microestrutura do sono, como as alterações do padrão alternante cíclico e a participação dos fusos durante o estágio N2, poderá explicar as alterações cognitivas que ocorrem durante o sono.[12-17]

Quadro 2 Diagnóstico diferencial do transtorno da insônia

1. Insônia de curta duração

2. Dormidores curtos

3. Outros transtornos do sono
   - Transtornos de ritmo (atraso e avanço de fase, trabalhadores em turnos e ritmo irregular de sono)
   - Síndrome da apneia obstrutiva do sono

4. Insônias – sintomas
   - Transtornos mentais
   - Insônias explicadas por outras condições médicas
   - Insônias explicadas por uso de medicamentos e substâncias
   - Insônias explicadas por condições inadequadas para um sono normal

INVESTIGAÇÃO DE UM PACIENTE COM INSÔNIA

Anamnese

O diagnóstico da insônia é essencialmente clínico, por meio da investigação detalhada e minuciosa dos sintomas apresentados, além da avaliação psicológica e social.[4-6] Devem-se avaliar a presença de queixas específicas da insônia, as condições antes do seu início, os fatores precipitantes, suas modificações com o passar do tempo e a frequência com que ocorre a insônia durante a semana.[1-7]

Devem-se avaliar o padrão do ritmo sono-vigília, os hábitos diurnos e noturnos, as consequências da insônia durante o dia, a dificuldade para iniciar e/ou manter o sono, a dificuldade para retornar a ele quando se desperta no meio da noite, o número de despertares e despertares precoces pela manhã, além de avaliar se o sono é ou não reparador.[1-7]

Investigar o uso de computador, *tablets* e celulares na cama e se o paciente fica olhando o relógio para controlar o tempo que está acordado. Verificar o ambiente em que ele dorme, como claridade, barulho, temperatura do quarto, com quem dorme, presença de crianças ou animais domésticos que possam interferir no sono, condições da cama, do colchão e do travesseiro, presença de televisão no quarto e existência de ronco ou apneia testemunhados.[1-7]

Investigar a prática de atividade física, frequência e horário, refeições, lazer, cochilos, ingestão de cafeína em excesso, álcool e tabagismo. Avaliar o comprometimento das atividades sociais e profissionais, da qualidade de vida e a interferência nos relacionamentos, no humor, irritabilidade, ansiedade e dificuldade para manter a atenção e o comprometimento da memória, além de fadiga e sonolência. Avaliar quadros de depressão e ansiedade, além do uso de medicamentos e de substâncias. Interrogar sobre outras comorbidades médicas.[1-7]

EXAMES COMPLEMENTARES

Diário de sono

Consiste em se obter o perfil dos hábitos de vida, sobretudo os relacionados ao sono, por um período determinado, em geral de 7 a 14 dias (Figuras 1 e 2).

Polissonografia

A PSG não faz diagnóstico de insônia, mas pode ser útil em algumas circunstâncias, como na suspeita de associação com distúrbios respiratórios do sono e para avaliação objetiva do padrão de sono, podendo verificar o grau de má

Quadro 3 Investigação de um paciente insone

1. Anamnese
   - Início
   - Fator desencadeante
   - Evolução
   - Fatores de piora e evolução
   - Tratamentos efetuados

2. Hábitos noturnos
   - Horário de se deitar
   - Horário em que consegue conciliar o sono
   - Atividades na cama
   - Despertares noturnos
   - Horário em que desperta
   - Horário em que se levanta
   - Tempo total de sono

3. Hábitos diurnos
   - Sonolência e fadiga
   - Condições emocionais
   - Horário das refeições
   - Atividade física

4. Condições ambientais

5. Ansiedade e depressão

6. Outras doenças

7. Uso de medicamentos, álcool, cafeína, estimulantes e outras substâncias

8. Condições sociais
   - Trabalho, estudo, lazer e vida familiar

9. História familiar de insônia

percepção do sono que os insones apresentam. Os pacientes com percepção inadequada do sono podem não revelar nenhuma alteração específica na PSG.[18-22]

Actigrafia

A actigrafia (ACT) utiliza um equipamento móvel que registra o movimento por longos períodos e é usado frequentemente para o diagnóstico de distúrbios de ciclo circadiano. A ACT tem se mostrado útil nos casos de insônia, pois apresenta de maneira mais objetiva o padrão de sono do paciente, principalmente quando comparado com o diário de sono e o grau de percepção do sono desses pacientes.[23-30]

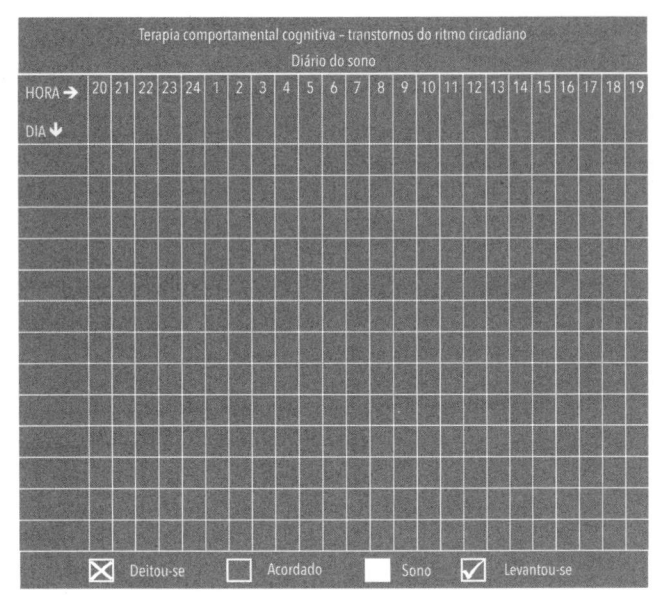

Figura 1 Modelo de diário de sono. Na primeira coluna vertical, anotam-se os dias da semana e, na horizontal, as horas correspondentes a um dia de 24 horas. Em cada casela, colocam-se os principais eventos, como horário de se deitar, de despertares, de sono e de se levantar.

SINTOMA E COMORBIDADES DA INSÔNIA

A insônia ocorre no contexto clínico de outra doença, podendo ter uma relação de causa e consequência (insônia sintoma) ou não (insônia e comorbidades).

Depressão

A síndrome depressiva passa a ser o núcleo da doença, e a insônia ocorre como mais um sintoma. A associação de insônia e depressão está amplamente estabelecida. Pessoas com insônia apresentam maior risco de desenvolver depressão e vice-versa. Essa correlação é, portanto, bidirecional.[31-37]

Diagnóstico da insônia 153

Diário do sono

Dia	1	2	3	4	5	6	7
Dia da semana ➔ Dia do mês ➔							
Ontem, eu me deitei às _____ h							
Consegui dormir às _____ h							
Acordei _____ vezes durante a noite							
Hoje, eu acordei às _____ h							
Saí da cama às _____ h							
Devo ter dormido cerca de _____ h							
Acordei: 1. péssimo; 2. mal; 3. mais ou menos; 4. bem; 5. muito bem							
Meu sono foi: 1. péssimo; 2. ruim; 3. regular; 4. bom; 5. ótimo							
Ontem, durante o dia, eu passei: 1. péssimo; 2. mal; 3. mais ou menos; 4. bem; 5. muito bem							
Ontem, eu: não cochilei (0) ou cochilei _____ vezes							

Figura 2   Outro modelo de diário de sono. Na coluna vertical, registram-se os hábitos relacionados ao dia anterior, como horário de se deitar e conciliar o sono, tempo e qualidade do sono e hábitos diurnos. Nas linhas horizontais, constam os dias da semana.

Ansiedade

O estado de ansiedade determina um padrão disfuncional de hiperalerta, que inevitavelmente desencadeia um padrão de desorganização do ciclo sono-vigília. Alterações do sono fazem parte dos critérios diagnósticos de alguns transtornos de ansiedade, como transtorno de ansiedade generalizada (TAG), transtorno de estresse pós-traumático (TEPT) e transtorno de pânico (TP).[38-43]

Demências

Pacientes com demência podem apresentar transtornos do ritmo circadiano, dificuldade de iniciar e manter o sono, múltiplos despertares, ocorrência de transtornos respiratórios, movimentos periódicos de membros e parassonias como o transtorno comportamental do sono REM. Os quadros de agitação tendem a aumentar no final do dia e no início do sono, por isso são chamados de síndrome do pôr do sol.[44-48]

Doença de Parkinson

Os transtornos do sono observados na doença de Parkinson são: insônia, fragmentação do sono com aumento dos períodos de vigília durante a noite, síndrome das pernas inquietas (SPI), movimentos periódicos dos membros do sono (MPM), transtorno comportamental do sono REM e apneia do sono. A insônia com dificuldade de manutenção do sono é o transtorno mais comum.[49-55]

Insônia e síndrome da apneia obstrutiva do sono

Estas duas entidades ocorrem simultaneamente, porém sem uma relação de causa e consequência. A SAOS pode levar à ativação do eixo HPA por meio do mecanismo de ativação autonômica e despertares. Frequentemente, mulheres insones podem apresentar apneia obstrutiva do sono, sobretudo após a menopausa. Esse fator complicador pode acarretar, além da insônia, o aparecimento de sonolência diurna.[56-64]

Fibromialgia

Fibromialgia é uma síndrome caracterizada por dor crônica, de localização muscular, em diferentes pontos do corpo, comumente associada a sintomas de humor e insônia. A queixa de sono não reparador é comum nesses pacientes. A presença de intrusão de ritmo alfa, identificado pela PSG, ocorre em aproximadamente 70% do sono de ondas lentas nos pacientes com fibromialgia. A presença desse padrão alfa-delta está relacionada a um sono de má qualidade e não reparador.[65-67]

Síndrome das pernas inquietas

A SPI manifesta-se pela queixa de sensações desagradáveis nas pernas quando em repouso, principalmente à noite, o que obriga o paciente a mover as pernas, acorretando consequentemente uma insônia inicial.[68]

Transtornos do ritmo circadiano

A queixa de insônia é muito comum em trabalhadores de turno fixo noturno, que não conseguem dormir durante o dia. Normalmente, o ambiente da casa não é voltado para o repouso do trabalhador de turno, já que a rotina se segue em um ambiente no qual o ritmo circadiano das outras pessoas é tradicional.

CONSEQUÊNCIAS DAS INSÔNIAS

A insônia pode ser fator de risco para três condições clínicas: doenças cardiovasculares, transtornos metabólicos e transtornos cognitivos.

Doenças cardiovasculares

A redução do tempo total de sono pode ter valor preditivo para complicações cardiovasculares. Insônia com a duração curta do sono objetivo parece ser um fenótipo biologicamente mais grave, sendo que o tempo total de sono menor do que 6 horas parece ser um fator de risco para complicações cardiovasculares. Insones que dormiam menos de 6 horas apresentaram maior risco para a hipertensão arterial, com grau comparável ao dos distúrbios respiratórios do sono e até mesmo com aumento da mortalidade.[69-74]

Transtornos metabólicos

Insônias podem estar associadas com maior risco de diabete[10] e aumento da adiposidade, também ressaltando-se insônias com redução do tempo total de sono menor ou igual a 6 horas.[75,76]

Quadro 4   Sintomas e comorbidades da insônia

1. Insônias explicadas por condições inadequadas para um sono normal

2. Insônia em transtornos mentais
   - Ansiedade
   - Depressão

3. Insônia em doenças neurológicas
   - Demências
   - Doença de Parkinson
   - Doenças vasculares

4. Insônias em outras condições médicas

5. Insônias explicadas por uso de medicamentos e substâncias

6. Insônia em outros transtornos do sono
   - Apneia do sono
   - Transtornos do ritmo circadiano
   - Síndrome das pernas inquietas
   - Fibromialgia

Transtornos cognitivos

Pacientes com insônia podem apresentar deficiências de desempenho de várias funções cognitivas. Um fator importante é a duração do tempo total de sono. Sugere-se que 6 horas de sono seja um divisor entre uma quantidade de sono adequada e uma privação crônica de sono.[77-81]

REFERÊNCIAS BIBLIOGRÁFICAS

1. American Psychiatric Association. Diagnostic and statistical manual of mental disorders. 5.ed. Washington: American Psychiatric Association; 2013.
2. American Academy of Sleep Medicine. International Classification of Sleep Disorders: diagnostic and coding manual. 3.ed. Darien: American Academy of Sleep Medicine; 2014.
3. Hasan R, Eckeli A, Haddad F, Bagnato MC, Tavares S. Conceito e classificação. In: Bacelar A, Pinto Jr LR (eds.). Insônia: do diagnóstico ao tratamento. III Consenso Brasileiro de Insônia. São Paulo: Omnifarma; 2013. p.13-20.
4. Pinto Jr LR. Insônias: diagnóstico. In: Pinto Jr LR (ed.). Sono e seus transtornos: do diagnóstico ao tratamento. São Paulo: Atheneu; 2012. p.22-44.
5. Pinto Jr LR, Alves RC, Caixeta E, Fontenelle JA, Bacellar A, Poyares D, et al. New guidelines for diagnosis and treatment of insomnia. Arquiv Neuropsiquiatria. 2010;68(4):666-75.
6. Pinto Jr LR, Rizzo G, Minhoto G, De Bruim VM. Diagnóstico diferencial das insônias e suas comorbidades. In: Bacelar A, Pinto Jr LR (eds.). Insônia: do diagnóstico ao tratamento. III Consenso Brasileiro de Insônia. São Paulo: Omnifarma; 2013. p.49-72.

7. Minhoto G, Hora F, De Bruim VM, Moraes WAS. Diagnóstico do transtorno da insônia. In: Bacelar A, Pinto Jr LR (eds.). Insônia: do diagnóstico ao tratamento. III Consenso Brasileiro de Insônia. São Paulo: Omnifarma; 2013. p.36-46.
8. Araujo JJ. Distúrbios de sono relacionados à ritmicidade circadiana. In: Pinto Jr LR (ed.). Sono e seus transtornos: do diagnóstico ao tratamento. São Paulo: Atheneu; 2012. p.85-97.
9. Ebisawa T. Circadian rhythms in the CNS and peripheral clock disorders: human sleep disorders and clock genes. J Pharmacol Sci. 2007;103(2):150-4.
10. Schrader H, Bovim G, Sand T. The prevalence of delayed and advanced sleep phase syndromes. J Sleep Res. 1993;2(1):51-5.
11. Sack RL, Auckley D, Auger RR, Carskadon MA, Wright KP Jr, Vitiello MV, et al. Circadian rhythm sleep disorders: part II, advanced sleep phase disorder, delayed sleep phase disorder, free-running disorder, and irregular sleep-wake rhythm. An American Academy of Sleep Medicine review. Sleep. 2007;30(11):1484-501.
12. Dittoni S, Mazza M, Losurdo A, Testani E, Di Giacopo R, Marano G, et al. Psychological functioning measures in patients with primary insomnia and sleep state misperception. Acta Neurol Scand. 2013;128(1):54-60.
13. Bianchi MT, Wang W, Klerman EB. Sleep misperception in healthy adults: implications for insomnia diagnosis. J Clin Sleep Med. 2012;8(5):547-54.
14. Pinto Jr LR, Pinto MCR, Goulart LI, Truksinas E, Rossi MV, Morin CM, et al. Sleep perception in insomniacs, sleep-disordered breathing patients, and healthy volunteers: an important sleep parameter. Sleep Med. 2009;10:865-8.
15. Castro LS, Poyares D, Leger D, Tufik S, Bittencourt LR. Objective of insomnia in the Sao Paulo, Brazil, epidemiologic sleep study. Ann Neurol. 2013;74(4):537-46.
16. Dang-Vu TT, Salimi A, Boucetta S, Wenzel K, O'Byrne J, Brandewinder M, et al. Sleep spindles predict stress-related increases in sleep disturbances. Front Hum Neurosci. 2015;9:68.
17. Tang NK, Harvey AG. Correcting distorted perception of sleep in insomnia: a novel behavioural experiment? Behav Res Ther. 2004;42(1):27-39.
18. Littner M, Hirshkowitz M, Kramer M, Kapen S, Anderson WM, Bailey D, et al.; American Academy of Sleep Medicine; Standards of Practice Committee. Practice parameters for using polysomnography to evaluate insomnia: an update. Sleep. 2003;26(6):754-60.
19. Thorpy M, Chesson A, Kader G, Millman R, Potolicchio Jr S, Reite M, et al. Practice parameters for the use of polysomnography in the evaluation of insomnia. Standards of Practice Committee of the American Sleep Disorders Association. Sleep. 1995;18(1):55-7.
20. Practice parameters for the use of polysomnography in the evaluation of insomnia. Standards of Practice Committee of the American Sleep Disorders Association. Sleep. 1995;18(1):55-7.
21. Crönlein T, Geisler P, Langguth B, Eichhammer P, Jara C, Pieh C, et al. Polysomnography reveals unexpectedly high rates of organic sleep disorders in patients with prediagnosed primary insomnia. Sleep Breath. 2012;16(4):1097-103.
22. Ferri R, Gschliesser V, Frauscher B, Poewe W, Hogl B. On "polysomnography reveals unexpectedly high rates of organic sleep disorders in patients with prediagnosed primary insomnia". Breath. 2013;17(1):1-2.
23. Chambers MJ. Actigraphy and insomnia: a closer look. Part 1. Sleep. 1994;17(5):405-8.
24. Hauri P, Wisbey J. Actigraphy and insomnia: a closer look. Part 2. Sleep. 1994;17(5):408-10.
25. Natale V, Plazzi G, Martoni M. Actigraphy in the assessment of insomnia: a quantitative approach. Sleep. 2009;32(6):767-71.
26. Verbeek I, Klip EC, Declerck AC. The use of actigraphy revised: the value for clinical practice in insomnia. Percept Mot Skills. 2001;92(3 Pt 1):852-6.

27. Sánchez-Ortuño MM, Edinger JD, Means MK, Almirall D. Home is where sleep is: an ecological approach to test the validity of actigraphy for the assessment of insomnia. J Clin Sleep Med. 2010;6(1):21-9.
28. Lichstein KL, Stone KC, Donaldson J, Nau SD, Soeffing JP, Murray D, et al. Actigraphy validation with insomnia. Sleep. 2006;29(2):232-9.
29. Sivertsen B, Omvik S, Havik OE, Pallesen S, Bjorvatn B, Nielsen GH, et al. A comparison of actigraphy and polysomnography in older adults treated for chronic primary insomnia. Sleep. 2006;29(10):1353-8.
30. Vallières A, Morin CM. Actigraphy in the assessment of insomnia. Sleep. 2003;26(7):902-6.
31. Pandi-Perumal SR, Moscovitch A, Srinivasan V, Spence DW, Cardinali DP, Brown GM. Bidirectional communication between sleep and circadian rhythms and its implications for depression: lessons from agomelatine. Prog Neurobiol. 2009;88:264-71.
32. Isaac F, Greenwood KM. The relationship between insomnia and depressive symptoms: genuine or artifact? Neuropsychiatr Dis Treat. 2011;7:57-63.
33. Sarsour K, Morin CM, Foley K, Kalsekar A, Walsh JK. Association of insomnia severity and comorbid medical and psychiatric disorders in a health plan-based sample: insomnia severity and comorbidities. Sleep Med. 2010;11(1):69-74.
34. Szklo-Coxe M, Young T, Peppard PE, Finn LA, Benca RM. Prospective associations of insomnia markers and symptoms with depression. Am J Epidemiol. 2010;171(6):709-20.
35. Baglioni C, Battagliese G, Feige B, Spiegelhalder K, Nissen C, Voderholzer U, et al. Insomnia as a predictor of depression: a meta-analytic evaluation os longitudinal epidemiological studies. J Affect Disord. 2011;135(1):10-19.
36. Gupta R, Lahan V. Insomnia associated with depressive disorder: primary, secondary, or mixed? Indian J Psychol Med. 2011;33(2):123-28.
37. Yokoyama E, Kaneita Y, Saito Y, Uchiyama M, Matsuzaki Y, Tamaki T, et al. Association between depression and insomnia subtypes: a longitudinal study on the elderly in Japan. Sleep. 2010;33(12):1693-702.
38. Soehener A, Harvey AG. Prevalence and functional consequences of severe insomnia symptoms in mood and anxiety disorders: results from a nationally representative sample. Sleep. 2012;35(1):67-1375.
39. Brenes GA, Miller ME, Stanley MA, Williamson JD, Knudson M, McCall WV, et al. Insomnia in older adults with generalized anxiety disorder. Am J Geriatr Psychiatry. 2009;17(6):465-72.
40. Mellman TA. Sleep and anxiety disorders. Psychiatr Clin North Am. 2006;29(4):1047-58.
41. Hughes J, Jouldjian S, Washington DL, Alessi CA, Martin JL, et al. Insomnia and symptoms of post-traumatic stress disorder among women veterans. Behav Sleep Med. 2012;11:1-17.
42. Ohayon MM, Roth T. Place of chronic insomnia in the course of depressive and anxiety disorders. J Psychiatric Res. 2003;37:9-15.
43. Koob GF. Corticotropin-releasing factor, norepinephrine and stress. Biol Psychiatry. 1999; 46:1167-80.
44. Montplaisir J, Petit D, Lorrain D, Gauthier S, Nielsen T. Sleep in Alzheimer's disease: further considerations on the role of brainstem and forebrain cholinergic populations in sleep-wake mechanisms. Sleep. 1995;13:145-8.
45. Foley DJ, Monjan AA, Brown SL, Simonsick EM, Wallace RB, Blazer DG. Sleep complaints among elderly persons: an epidemiologic study of three communities Sleep. 1995;18:425-32.
46. Vitiello MV, Prinz PN. Alzheimer's disease. Sleep and sleep/wake patterns. Clin Geriatr Med. 1989;5:289-99.

47. Yu JM, Tseng IJ, Yuan RY, Sheu JJ, Liu HC, Hu CJ. Low sleep efficiency in patients with cognitive impairment. Acta Neurol Taiwan. 2009;18:91-7.
48. Ju YE, McLeland JS, Toedebusch CD, Xiong C, Fagan AM, Duntley SP, et al. Sleep quality and preclinical Alzheimer disease. JAMA Neurol. 2013;70:587-93.
49. Zoccolella S, Savarese M, Lamberti P, Manni R, Pacchetti C, Logroscino G. Sleep disorders and the natural history of Parkinson's disease: the contribution of epidemiological studies. Sleep Med Rev. 2011;15:41-50.
50. Trenkwalder C. Sleep dysfunction in Parkinson's disease. Clin Neurosci. 1998;5(2):107-14.
51. Factor AS, McAlarney T, Sanchez-Ramos JR, Weiner WJ. Sleep disorders and sleep effect in Parkinson's disease. Mov Disord. 1990;5:280-5.
52. Menza M, Dobkin R, Marin H, Bienfait K. Sleep disturbances in Parkinson's disease. Movement Disorders. 2010;25(Suppl.1):117-22.
53. Dhawan V, Dhoat S, Williams AJ, Dimarco A, Pal S, Forbes A, et al. The range and nature of sleep dysfunction in untreated Parkinson's disease (PD). A comparative controlled clinical study using the Parkinson's disease sleep scale and selective polysomnography. J Neurol Sci. 2006;248:158-62.
54. Wailke S, Herzog J, Witt K, Deuschl G, Volkmann J. Effect of controlled-release levodopa on the microstructure of sleep in Parkinson's disease. Eur J Neurol. 2011;18:590-6.
55. Bruin VM, Bittencourt LR, Tufik S. Sleep-wake disturbances in Parkinson's disease: current evidence regarding diagnostic and therapeutic decisions. Eur Neurol. 2012;67:257-67.
56. Guilleminault C, Eldridge FL, Dement WC. Insomnia with sleep apnea: a new syndrome. Science. 1973;181(102):856-8.
57. Benetó A, Gomez-Siurana E, Rubio-Sanchez P. Comorbidity between sleep apnea and insomnia. Sleep Medicine Reviews. 2009;13:287.
58. Krakow B, Melendres D, Ferreira E, Clark J, Warner TD, Sisley B, et al. Prevalence of insomnia symptoms in patients with sleep-disordered breathing. Chest. 2001;120:1923-9.
59. Smith S, Sullivan K, Hopkins W, Douglas J. Frequency of insomnia report in patients with obstructive sleep apnoea hypopnoea syndrome (OSAHS). Sleep Med. 2004;5:449-56.
60. Kinugawa K, Doulazmi M, Sebban C, Schumm S, Mariani J, Nguyen-Michel VH. Sleep apnea in elderly adults with chronic insomnia. J Am Geriatr Soc. 2012;60(12):2366-8.
61. Krell SB, Kapur VK. Insomnia complaints in patients evaluated for obstructive sleep apnea. Sleep Breath. 2005;9(3):104.
62. Gooneratne NS, Gehrman PR, Nkwuo JE, Bellamy SL, Schutte-Rodin S, Dinges DF, et al. Consequences of comorbid insomnia symptoms and sleep-related breathing disorder in elderly subjects. Arch Intern Med. 2006;166(16):1732-8.
63. Wickwire EM, Collop NA. Insomnia and sleep-related breathing disorders. Chest. 2010;137(6):1449-63.
64. Chung KF. Insomnia subtypes and their relationships to daytime sleepiness in patients with obstructive sleep apnea. Respiration. 2005;72(5):460-5.
65. Wagner JS, DiBonaventura MD, Chandran AB, Cappelleri JC. The association of sleep difficulties with health-related quality of life among patients with fibromyalgia. BMC Musculoskeletal Disorders. 2012;13:199.
66. Mahowald ML, Mahowald MW. Nighttime sleep and daytime functioning (sleepiness and fatigue) in less well-defined chronic rheumatic diseases with particular reference to the 'alpha-delta NREM sleep anomaly'. Sleep Med. 2000;1(3):195-207.
67. Jones KD, Deodhar P, Lorentzen A, Bennett RM, Deodhar AA. Growth hormone pertubations in fibromyalgia: a review. Semin Arthritis Rheum. 2007;36(6):357-79.
68. Rodrigues RN, Goulart LI. Transtornos do movimento relacionados ao sono. In: Pinto Jr LR (ed.). Sono e seus transtornos: do diagnóstico ao tratamento. São Paulo: Atheneu; 2012. p.155-73.

69. Redeker NS, Jeon S, Muench U, Campbell D, Walsleben J, Rapoport DM. Insomnia symptoms and daytime function in stable heart failure. Sleep. 2010;33(9):1210-6.
70. Laugsand LE, Vatten LJ, Platou C, Janszky I. Insomnia and the risk of acute myocardial infarction: a population study. Circulation. 2011;124(19):2073-81.
71. Fernandez-Mendoza J, Vgontzas AN, Liao D, Shaffer ML, Vela-Bueno A, Basta M, et al. Insomnia with objective short sleep duration and incident hypertension: the Penn State Cohort. Hypertension. 2012;60(4):929-35.
72. Eguchi K, Hoshide S, Ishikawa S, Shimada K, Kario K. Short sleep duration is an independent predictor of stroke events in elderly hypertensive patients. JASH. 2010;4(5):255.
73. Hayashino Y, Fukuhara S, Suzukamo Y, Okamura T, Tanaka T, Ueshima H. Relation between sleep quality and quantity, quality of life, and risk of developing diabetes in healthy workers in Japan: the High-risk and Population Strategy for Occupational Health Promotion (HIPOP-OHP) Study. BMC. 2007;7:129.
74. Vgontzas AN, Liao D, Pejovic S, Calhoun S, Karataraki M, Basta M, et al. Insomnia with short sleep duration and mortality: the Penn State cohort. Sleep. 2010;33(9):1159-64.
75. Patel SR, Blackwell T, Redline S, Ancoli-Israel S, Cauley JA, Hillier TA, et al. The association between sleep duration and obesity in older adults. Int J Obes. 2008;32(12):1825.
76. Mallon L, Broman JE, Hetta J. High incidence of diabetes in men with sleep complaints or short sleep duration: a 12-year follow-up study of a middle-aged population. Diabetes Care. 2005;28(11):2762-7.
77. Altena E, Ramautar JR, Van Der Werf YD, Van Someren EJ. Do sleep complaints contribute to age-related cognitive decline? Prog Brain Res. 2010;185:181-205.
78. Fortier-Brochu E, Beaulieu-Bonneau S, Ivers H, Morin CM. Insomnia and daytime cognitive performance: a meta-analysis. Sleep Med Rev. 2012;16(1):83-94.
79. Fernández-Mendoza J, Vela-Bueno A, Vgontzas AN, Ramos-Platón MJ, Olavarrieta-Bernardino S, Bixler EO, et al. Cognitive-emotional hyperarousal as a premorbid characteristic of individuals vulnerable to insomnia. Psychosom Med. 2010;72(4):397-4.
80. Ferrie JE, Shipley MJ, Akbaraly TN, Marmot MG, Kivimäki M, Singh-Manoux A. Change in sleep duration and cognitive function: findings from the Whitehall II Study. Sleep. 2011;34(5):565-73.
81. Fernandez-Mendoza J, Calhoun S, Bixler EO, Pejovic S, Karataraki M, Liao D, et al. Insomnia with objective short sleep duration is associated with deficits in neuropsychological performance: a general population study. Sleep. 2010;33(4):459.

Tratamento farmacológico da insônia | 20

Andrea Bacelar
Luciano Ribeiro Pinto Junior

INTRODUÇÃO

Insônia é um dos transtornos do sono mais prevalentes que podem ocorrer em associação com outras condições médicas, inclusive psiquiátricas, ou sem nenhuma comorbidade configurando o transtorno da insônia.

Tratar insônia é fundamental para o paciente e pode beneficiar a comorbidade, se existir. As bases farmacológicas para o tratamento da insônia estão diretamente vinculadas a múltiplos sistemas que participam da regulação do ciclo sono-vigília por meio dos neurotransmissores e de suas interações nas terminações nervosas.

Os neurotransmissores relacionados com a vigília são a histamina, a noradrenalina e a orexina. Já a acetilcolina está elevada durante a vigília, e mais ainda durante sono REM, em associação com o aumento da atividade rápida e a dessincronização cortical. Os neurônios GABAérgicos encontrados no prosencéfalo basal e na área pré-óptica estão ativos durante o sono de ondas lentas, auxiliando na sincronização cortical, assim como no período de quiescência comportamental e de redução do tônus, não apenas no sono de ondas lentas, como também durante o sono REM. Existem mais evidências da participação de outros sistemas de neurotransmissão, como glutamatérgico, melatoninérgico e serotoninérgico.

A efetividade do tratamento farmacológico da insônia deve ser avaliada levando-se em consideração os dois objetivos primários do tratamento, que são melhorar a qualidade do sono e aliviar os prejuízos que ela causa à vida diária. O tratamento da insônia também deve levar em consideração a etiologia e as comorbidades. O uso mais apropriado é como tratamento medicamentoso em curto prazo em associação com medidas não farmacológicas.

Os fármacos utilizados para a insônia estão diretamente estimulando ou antagonizando algum dos receptores dos neurotransmissores citados, na fenda sináptica. São eles: agonistas seletivos do receptor GABA-A, antidepressivos sedativos, melatonina, agonistas melatoninérgicos, antipsicóticos sedativos, anticonvulsivantes, anti-histamíncos, valeriana e antagonistas do receptor da hipocretina.

TRATAMENTO FARMACOLÓGICO DA INSÔNIA

Agonistas GABA

Os hipnóticos seletivos de receptor GABA-A são assim denominados pois atuam seletivamente nos receptores GABA-A (Tabela 1),[1,2] que são complexos proteicos heterogêneos pentaméricos compostos de cinco subunidades independentes, que se combinam de diversas maneiras. São elas: alfa, beta, gama, delta, épsilon, teta e pi (1-6, 1-3, 1-3). A formação básica dos receptores GABA-A é composta pela presença obrigatória das subunidades alfa e beta. Cerca de 85% de todos os receptores GABA-A são dos tipos 1, 2 e 3.[3]

Portanto, populações de receptores GABA-A com combinações diferentes de subunidades e diversas afinidades proporcionam diversidade e especificidade de efeitos farmacológicos dos agonistas ou moduladores GABA-A. Veja na Tabela 1 os exemplos relacionados às subunidades 1, -2, -3 e -5 e suas respectivas ações no sistema nervoso central (SNC).[4]

A seletividade dessas drogas fornece benefícios em comparação aos benzodiazepínicos (BDZ), pois mantém o efeito hipnótico sem apresentar efetivos ansiolíticos e/ou de relaxamento muscular de maneira significativa.[5] Os agonistas seletivos de receptor GABA-A são administrados sempre ao deitar, encurtam a latência para o sono, reduzem o número de despertares noturnos e aumentam o tempo total de sono, melhorando a sua qualidade. Apesar de serem aprovados para o tratamento do transtorno de insônia e relativamente bem tolerados, o

Tabela 1 Receptores GABA-A e suas ações no sistema nervoso central

Efeito	Subunidade GABA-A
Sedação	1
Amnésia anterógrada	1
Efeito ansiolítico	2, 3
Efeito antiepiléptico	1
Efeitos cognitivos	5

uso prolongado desses fármacos gera discussão sobre o risco de dependência e insônia rebote.[5] Os estudos disponíveis que avaliam a persistência do efeito hipnótico limitam-se ao prazo de 12 meses.[6] Quando avaliados em curto prazo, 2 a 3 semanas mostraram-se eficazes como hipnóticos e bem toleradas, inclusive em idosos.[6] Estão disponíveis no Brasil o zolpidem e a zopiclona.

O zolpidem é o hipnótico de escolha para tratamento do transtorno de insônia e o mais prescrito mundialmente. Trata-se de uma imidazopiridina utilizada na prática clínica desde a década de 1990. Pode ser utilizado para a insônia inicial ou de manutenção.[5] É efetivo em reduzir a latência para o início do sono e leva a um aumento adicional do tempo total de sono. Não apresenta efeitos residuais durante o dia. Pode aumentar o sono de ondas lentas, de modo geral reduzido em pacientes com insônia,[7] sem, no entanto, alterar o sono REM ou o estágio 2 do sono não REM. No Brasil, há apresentações de 10 mg, via oral (VO) de liberação imediata, de preferência longe da refeição; de 6,25 mg e 12,5 mg, VO de liberação prolongada, comprimidos com uma parte de liberação imediata e outra de liberação controlada, que mantém a concentração plasmática sustentada após 3 a 6 horas; e de 5 mg, sublingual, de liberação rápida.[8] A meia-vida é curta, de 2 horas e meia, para todas as apresentações. Na apresentação de liberação prolongada, a meia-vida continua curta, porém as concentrações plasmáticas se mantêm, por isso é indicada para a insônia inicial e de manutenção. O risco de dependência desses medicamentos é baixo, mesmo com o uso prolongado.[9] Alguns estudos mostraram a sua eficácia por 6 a 12 meses sem o desenvolvimento de tolerância.[6-9] O uso de zolpidem em longo prazo, de forma intermitente, é uma estratégia bastante adotada na prática clínica. Os principais efeitos colaterais do zolpidem incluem sonolência (5%), tonteira (5%), dor de cabeça (3%), sintomas gastrointestinais (4%), problemas de memória (1 a 2%), parassonias e pesadelos (1 a 2%) e confusão mental (1 a 2%).[10] Mais raramente, ocorrem ataxia, incoordenação motora, desequilíbrio, disforia, aumento de apetite, aumento de libido, prejuízo do raciocínio e julgamento, desinibição e impulsividade.[11] A maioria dos efeitos adversos está relacionada à dose.[10] Em idosos, um estudo retrospectivo associou-o à fratura de quadril, embora menos do que com o uso de hipnóticos de ação prolongada como os BDZ.[10] Pacientes com dificuldade em manter o sono podem exceder a dose recomendada, causando amnésia retrógrada e, mais raramente, psicose e alucinações.[10] Nesses casos, deve-se optar pelos zolpidem CR. Parece que o uso de álcool ou de outros depressores do SNC pode aumentar o risco dos eventos adversos mais raros.[10] Os níveis de zolpidem podem permanecer elevados na manhã seguinte, prejudicando atividades que requeiram atenção, em ambas as formas de zolpidem.[12] A metabolização é hepática, e a eliminação é renal. Em idosos ou pacientes com alguma insuficiência, a dose aconselhada é de 5 mg.

Em janeiro de 2013, a FDA recomendou doses menores de zolpidem em razão do risco de prejuízo da memória na manhã seguinte ao uso.[12] Foi sugerido que, nos Estados Unidos, a dosagem do zolpidem de liberação imediata passasse a ser de 5 mg e, na forma de liberação prolongada, de 6,25 mg para mulheres e idosos. Insônia rebote pode ocorrer quando são bruscamente retirados, principalmente em doses mais altas.[5]

A zopiclona é uma ciclopirrolona que difere do zolpidem por atuar nas subunidades 1 e 2. Sua meia-vida é longa, de 5,3 horas. Demonstrou eficácia igual ou superior a dos BDZ de longa ação no tratamento da insônia de início ou de manutenção do sono e é bem tolerado por idosos. A dose recomendada é de 3,75 a 7,5 mg. No Brasil, há apresentações de 7,5 mg com absorção intestinal. A zopiclona tem efeitos adversos semelhantes aos do zolpidem, como cefaleia, tonteira e sonolência, porém apresenta também efeito adverso de boca amarga, além de náusea.

A eszopiclona foi o primeiro indutor do sono utilizado em caso de insônia para manutenção do sono.[6] Ela foi o primeiro agonista seletivo testado em longo prazo, por 6 a 12 meses, melhorando a qualidade de vida e os prejuízos para o trabalho e reduzindo a gravidade da insônia.[13] A dose recomendada é de 1 a 3 mg ao deitar. A melhora do sono é reportada em estudos controlados com placebo por 6 meses tanto por reduzir despertares e aumentar a eficiência do sono por polissonografia como por reduzir sintomas diurnos e melhorar a qualidade de vida. Ainda não está disponível no país.[13]

A zaleplona é uma pirazolopirimidina que apresenta ligação com receptor 1. Seu pico de concentração plasmática é muito rápido. Sua meia-vida é de 1 hora, e a dose recomendada é de 10 mg. Pode ser utilizada para indução do sono e caso haja um despertar noturno e se tenha pelo menos 4 horas de possibilidade de sono antes do horário de despertar.[5] Esse produto já foi comercializado no Brasil, mas, atualmente, é comercializado apenas em outros países. A zaleplona tem sido associada à tonteira e à cefaleia.

Benzodiazepínicos

Os fármacos BDZ não são seletivos na ligação com o receptor GABA e, por esse motivo, podem apresentar efeitos amnéstico, ansiolítico, anticonvulsivante e miorrelaxante, além de hipnótico-sedativo. Esses efeitos ocorrem em maior ou menor grau dependendo da afinidade do fármaco às diferentes subunidades GABA-A.

Por um lado, os BDZ alteram a estrutura do sono, reduzindo a latência para o sono, aumentando a quantidade de estágios 1 e 2, reduzindo o número de despertares após o início do sono e elevando o tempo total de sono. Por outro lado, reduzem o sono de ondas lentas, aumentam a latência para o sono REM e diminuem a porcentagem de sono REM e a densidade de movimentos oculares rápidos. Além disso, também alteram o eletrencefalograma (EEG) da polissonografia, com redução da atividade de delta e aumento de frequências rápidas (acima de 12 Hz) e da atividade de sigma ou fusos.[14] São fármacos que se associam a sintomas residuais de sedação durante o dia, em que o indivíduo pode apresentar ressaca, dificuldades de raciocínio, amnésia anterógrada, comprometimento na consolidação da memória e tomadas de decisões, além de lentificação em reflexos visuomotores ou acusticomotores. Quedas são relatadas com frequência nos idosos, principalmente com manifestações como noctúria e disfunção autonômica. Outro problema é a depressão respiratória, que pode ocorrer, durante o sono, nos pacientes com transtornos respiratórios do sono ou nos que apresentam enfermidades pulmonares. A utilização de BZD em idosos deve ser racional, uma vez que há risco aumentado de morte com o uso crônico.[15]

Insônia rebote pode ocorrer principalmente durante o período de descontinuação do fármaco. Estudos com diferentes BZD em doses terapêuticas mostram que o uso prolongado gera tolerância, havendo escalonamento das doses pelos pacientes. Também a dependência é um efeito comum em usuários de BZD, podendo se desenvolver em dias ou semanas. Cerca de 70% dos idosos usuários crônicos terão dificuldades para descontinuar o fármaco.[16]

Entre os sintomas relacionados à descontinuação abrupta do uso crônico, há insônia e/ou ansiedade rebote, aumento da frequência cardíaca e da pressão arterial, sudorese, náusea e/ou vômitos, tremor, agitação, diarreia, insônia, crises convulsivas e sintomas psiquiátricos e/ou neurológicos. Alguns mecanismos relacionados referem-se à perda aguda da inibição GABAérgica e a incremento agudo da excitação do SNC.[17]

Antidepressivos sedativos

Os antidepressivos sedativos são eficazes no tratamento da insônia associada à depressão. Mostram redução na latência do sono e dos despertares noturnos e aumentam a eficiência do sono nesse grupo de pacientes em associação à melhora dos sintomas depressivos.[18,19] Trazodona, amitriptilina, doxepina, mirtazapina e agomelatina são os antidepressivos utilizados no tratamento da depressão associada à insônia.[18,20] A maioria desses fármacos também é utilizada no tratamento da insônia crônica em baixas doses, isso é, inferiores às utilizadas no tratamento da depressão.[20] Existe uma especulação a respeito do motivo da utilização desses fármacos em contraposição à escassez de estudos comprovando a sua eficácia, especialmente em longo prazo, na insônia crônica. O baixo risco de dependência e abuso é considerado na justificativa, assim como a frequente relação de depressão e insônia ou o risco de depressão em pacientes insones não tratados. As baixas dosagens também podem ser justificadas pelo menor risco de sedação diurna, efeitos cardiotóxicos, ganho ponderal e mais segurança em idosos.[2]

A ação desses fármacos se dá em receptores histaminérgicos, serotoninérgicos, melatoninérgicos, alfa-1-adrenérgicos e hipocretinérgicos.

O sistema histaminérgico está localizado no hipotálamo posterior no núcleo tuberomamilar, com projeções para quase todas as maiores regiões do SNC. Existem evidências sugerindo que a histamina, agindo via receptores H1 e/ou H3, tenha um papel muito importante na regulação do ciclo sono-vigília. A administração de histamina ou agonistas do receptor H1 da histamina induz à vigília, enquanto a administração de antagonistas do receptor H1 da histamina promove sono. A ativação de receptor H3 diminui a liberação de histamina e promove sono. O bloqueio do receptor H3 promove vigília. A histamina é liberada em maior quantidade no hipotálamo durante a vigília. Os neurônios histaminérgicos apresentam máxima atividade durante um estado de vigilância e cessam sua atividade durante o sono, tanto não REM quanto REM.[21]

A serotonina é liberada em maior quantidade no núcleo dorsal da rafe e na área pré-óptica durante a vigília. A administração sistêmica de agonistas dos receptores 5HT1A, 5HT2A/2C ou 5HT3 causa aumento da vigília e redução do sono. A administração de agonistas 5HT1A, 5HT1B ou 5HT2A/2C pode reduzir o sono REM em humanos. Esses dados são importantes, porque a insônia pode ser secundária ao uso de inibidores seletivos da recaptação da serotonina ou inibidores da recaptação da noradrenalina.

Atualmente, existem vários agentes antagonistas 5HT2A em avaliação clínica e pré-clínica (eplivanserina, volinanserina e AVE8488), com resultados promissores como agentes terapêuticos para o tratamento de insônia de manutenção.[22]

As células noradrenérgicas do *locus ceruleus* inibem o sono REM, promovem vigília e têm projeções para outras regiões do SNC envolvidas na regulação da vigília, incluindo hipotálamo, tálamo, prosencéfalo basal e córtex. Os receptores noradrenérgicos incluem os subtipos 1, 2 e beta-adrenérgicos. A administração de noradrenalina ou agonistas dos receptores alfa e beta adrenérgicos na área septal ou na área pré-óptica medial aumenta a vigília. O tratamento de hipertensão com ou betabloqueadores pode ter efeitos negativos no sono.[23]

A melatonina (N-acetil-5-metoxitriptamina) é um hormônio secretado pela glândula pineal no período de escuro nos seres humanos. É disponível quando o triptofano é convertido em serotonina e, a seguir, convertido em melatonina na glândula pineal. Os níveis séricos diminuem com a idade, e sua secreção aumenta com o decorrer da noite, com pico entre 2 e 4 horas, na maioria dos indivíduos. Ela pode influenciar na promoção do sono e no ciclo sono-vigília por meio da ativação de receptores específicos MT1 (melatonina 1a) e MT2 (melatonina 1b). Ambos os receptores têm alta concentração no SNC.[24]

A hipocretina-1 e 2 (também denominada orexina A e B) vem sendo muito estudada na manutenção da vigília. Os corpos celulares dos neurônios produtores de hipocretina estão localizados no hipotálamo dorsolateral e enviam projeções para maior parte das regiões do SNC envolvidas na regulação da vigília. Os neurônios hipocretinérgicos disparam com maior frequência durante a vigília e não mostram quase nenhuma atividade durante o sono. Pacientes com narcolepsia-cataplexia também têm grande redução dos níveis de hipocretina no líquido cerebrospinal em comparação com controles.[23]

A trazodona é um antidepressivo considerado de ação dupla como inibidor da recaptação de serotonina e antagonista da serotonina.[25] O efeito sedativo está relacionado principalmente à ação antagonista do subtipo de receptor serotoninérgico 5-HT2, mas também pode ter ação anti-histaminérgica, nos receptores H1, e antagonista do receptor alfa-1-adrenérgico. Os efeitos no sono da trazodona incluem redução na latência para o início do sono, redução de despertares após o início do sono e aumento da sua eficiência. Em estudos randomizados que envolvem a trazodona (150 a 450 mg/dia) no tratamento de pacientes depressivos e, comparativamente, com inibidores seletivos de recaptação de serotonina, a trazodona foi igualmente eficaz e tolerável quanto à melhora dos sintomas depressivos, porém foi significativamente mais eficaz em reduzir transtornos do sono.[26] Roth et al., em 2012, realizaram estudo randomizado, duplo cego, avaliando a eficácia do efeito hipnótico da trazodona e o prejuízo cognitivo diurno em adultos com insônia crônica. A trazodona administrada na dosagem de 50 mg, por 3 semanas, em adultos provocou melhora da indução e manutenção do sono e redução de sonolência diurna em comparação com placebo.[27] Quando a trazodona 50 mg foi comparada ao zolpidem 10 mg e placebo por 2 semanas, nos pacientes com insônia, mostrou-se efetiva na redução da latência do sono e aumento do tempo total de sono, porém foi inferior ao zolpidem, e esse efeito não foi persistente na segunda semana, sendo igualado ao placebo.[26] A dose inicial de tratamento é de 50 mg iniciada à noite, e em pacientes deprimidos os aumentos de dosagem são progressivos a cada 5 a 7 dias; a dose diária usual é de 50 a 150 mg. A trazodona é considerada um fármaco seguro e bem tolerado, porém alguns efeitos colaterais são possíveis, especialmente no início do tratamento, sendo os mais comuns: sedação, tonteira, náuseas, vômitos e cefaleia. O priapismo é um efeito colateral menos comum, porém é uma emergência e motivo para a descontinuação da medicação. O ganho de peso não é tão relevante em comparação com a maioria dos antidepressivos sedativos.[26,27] A apresentação de liberação controlada em doses variáveis de 150 a 450 mg ao dia é igualmente eficaz em relação aos sintomas depressivos, mostrando-se também vantajosa na melhora da qualidade do sono quando comparada aos demais fármacos inibidores da recaptação de serotonina.[28]

Amitriptilina e doxepina são antidepressivos tricíclicos conhecidos pelo seu efeito sedativo.[29] O efeito terapêutico na depressão ocorre pela ação inibidora da serotonina e da recaptação de noradrenalina, porém a interferência no sono está relacionada com a atuação em receptor histamínico tipo 1 (HT1) e também serotoninérgico tipo 2 (5-HT2), além de alfa-1-adrenérgico. Estudo da eficácia da doxepina utilizada em adultos com insônia crônica em doses baixas de 3 a 6 mg continuamente por 35 dias mostra que a doxepina reduz o tempo acordado após o início do sono e causa melhora sustentada na eficiência do sono quando comparado, por polissonografia, ao placebo.[29] A melhora subjetiva também foi significativa sem efeitos residuais ou insônia rebote. Em outro estudo realizado em idosos com insônia crônica por dificuldade em manter o sono, Lankford et al., em 2012, avaliaram a tolerabilidade e o efeito sedativo da doxepina na dosagem de 6 mg em comparação com placebo por 4 semanas. A doxepina foi bem tolerada, não existindo efeito residual significativo no dia seguinte, sendo sustentada a melhora da qualidade do sono por relato dos pacientes.[30] Krystal et al., em 2010, compararam a utilização de doxepina, em idosos com insônia crônica, nas dosagens de 1 mg e 3 mg, ao placebo. Os resultados anteriormente descritos também foram observados nesse estudo quanto à melhora na eficiência do sono e a tolerabilidade e ausência de insônia rebote, diferenciando-se dos demais pela utilização da medicação por 12 semanas.[31] Os antidepressivos tricíclicos apresentam meia-vida longa, de 12 a 24 horas, em comparação aos demais antidepressivos, podendo ser benéficos para pacientes com despertar precoce; entretanto, os efeitos sedativos diurnos podem limitar o uso. Na tentativa de minimizar os efeitos adversos diurnos e promover a melhora do início e da manutenção do sono, as dosagens utilizadas para o manejo da insônia podem ser menores daquelas habitualmente recomendadas para o tratamento da depressão, sendo de 1 a 6 mg de doxepina e de 12,5 a 50 mg de amitriptilina.[30,31] As dosagens consideradas terapêuticas para a depressão provocam importantes alterações na arquitetura do sono pela supressão de sono REM. Os tricíclicos também podem exacerbar síndrome de pernas inquietas e movimentos periódicos de membros inferiores e precipitar transtorno comportamental do sono REM, além de provocar insônia rebote na retirada abrupta. Os antidepressivos tricíclicos apresentam ação anticolinérgica com importantes efeitos colaterais, incluindo boca seca, constipação, além de hipotensão postural, os quais limitam o uso, especialmente em idosos.[31]

A mirtazapina é classificada como um antidepressivo atípico, com efeitos noradrenégico e serotoninérgico e resultado sedativo relacionado à ação farmacológica antagonista histaminérgica H1, 5-HT2 e alfa-1-adrenérgica. Essas características farmacológicas fazem a mirtazapina ser indicada em pacientes deprimidos com insônia.[32] Nenhum estudo avalia o efeito hipnótico da mirtazapina no transtorno de insônia. Quando utilizada em adultos saudáveis, aumentou a eficiência do sono e a porcentagem de N3 (sono de ondas lentas) na primeira noite no registro por polissonografia.[33] A maioria dos estudos disponíveis avalia o efeito sedativo da mirtazapina em pacientes deprimidos e, neles, a mirtazapina na dosagem de 30 mg provocou melhora subjetiva da qualidade do sono e redução de despertares após o início do sono, porém ela falha por não ser comparada a placebos ou agonistas seletivos do receptor GABA-A.[34] Ainda em pacientes deprimidos, quando comparada a inibidor da recaptação de serotonina, a mirtazapina promoveu melhora significativa na qualidade do sono em controle por polissonografia, entretanto apresenta importantes efeitos sedativos e prejuízo na função psicomotora em comparação ao placebo e à trazodona.[35] A dosagem recomendada varia de 15 a 45 mg/dia, porém as menores dosagens são mais sedativas. As dosagens de 30 mg e o aumento progressivo de 15 mg para 30 mg aplicadas em deprimidos igualmente mostraram redução da latência do sono e aumento do tempo total de sono, porém provocaram sonolência na primeira semana de utilização da medicação, a qual reduziu ao longo da segunda semana, além de a dosagem fixa ter se mostrado superior à escalonada na melhora da qualidade do sono. Os efeitos colaterais mais descritos são sonolência e sedação, hipotensão postural, boca seca, cefaleia, inchaço, aumento de apetite e ganho de peso, em comparação com os demais antidepressivos.[35]

A agomelatina é um antidepressivo aprovado para o tratamento de depressão maior, porém com características farmacológicas únicas com capacidade de interferir na sincronização do ritmo circadiano. Trata-se de um agonista de receptor melatoninérgico (MT1/MT2) e antagonista 5-HT2C.[36] É bem tolerada nas dosagens de 25 e 50 mg na melhora dos sintomas depressivos e de ansiedade em pacientes com depressão maior e inclui efeitos positivos na avaliação subjetiva da melhora da qualidade do sono desde as primeiras semanas de utilização. Estudos comparativos entre agomelatina e inibidores da recaptação da serotonina mostram que a agomelatina é igualmente eficaz na melhora da depressão, entretanto é vantajosa na redução da latência do sono e preserva os ciclos de sono sem causar sonolência diurna.[37,38] Os efeitos colaterais incluem náuseas e tonteiras temporárias. A agomelatina pode provocar o aumento de transaminases hepáticas, especialmente em dosagens de 50 mg, sendo recomendado o acompanhamento com testes de função hepática ao longo das primeiras 2 a 24 semanas de tratamento.[36,37]

Antipsicóticos atípicos

Os antipsicóticos atípicos, particularmente olanzapina e quetiapina, são utilizados para o manejo da insônia associada a quadros com indicação primária para tratamento com antipsicóticos, como transtorno bipolar, psicoses e depressão refratária ao tratamento.[38] O efeito sedativo ocorre pela ação anti-histamínica H1, porém a ação antagonista 5-HT 2c também pode estar relacionada. Poucos estudos controlados e metanálises avaliam o efeito dos antipsicóticos na insônia.[39] Olanzapina e quetiapina melhoram o sono em voluntários saudáveis e em insones, aumentando a eficiência do sono e a sua continuidade; entretanto, o tempo de uso e o número de indivíduos são pequenos para serem considerados primeira escolha como hipnóticos.[38] Pela farmacocinética de atuar em múltiplos sistemas neurotransmissores, os efeitos adversos dos antipsicóticos atípicos são frequentes. Ganho de peso, síndrome metabólica, sintomas extrapiramidais, sedação e aumento do número de movimentos periódicos de membros inferiores são relatados com a quetiapina, por isso o seu uso deve ser desaconselhado como tratamento isolado da insônia.[39]

Melatonina e agonistas melatoninérgicos

A administração exógena de melatonina também promove o sono, no entanto a máxima efetividade hipnótica depende do horário da administração, já que é influenciada pela fase do ritmo circadiano. Em indivíduos jovens e idosos com insônia crônica, os níveis de melatonina tendem a estar mais baixos do que nos controles normais.[40] A sua absorção é rápida, e a meia-vida, curta, e, quando comparada aos agonistas seletivos GABA-A, os seus efeitos em reduzir a latência do sono e os despertares noturnos são discretos. Quanto à efetividade da melatonina no tratamento da insônia, os estudos mostram resultados ainda controversos. O uso da melatonina (doses de 0,3 a 5 mg) para insônia crônica pode não ter efeito nenhum sobre o sono, tanto em adultos como em idosos.[41] No entanto, outros estudos mostram uma melhora subjetiva na latência para iniciar o sono, sem aumentar o seu tempo total em adultos.[42] Poucos estudos em adultos mostram que a melatonina causa uma melhora objetiva no sono por meio de avaliação com polissonografia.[43] Em idosos com insônia de manutenção, a melatonina diminuiu a queixa subjetiva. Em crianças, a melatonina combinada com higiene do sono pode ser efetiva para tratar insônia, de forma subjetiva e reduzindo a latência para início do sono, naquelas com diagnóstico de déficit de atenção/hiperatividade[44] ou autismo. A melatonina é segura. Efeitos colaterais como sonolência, cefaleia, boca seca, gosto ruim na boca, enurese em criança, zumbido, fadiga e náuseas não diferem do placebo. Não causam insônia de rebote, dependência e/ou abstinência.[42,45]

O ramelteon é um novo hipnótico agonista melatoninérgico tipo 1 (MT1) e tipo 2 (MT2) aprovado para o tratamento da insônia crônica, que quase não possui afinidade por outros receptores como dopamina, serotonina, GABA, opioides e histamina. O efeito mais robusto do ramelteon é a indução do sono pela sua meia-vida curta. Apresenta menor risco de sonolência diurna, insônia rebote ou tolerância. Esse fármaco não é disponível no país. O ramelteon e o talsimelteon têm maior afinidade pelos receptores melatoninérgicos, são seletivos, têm metabólito ativo que confere maior duração do efeito e são mais potentes que a própria melatonina.[46] A dosagem industrializada nos EUA é de 8 mg. Em adultos com insônia crônica, causam melhora subjetiva[47] e objetiva na redução da latência para início do sono e aumento no seu tempo total.[48] Em mulheres já na menopausa, revelou melhora subjetiva da insônia.[49] Em crianças, um estudo mostrou melhora subjetiva e objetiva do sono.[50]

Anticonvulsivantes

Muitos anticonvulsivantes, entre eles gabapentina, tiagabina, pregabalina e gaboxadol, atuam aumentando a função gabaérgica e, com isso, são relacionados à melhora da qualidade do sono em insones, epilépticos, portadores de dor crônica e de ansiedade.[51] Os efeitos da gabapentina e da pregabalina no sono não são totalmente compreendidos, porém ambos reduzem a latência do sono[51] e aumentam o sono de ondas lentas em pacientes com epilepsia e insônia.[52] Em razão dos seus efeitos colaterais, como sedação diurna e tonteira, não são primeira escolha no tratamento da insônia. O gaboxadol também pertence ao grupo, sendo um agonista do receptor GABA-A, pelo qual os efeitos sedativos são bem mais compreendidos. Provoca redução de despertares noturnos e aumento de sono de ondas lentas na ausência de prejuízo cognitivo diurno em pacientes com insônia.[53] Esse fármaco não é disponível no país.

Anti-histamínicos

Os anti-histamínicos, entre eles prometazina, hidroxizina e difenidramina, apresentam efeitos sedativos e são utilizados aleatoriamente para a insônia, porém há poucas evidências dos efeitos no sono e não existem estudos controlados com placebos em insones.[54] A difenidramina provoca sonolência em pacientes psiquiátricos, porém seu efeito sedativo é transitório em indivíduos saudáveis.[55] Além da tolerância, os efeitos adversos diurnos, especialmente se-

Tabela 2   Principais fármacos para o tratamento da insônia, dosagem, meias-vidas, efeitos no sono e efeitos colaterais

Fármaco	Dosagem	Meia-vida	Efeito no sono	Efeitos colaterais
Agonistas GABA				
Zolpidem VO	5 a 10 mg	2,4 h	Todos: reduz a latência do sono, não reduz sono REM	Para todos: tontura, vertigem, cefaleia, amnésia e sintomas gastrointestinais
Zolpidem CR	6,25 a 12,5 mg	2,4 h		
Zolpidem SL	5,0 a 10 mg	2,4 h		
Zopiclona	7,5 mg	5,0 h		Sonolência e boca amarga
Eszopiclona (não disponível no Brasil)	1-2-3 mg	5,0 h		Sonolência e boca amarga
Antidepressivos sedativos				
Amitriptilina Doxepina	25 a 100 mg 3 a 6 mg	10 a 28 h 8,24 h	Aumenta o tempo total de sono, reduz a latência do sono, sono REM, sono N2 e aumenta a latência do sono REM	Tontura, sonolência, vertigem, boca seca, constipação, retenção urinária, arritmias, hipotensão ortostática, ganho de peso. Exacerbar inquietação de pernas, movimentos periódicos de membros inferiores ou distúrbio comportamental do sono REM
Mirtazapina	15 a 45 mg	20-40 h	Aumenta o tempo total de sono, reduz a latência do sono, tempo acordado após o início do sono	Tontura, sedação, vertigem, aumento do apetite e ganho de peso, raramente alterações sanguíneas
Trazodona	25 a 400 mg	7 h	Reduz a latência do sono e o tempo acordado após o início do sono, aumenta as ondas lentas	Tontura, vertigem, sonolência, hipotensão postural, priapismo
Agomelatina	25 a 50 mg	2,3 h	Auxilia na ressincronização do sono	Tontura, náuseas, aumenta as transaminases hepáticas

(continua)

Tabela 2 Principais fármacos para o tratamento da insônia, dosagem, meias-vidas, efeitos no sono e efeitos colaterais (continuação)

Fármaco	Dosagem	Meia-vida	Efeito no sono	Efeitos colaterais
Anticonvulsivantes				
Gabapentina	300 a 600 mg	5 a 7 h	Pouca redução no tempo acordado após o início do sono, aumenta as ondas lentas	Sonolência, tontura, ataxia, tremor, diplopia, borramento da visão, edema periférico
Tiagabina (não disponível)	4 a 8 mg	7 a 9 h	Reduz o tempo acordado após o início do sono, aumenta as ondas lentas	Sonolência, tontura, ataxia, astenia, dor abdominal, diarreia e náuseas, risco de convulsão
Pregabalina	50 a 100 mg	6 h	Reduz a latência do sono, aumenta as ondas lentas	Sonolência, tontura, ataxia, edema periférico
Antipsicóticos				
Olanzapina	5 a 10 mg	21 a 54 h	Pouca interferência na redução da latência do sono, diminui o tempo acordado após o início do sono, aumenta as ondas lentas, pouca ou nenhuma redução do sono REM	Sonolência, tontura, tremor, agitação, astenia, boca seca, dispepsia, hipotensão, ganho de peso
Quetiapina	25 a 200 mg	6 h		
Agonistas do receptor de melatonina				
Ramelteon (não disponível no Brasil)	8 mg	2,6 h	Reduz a latência do sono	Sonolência, tontura e fadiga
Antagonista do receptor de hipocretina				
Suvorexant (não disponível no Brasil)	10 a 20 mg	12 h	Reduz a latência do sono e aumenta a eficiência do sono	Sonolência, cefaleia, fadiga, boca seca, tosse

dação, prejuízo da função cognitiva, tonteira e ganho de peso, desencorajam a recomendação dessa classe de fármacos para o tratamento da insônia.[55]

Valeriana

Os mecanismos da valeriana não são totalmente compreendidos, porém o medicamento apresenta atividade similar a dos agonistas gabaérgicos, com efeito sedativo, ansiolítico e miorrelaxante. A valeriana é bem tolerada, e seus efeitos colaterais são pouco relevantes, inclusive em causar sonolência diurna.[56] Quando utilizada em adultos saudáveis e em insones, ela mostra a redução na latência do sono, porém os estudos são inconsistentes em provar a efetividade da planta na manutenção do sono em comparação ao placebo.[57,58] O extrato de raiz de valeriana mais comumente utilizado é a *Valeriana officinalis*, que interage com neurotransmissores, como GABA, e produz uma liberação dose-dependente. Também inibe a degradação enzimática do GABA no cérebro, levando a um efeito sedativo.[59] Ela é classificada como sedativo e hipnótico leve. Em estudos de revisão sistemática com metanálise, a valeriana não foi eficaz na redução objetiva da latência de sono avaliada por meio de parâmetros da polissonografia e aplicação de questionários. Mostrou resultados significativos na melhora subjetiva da qualidade de sono avaliada por variável dicotômica (sim ou não).[60] Os estudos disponíveis demonstram diferenças na metodologia em relação a: critério de inclusão e exclusão; preparação da valeriana utilizada (tipo da valeriana e método de extração); dosagem da valeriana; e em relação aos desfechos avaliados, o que dificulta uma conclusão sobre a eficácia. A combinação da valeriana com lúpulo (*Humulos lupulus*) pode ser mais eficaz na redução da latência de sono em comparação com a valeriana isolada, sugerindo afinidade pelos receptores MT1 e MT2 (melatonina), A1 adenosinérgico e 5-HT (serotoninérgico).[61]

Antagonistas dos receptores de hipocretina

Entre os antagonistas dos receptores de hipocretina, o almorexant é um novo agente antagonista dual dos receptores da orexina (OX1 e OX2) que vem sendo avaliado com alguns resultados promissores no tratamento da insônia em idosos.[62]

O mais novo lançamento aprovado pela FDA, em agosto de 2014, para o tratamento da insônia inicial e de manutenção foi o suvorexant. É um antagonista seletivo do receptor de hipocretina-1 e 2. Inicia-se seu uso na dose de 10 mg até o máximo de 20 mg, com cuidado em mulheres, em obesos e com interações medicamentosas (inibição enzimática com cetoconazol e claritromicina não devendo ultrapassar 10 mg e indução enzimática com drogas antiepilépticas, fenitoína, carbamazepina e fenobarbital devendo-se fazer doses maiores de suvorexant). Doses acima de 20 mg não foram liberadas pela FDA em virtude de sonolência na direção. Tem uma meia-vida aproximada de 12 horas. Liga-se à proteína plasmática com biodisponibilidade de 82%. A tomada deve ser com estômago vazio, tem início de ação em 30 a 60 minutos e precisa ser suspensa caso não tenha, pelo menos, 7 horas de expectativa de sono. O pico de concentração plasmática (Tmáx) foi de 2 horas. Caso seja administrado após alimentação, o Tmáx pode atrasar em até 90 minutos. Efeitos colaterais observados foram: fadiga, sonolência, cefaleia, boca seca, tosse e aumento de incidência de infecção respiratória.[63,64]

Vale dizer que uma enfermidade tão complexa quanto a insônia não possuiu um tratamento único. Os medicamentos apresentados são apenas uma ferramenta para auxiliar o médico a mudar hábitos perpetuadores, geradores de insônia e de má higiene do sono. É necessário sempre instituir a terapia cognitivo-comportamental para insônia (TCC-I). Outras estratégias terapêuticas também se encontram disponíveis, principalmente quando o binômio insônia-depressão ocorre.

CONSIDERAÇÕES FINAIS

A insônia, na condição de doença crônica, pode necessitar de tratamento farmacológico.

A escolha do fármaco para o tratamento da insônia irá depender de sua propriedade farmacológica, eficácia, segurança e tempo de ação.

Hipnóticos seletivos de receptor GABA-A (zolpidem) são as drogas de primeira escolha no tratamento farmacológico nos pacientes com transtorno de insônia de acordo com o Consenso da Associação Brasileira de Sono pela eficácia e pelo baixo risco de efeitos na função motora e cognitiva em comparação com as demais classes de medicamentos sedativos.

Agonistas melatoninérgicos são drogas recomendadas para o tratamento do transtorno da insônia, principalmente em populações especiais, como idosos e pacientes com doenças pulmonares e cardíacas.

Antagonistas de receptores da hipocretina são as drogas mais recentes para o tratamento do transtorno da insônia com eficácia comprovada após 1 ano de uso clínico.

A presença de doenças associadas à insônia, entre elas depressão ou sintomas depressivos, favorece o uso de antidepressivos sedativos como tratamento de escolha ou associado. A trazodona e a doxepina são recomendadas no tratamento da insônia, principalmente quando associada à depressão.

Antipsicóticos atípicos e anticonvulsivantes, apesar de efeitos sedativos, não são a primeira escolha no tratamento da insônia. Entretanto, são sedativos quando utilizados na insônia associada a quadros psicóticos, transtorno bipolar ou depressão refratária e dor crônica.

Anti-histamínicos apresentam efeito sedativo limitado no tratamento da insônia, por isso não são indicados para o manejo da insônia crônica.

Valeriana apresenta efeito sedativo, ansiolítco e miorrelaxante, porém não existem evidências suficientes de seu efeito hipnótico no tratamento da insônia.

A melatonina não é recomendada para tratamento do transtorno da insônia. Nos idosos com dificuldade para iniciar o sono, a melatonina pode ser um tratamento opcional.

BZD não são drogas de escolha para tratar insônia e, caso sejam prescritos em situações comórbidas, devem ser administrados em populações bem selecionadas e por curto período, pela possibilidade de dependência, tolerância, síndrome de abstinência, alterações cognitivas, entre outros.

REFERÊNCIAS BIBLIOGRÁFICAS

1. Belelli D, Harrison NL, Maguire J, Macdonald RL, Walker MC, Cope DW. Extrasynaptic GABAA receptors: form, pharmacology, and function. J Neurosci. 2009;14;29(41):12757-63. Review.
2. Cope DW, Hughes SW, Crunelli V. GABA-a receptor-mediated tonic inhibition in Thalamic neurons. J Neurosci. 2005;25(50):11553-63.
3. Bateson A. Further potential of the GABA receptor in the treatment of insomnia. Sleep Medicine. 2006;7(1):S3-9.
4. Atack JR. The benzodiazepine binding site of GABA(A) receptors as a target for the development of novel anxiolytics. Expert Opin Investig Drugs. 2005;14(5):601-18.
5. Huedo-Medina TB, Kirsch I, Middlemass J, Klonizakis M, Siriwardena AN. Effectiveness of non-benzodiazepine hypnotics in treatment of adult insomnia: meta-analysis of data submitted to the Food and Drug Administration. BMJ. 2012;345:e8343.
6. Roth T, Walsh JK, Krystal A, Wessel T, Roehrs TA. An evaluation of the efficacy and safety of eszopiclone over 12 months in patients with chronic primary insomnia. Sleep Med. 2005;6(6):487-95.
7. Mitler MM. Non selective and selective benzodiazepine receptor agonists: where are we today? Sleep. 2000;23(suppl. 1):S39-47.
8. Valente KD, Hasan R, Tavares SM, Gattaz WF. Lower doses of sublingual zolpidem are more effective than oral Zolpidem to anticipate sleep onset in healthy volunteers. Sleep Med. 2013;14(1):20-3.
9. Roehrs TA, Randall S, Harris E, Maan R, Roth T. Twelve months of nightly zolpidem does not lead to dose escalation: a prospective placebo-controlled study. Sleep. 2011;34(2):207-12.
10. Dang A, Garg A, Rataboli PV. Role of zolpidem in the management of insomnia. CNS Neurosci Ther. 2011;17(5):387-97.
11. Randall S, Roehrs TA, Roth T. Efficacy of eight months of nightly zolpidem: a prospective placebo-controlled study. Sleep. 2012;35(11):1551-7.

12. FDA Drug Safety Communication: Risk of next-morning impairment after use of insomnia drugs; FDA requires lower recommended doses for certain drugs containing zolpidem (Ambien, Ambien CR, Edluar, and ZolpiMist). US Food and Drug Administration. Disponível em: http://www.fda.gov/Drugs/DrugSafety/ucm334033.htm.
13. Krystal AD, Huang H, Zummo J, Grinnell T, Marshall RD. A WASO sub-group analysis of a 6-month study of eszopiclone 3 mg. Sleep Medicine. 2012;13(6):691-6.
14. Barter G, Cormack M. The long-term use of benzodiazepines: patients' views, accounts and experiences. Fam Pract. 1996;13(6):491-7.
15. Dooley M, Plosker GL. Zaleplon: a review of its use in the treatment of insomnia. Drugs. 2000;60(2):413-45.
16. Bateson AN. The benzodiazepine site of the GABAA receptor: an old target with new potential? Sleep Med. 2004;5 Suppl 1:S9-15. Review.
17. Whiting PJ. GABA-A receptor subtypes in the brain: a paradigm for CNS drug discovery? Drug Discov Today. 2003;8(10):445-50.
18. Wiegand MH. Antidepressants for the treatment of insomnia: a suitable approach? Drugs. 2008;68(17):2411-7.
19. Schutte-Rodin S, Broch L, Buysse D, Dorsey C, Sateia M. Clinical guideline for the evaluation and management of chronic insomnia in adults. J Clin Sleep Med. 2008;4(5):487-504.
20. Qaseem A, Snow V, Denberg TD, Forciea MA, Owens DK; Clinical Efficacy Assessment Subcommittee of American College of Physicians. Using second-generation antidepressants to treat depressive disorders: a clinical practice guideline from the American College of Physicians. Ann Intern Med. 2008;149(10):725-33. Erratum in: Ann Intern Med. 2009;150(2):148.
21. . Thakkar MM. Histamine in the regulation of wakefulness. Sleep Med Rev. 2011;15(1):65-74.
22. Griebel G, Beeské S, Jacquet A, Laufrais C, Alonso R, Decobert M, et al. Further evidence for the sleep-promoting effects of 5-HT$_2$A receptor antagonists and demonstration of synergistic effects with the hypnotic, zolpidem in rats. Neuropharmacology. 2013;70:19-26.
23. Watson CJ, Baghdoyan HA, Lydic R. Neuropharmacology of sleep and wakefulness. Sleep Med Clin. 2010;5(4):513-28.
24. MacMahon KM, Broomfield NM, Espie CA. A systematic review of the effectiveness of oral melatonin for adults (18 to 65 years) with delayed sleep phase syndrome and adults (18 to 65 years) with primary insomnia. Curr Psychiatry Rev. 2005;1:103-13.
25. Mittur A. Trazodone: properties and utility in multiple disorders. Expert Rev Clin Pharmacol. 2011;4(2):181-96.
26. Walsh JK, Ermann M, Erwin CW, Jamieson A, Mahowald M. Subjective hypnotic efficacy of trazodone and zolpidem in DSMIII–R primary insomnia. Human Psychopharmacology. 1998;13(3):191-8.
27. Roth AJ, McCall WV, Liguori A. Cognitive, psychomotor and polysomnographic effects of trazodone in primary insomniacs. J Sleep Res. 2011;20(4):552-8.
28. Sheehan DV, Croft HA, Gossen ER, Levitt RJ, Brullé C, Bouchard S, et al. Extended-release Trazodone in Major Depressive Disorder: A Randomized, Double-blind, Placebo-controlled Study. Psychiatry (Edgmont). 2009;6(5):20-33.
29. Krystal AD, Lankford A, Durrence HH, Ludington E, Jochelson P, Rogowski R, et al. Efficacy and safety of doxepin 3 and 6 mg in a 35-day sleep laboratory trial in adults with chronic primary insomnia. Sleep. 2011;34(10):1433-42.
30. Lankford A, Rogowski R, Essink B, Ludington E, Heith Durrence H, Roth T. Efficacy and safety of doxepin 6 mg in a four-week outpatient trial of elderly adults with chronic primary insomnia. Sleep Med. 2012;13(2):133-8.

31. Krystal AD, Durrence HH, Schat M, Jochelson P, Rogowski R, Ludington E, et al. Efficacy and safety of doxepin 1 mg and 3 mg in a 12-week sleep laboratory and outpatient trial of elderly subjects with chronic primary insomnia. Sleep. 2010;33(11):1553-61.
32. Schittecatte M, Dumont F, Machowski R, Cornil C, Lavergne F, Wilmotte J. Effects of mirtazapine on sleep polygraphic variables in major depression. Neuropsychobiology. 2002;46(4):197-201.
33. Winokur A, Sateia MJ, Hayes JB, Bayles-Dazet W, MacDonald MM, Gary KA. Acute effects of mirtazapine on sleep continuity and sleep architecture in depressed patients: a pilot study. Biol Psychiatry. 2000;48(1):75-8.
34. Dolder CR, Nelson MH, Iler CA. The effects of mirtazapine on sleep in patients with major depressive disorder. Ann Clin Psychiatry. 2012;24(3):215-24.
35. Sasada K, Iwamoto K, Kawano N, Kohmura K, Yamamoto M, Aleksic B, et al. Effects of repeated dosing with mirtazapine, trazodone, or placebo on driving performance and cognitive function in healthy volunteers. Hum Psychopharmacol. 2013;28(3):281-6.
36. Kasper S, Hajak G, Wulff K, Hoogendijk WJ, Montejo AL, Smeraldi E, et al. Efficacy of the novel antidepressant agomelatine on the circadian rest-activity cycle and depressive and anxiety symptoms in patients with major depressive disorder: a randomized, double-blind comparison with sertraline. J Clin Psychiatry. 2010;71(2):109-20.
37. Kudo Y, Kurihara M. Clinical evaluation of diphenhydramine hydrochloride for the treatment of insomnia in psychiatric patients: a double-blind study. J Clin Pharmacol. 1990;30(11):1041-8.
38. Scherk H, Pajonk FG, Leucht S. Second-generation antipsychotic agents in the treatment of acute mania: a systematic review and meta-analysis of randomizedcontrolled trials. Arch Gen Psychiatry. 2007;64(4):442-55.
39. Wiegand MH, Landry F, Brückner T, Pohl C, Veselý Z, Jahn T. Quetiapine in primary insomnia: a pilot study. Psychopharmacology (Berl). 2008;196(2):337-8.
40. Carranza-LS, García López F. Melatonin and climactery. Med Sci Monit. 2000;6(6):1209-12.
41. Baskett JJ, Broad JB, Wood PC, Duncan JR, Pledger MJ, English J, et al. Does melatonin improve sleep in older people? A randomised crossover trial. Age Ageing. 2003;32(2):164-70.
42. Ellis CM, Lemmens G, Parkes JD. Melatonin and insomnia. J Sleep Res. 1996;5(1):61-5.
43. Braam W, van Geijlswijk I, Keijzer H, Smits MG, Didden R, Curfs LM. Loss of response to melatonin treatment is associated with slow melatonin metabolism. J Intellect Disabil Res. 2010;54(6):547-55.
44. Bendz LM, Scates AC. Melatonin treatment for insomnia in pediatric patients with attention-deficit/hyperactivity disorder. Ann Pharmacother. 2010;44(1):185-91.
45. Weiss MD, Wasdell MB, Bomben MM, Rea KJ, Freeman RD. Sleep hygiene and melatonin treatment for children and adolescents with ADHD and initial insomnia. J Am Acad Child Adolesc Psychiatry. 2006;45(5):512-9.
46. Ramelteon: new drug. Insomnia: no role for risky placebos. Prescrire Int. 2008; 17(97):183-6.
47. Gross PK, Nourse R, Wasser TE. Ramelteon for insomnia symptoms in a community sample of adults with generalized anxiety disorder: an open label study. J Clin Sleep Med. 2009;5(1):28-33.
48. Erman M, Seiden D, Zammit G, Sainati S, Zhang J. An efficacy, safety, and dose-response study of Ramelteon in patients with chronic primary insomnia. Sleep Med. 2006;7(1):17-24.
49. Dobkin RD, Menza M, Bienfait KL, Allen LA, Marin H, Gara MA. Ramelteon for the treatment of insomnia in menopausal women. Menopause Int. 2009;15(1):13-8.
50. Bellon A. Searching for new options for treating insomnia: are melatonin and ramelteon beneficial? J Psychiatr Pract. 2006;12(4):229-43.

51. Rose MA, Kam PC. Gabapentin: pharmacology and its use in pain management. Anaesthesia. 2002;57(5):451-62.
52. Bazil CW, Dave J, Cole J, Stalvey J, Drake E. Pregabalin increases slow-wave sleep and may improve attention in patients with partial epilepsy and insomnia. Epilepsy Behav. 2012;23(4):422-5.
53. Lundahl J, Deacon S, Maurice D, Staner L. EEG spectral power density profiles during NREM sleep for gaboxadol and zolpidem in patients with primary insomnia. J Psychopharmacol. 2012;26(8):1081-7.
54. Adam K, Oswald I. The hypnotic effects of an antihistamine: promethazine. Br J Clin Pharmacol. 1986;22(6):715-7.
55. Kudo Y, Kurihara M. Clinical evaluation of diphenhydramine hydrochloride for the treatment of insomnia in psychiatric patients: a double-blind study. J Clin Pharmacol. 1990;30(11):1041-8.
56. Sarris J, Byrne GJ. A systematic review of insomnia and complementary medicine. Sleep Med Rev. 2011;15(2):99-106.
57. Taibi DM, Landis CA, Petry H, Vitiello MV. A systematic review of valerian as asleep aid: safe but not effective. Sleep Med Rev. 2007;11(3):209-30.
58. Bent S, Padula A, Moore D, Patterson M, Mehling W. Valerian for sleep: a systematic review and meta-analysis. Am J Med. 2006;19(12):1005-12.
59. Salter S, Brownie S. Treating primary insomnia - the efficacy of valerian and hops. Aust Fam Physician. 2010;39(6):433-7.
60. Fernández-San-Martín MI, Masa-Font R, Palacios-Soler L, Sancho-Gómez P, Calbó-Caldentey C, Flores-Mateo G. Effectiveness of valerian on insomnia: a meta-analysis of randomized placebo-controlled trials. Sleep Med. 2010;11(6):505-11.
61. Koetter U, Schrader E, Käufeler R, Brattström A. A randomized, double blind, placebo-controlled, prospective clinical study to demonstrate clinical efficacy of a fixed valerian hops extract combination (Ze 91019) in patients suffering from non-organic sleep disorder. Phytother Res. 2007;21(9):847-51.
62. Hoever P, Hay J, Rad M, Cavallaro M, van Gerven JM, Dingemanse J. Tolerability pharmacokinetics, and pharmacodynamics of single-dose almorexant, an orexinreceptor antagonist, in healthy elderly subjects. J Clin Psychopharmacol. 2013;33(3):363-70.
63. Lee-iannotti JK, Parish JM. Suvorexant: a promising, novel treatment for insomnia. Neuropsychiatr Dis Treat. 2016;25:491-5.
64. Rhyne DN, Anderson SL. Suvorexant in insomnia: efficacy, safety and place in therapy. Ther Adv Drug Saf. 2015;6(5):189-95.

21 | Terapia comportamental cognitiva para insônia

Maria Christina Ribeiro Pinto

INTRODUÇÃO

Morin, em 1993, estruturou a terapia comportamental cognitiva para insônia (TCCI) em até oito sessões, em um modelo multifatorial, no qual detalha a influência dos fatores perpetuantes e as interações entre eles. O autor lançou manual para orientar o tratamento com nível de descrição suficientemente articulado e validado empiricamente por meio de inúmeros protocolos clínicos.[1]

A TCCI é o tratamento de escolha para pacientes com insônia, tanto isoladamente quanto na forma associada à terapia farmacológica. A TCCI é uma terapia focal e diretiva, que tem um tempo definido e limitado e é bem estruturada com aproximadamente quatro a oito sessões. Pode ser aplicada tanto individualmente como em grupo.[2-4]

INSTRUMENTO DE AVALIAÇÃO

Diário do sono

Os pacientes devem preenchê-lo diariamente no decorrer do processo terapêutico por no mínimo 2 semanas, registrando as informações: horário de dormir e acordar, pontuando a qualidade do sono, tempo estimado da latência do sono, duração total do sono, ocorrência de despertares noturnos, medicações utilizadas, entre outros itens. É uma avaliação subjetiva do sono, com a qual o paciente se torna mais ciente de seu padrão de sono antes, durante e após o tratamento. Recomenda-se que seu preenchimento seja feito no dia seguinte pela manhã.[2-4]

Polissonografia e actigrafia

Tanto a polissonografia (PSG) como a actigrafia (ACT) podem ser úteis durante a TCCI na reestruturação cognitiva, uma vez que, ao mostrar ao paciente que seu sono é melhor do que sua percepção, atenuam-se os componentes ansiosos e podem ser desconstruídas as falsas crenças.[2-4]

TÉCNICAS COMPORTAMENTAIS E COGNITIVAS PARA TCCI

Componente psicoeducacional

Consiste na primeira entrevista, geralmente realizada pelo profissional que atende o paciente no consultório. Deve-se conversar com o paciente sobre sua doença, desfazendo mitos e falsas crenças, e já tentar mostrar os principais tratamentos propostos.[2-4]

Higiene do sono

Consiste em orientar o paciente a adotar hábitos adequados para ajudá-lo a iniciar e manter o sono. O Quadro 1 apresenta as principais técnicas de higiene do sono.[2-6]

Controle de estímulos

Técnica baseada em instruções que auxiliam o paciente a associar novamente os estímulos ambientais, como cama e quarto, ao início do sono, encorajando-o a estabelecer um ritmo sono-vigília adequado. Visa também a fortalecer as associações entre as pistas para o sono e um sono rápido e bem consolidado. As principais orientações são: ir para a cama apenas quando estiver sonolento; utilizar a cama e o quarto apenas quando for dormir; sair da cama caso não esteja com sono ou quando apresentar dificuldade para retomá-

Quadro 1   Técnicas de higiene do sono

1. Ambiente do quarto adequado: luminosidade, temperatura e ruídos
2. Colchão e travesseiro adequados
3. Companheiros de cama (cônjuge, crianças e animais)
4. Eletrônicos na cama (TV, computador, tablets, celulares)
5. Horários regulares para se deitar e se levantar
6. Evitar próximo da hora de se deitar: atividade física, bebidas alcoólicas, refeições de difícil digestão, cafeína, tabaco
7. Evitar cochilos diurnos

-lo, em um período superior a 15 minutos; acordar e levantar-se todos os dias no mesmo horário, independentemente do horário em que foi dormir; não cochilar durante o dia.[2-4]

Restrição de tempo de cama e de sono

Esta técnica restringe a quantidade de tempo que o paciente passa na cama, diminuindo ao longo dos dias a sua latência para o sono e aumentando a qualidade e a eficiência do sono. A restrição de sono gera uma privação de sono temporária. É considerada uma das técnicas mais eficazes da TCCI.[2-4]

Técnicas de relaxamento

Estas técnicas diminuem a frequência dos alertas autonômicos e cognitivos apresentados pelo paciente.

Técnicas cognitivas

Intenção paradoxal

É uma estratégia usada para pacientes que tenham, particularmente, alguma preocupação muito intensa associada ao medo de tentar dormir e não ser capaz de fazê-lo, pois os insones, em sua grande maioria, acreditam ter perdido a capacidade natural de adormecer. Orienta-se o paciente a não ir para cama, resistindo ao máximo dormir, visando à redução da ansiedade antecipatória ao sono, particularidade também muito observada nos insones.[2-4,7]

Reestruturação cognitiva

Baseia-se no princípio de que a maneira como se pensa ou se julgam os fatos que acometem as pessoas determina o modo como elas se sentem. Esta técnica identifica as crenças irracionais do paciente, as falsas causas e consequências da insônia, as descrenças nas práticas de indução do sono e a ruminação de pensamentos, levando o paciente a observar seus comportamentos e cognições de maneira mais objetiva e real, a aprender a substituir pensamentos disfuncionais que estejam gerando desconforto e identificar quais seriam as alternativas para compreender cada situação de maneira mais funcional.[2-4]

Terapia cognitiva nos transtornos da má percepção do sono

Esta técnica trabalha a relação entre a percepção subjetiva que o paciente tem do tempo total de sono e o tempo total de sono obtido por meio da polissonografia.[8]

NOVAS PERSPECTIVAS

Novas modalidades e variações da TCC convencional têm sido propostas, como *workshops* com duração de 1 dia e até TCC breve com duas sessões. Da mesma forma, o uso da internet tem mostrado alguma efetividade no tratamento das insônias crônicas. Nos últimos 10 anos, o foco da TCC, tanto no tratamento da insônia quanto no método auxiliar para retirada de hipnóticos, tem se dirigido para terapias breves de autoajuda, como folhetos, livros, vídeos, contatos telefônicos e visitas domiciliares, com resultados discutíveis e com baixo nível de evidência. Cada vez mais, a TCC particularmente em pequenos grupos de pacientes deve ser difundida, podendo ser aplicada por outros profissionais da saúde habilitados.[9-14]

Meditação tradicional, técnicas de plena atenção (*mindfulness*) e acupuntura

Resultados discutíveis ainda são evidenciados no que se refere a outras técnicas comportamentais e cognitivas provenientes da medicina chinesa, como meditação tradicional, meditação com plena atenção (*mindfulness*), ioga e acupuntura, sugerindo que para sua efetividade faz-se necessária sua associação com técnicas da TCC convencional.[15-20]

O Quadro 2 apresenta as principais técnicas comportamentais e cognitivas que constituem a TCCI.

TERAPIA COMPORTAMENTAL COGNITIVA EM INSÔNIAS COMÓRBIDAS

A TCC tem sido indicada para insônias comórbidas com resultados também satisfatórios. Dessa forma, são publicados diversos artigos com alto nível de evi-

---

Quadro 2   Técnicas comportamentais e cognitivas da TCCI

1. Componente psicoeducacional
2. Higiene do sono
3. Controle de estímulo
4. Restrição de tempo de cama e sono
5. Intenção paradoxal
6. Reestruturação cognitiva
7. Relaxamento
8. Técnicas metacognitivas (meditação e plena atenção)

dência que utilizam a TCC em insônia com quadros dolorosos, em idosos com doenças sistêmicas, demências, depressão e em transtornos psiquiátricos.[21-35]

REFERÊNCIAS BIBLIOGRÁFICAS

1. Morin CM, Kowatch RA, Barry T, Walton E. Cognitive-behavior therapy for late-life insomnia. J Consult Clin Psychol. 1993;61(1):137-46.
2. Pinto MCR. Terapia comportamental cognitiva. In: Pinto Jr LR. Sono e seus transtornos: do diagnóstico ao tratamento. São Paulo: Atheneu; 2012. p.53-61.
3. Pinto MCR, Pinto Jr LR, Muller MR. Tratamento não-farmacológico. In: Bacelar A, Pinto Jr LR (eds.). Insônia: do diagnóstico ao tratamento. III Consenso Brasileiro de Insônia. São Paulo: Omnifarma; 2013. p.126-42.
4. Pinto Jr LR, Alves RC, Caixeta E, Fontenelle JA, Bacellar A, Poyares D, et al. New guidelines for diagnosis and treatment of insomnia. Arq Neuropsiq. 2010;68(4):666-75.
5. Tang NK, Harvey AG. Correcting distorted perception of sleep in insomnia: a novel behavioural experiment? Behav Res Ther. 2004;42(1):27-39.
6. Homsey M, O'Connell K. Use and success of pharmacologic and nonpharmacologic strategies for sleep problems. J Am Acad Nurse Pract. 2012;24(10):612-23.
7. Fogle DO, Dyall JA. Paradoxical giving up and the reduction of sleep performance anxiety in chronic insomniacs, Psychother Theory Res Pract. 1983;20:21-30.
8. Pinto Jr LR, Pinto MCR, Goulart LI, Truksinas E, Rossi MV, Morin CM, et al. Sleep perception in insomniac, sleep breathing disordered and healthy volunteers: an important sleep parameter. Sleep Med. 2009;10(8):865:8.
9. Ritterband LM, Thorndike FP, Gonder-Frederick LA, Magee JC, Bailey ET, Saylor DK, et al. Efficacy of an Internet-based behavioral intervention for adults with insomnia. Arch Gen Psychiatry. 2009;66(7):692-8.
10. Espie CA, Kyle SD, Williams C, Ong JC, Douglas NJ, Hames P, et al. A randomized, placebo-controlled trial of online cognitive behavioral therapy for chronic insomnia disorder delivered via an automated media-rich web application. Sleep. 2012;35(6):769-81.
11. Cheng SK, Dizon J. Computerised cognitive behavioural therapy for insomnia: a systematic review and meta-analysis. Psychotherapy and Psychosomatics. 2012;81(4):206-16.
12. Morgan K, Gregory P, Tomeny M, David BM, Gascoigne C. Self-help treatment for insomnia symptoms associated with chronic conditions in older adults: a randomized controlled trial. J Am Geriatr Soc. 2012;60(10):1803-10.
13. Katofsky I, Backhaus J, Junghanns K, Rumpf HJ, Huppe M, von Eitzen U, et al. Effectiveness of a cognitive behavioral self-help program for patients with primary insomnia in general practice: a pilot study. Sleep Med. 2012;13(5):463-8.
14. van Straten A, Cuijpers P. Self-help therapy for insomnia: a meta-analysis. Sleep Med Rev. 2009;13(1):61-71.
15. Jernelov S, Lekander M, Blom K, Rydh S, Ljotsson B, Axelsson J, et al. Efficacy of a behavioral self-help treatment with or without therapist guidance for co-morbid and primary insomnia--a randomized controlled trial. BMC Psychiatry. 2012;12:5.
16. Ong JC, Shapiro SL, Manber R. Combining mindfulness meditation with cognitive-behavior therapy for insomnia: a treatment-development study. Behav Ther. 2008;39(2):171-82.
17. Yook K, Lee SH, Ryu M, Kim KH, Choi TK, Suh SY, et al. Usefulness of mindfulness-based cognitive therapy for treating insomnia in patients with anxiety disorders: a pilot study. J Nerv Ment Dis. 2008;196(6):501-3.

18. Khalsa SB. Treatment of chronic insomnia with yoga: a preliminary study with sleep-wake diaries. Appl Psychophysiol Biofeedback. 2004;29(4):269-78.
19. Ong JC, Shapiro SL, Manber R. Mindfulness meditation and cognitive behavioral therapy for insomnia: a naturalistic 12-month follow-up. Explore. 2009;5(1):30-6.
20. Cheuk DK, Yeung WF, Chung KF, Wong V. Acupuncture for insomnia. Cochrane Database Syst Rev. 2012;(3):CD005472.
21. Currie SR, Wilson KG, Pontefract AJ, deLaplante L. Cognitive-behavioral treatment of insomnia secondary to chronic pain. J Consult Clin Psychol. 2000;68(3):407-16.
22. Rybarczyk B, Lopez M, Schelble K, Stepanski E. Home-based video CBT for comorbid geriatric insomnia: a pilot study using secondary data analysis. Behav Sleep Med. 2005;3(3):158-75.
23. Rybarczyk B, Lopez M, Benson R, Alsten C, Stepanski E. Efficacy of two behavioral treatment programs for comorbid geriatric insomnia. Psychol Aging. 2002;17(2):288-98.
24. Shub D, Darvishi R, Kunik ME. Non-pharmacologic treatment of insomnia in persons with dementia. Geriatrics. 2009;64(2):22-6.
25. Watanabe N, Furukawa TA, Shimodera S, Morokuma I, Katsuki F, Fujita H, et al. Brief behavioral therapy for refractory insomnia in residual depression: an assessor-blind, randomized controlled trial. J Clin Psychiatr. 2011;72(12):1651-8.
26. Manber R, Bernert RA, Suh S, Nowakowski S, Siebern AT, Ong JC. CBT for insomnia in patients with high and low depressive symptom severity: adherence and clinical outcomes. J Clin Sleep Med. 2011;7(6):645-52.
27. Manber R, Edinger JD, Gress JL, San Pedro-Salcedo MG, Kuo TF, Kalista T. Cognitive behavioral therapy for insomnia enhances depression outcome in patients with comorbid major depressive disorder and insomnia. Sleep. 2008;31(4):489-95.
28. Edinger JD, Olsen MK, Stechuchak KM, Means MK, Lineberger MD, Kirby A, et al. Cognitive behavioral therapy for patients with primary insomnia or insomnia associated predominantly with mixed psychiatric disorders: a randomized clinical trial. Sleep. 2009;32(4):499-510.
29. Perlis ML, Sharpe M, Smith MT, Greenblatt D, Giles D. Behavioral treatment of insomnia: treatment outcome and the relevance of medical and psychiatric morbidity. J Behav Med. 2001;24(3):281-96.
30. Harvey AG, Schmidt DA, Scarna A, Semler CN, Goodwin GM. Sleep-related functioning in euthymic patients with bipolar disorder, patients with insomnia, and subjects without sleep problems. Am J Psychiatr. 2005;162(1):50-7.
31. Arnedt JT, Conroy DA, Armitage R, Brower KJ. Cognitive-behavioral therapy for insomnia in alcohol dependent patients: a randomized controlled pilot trial. Behav Res Ther. 2011;49(4):227-33.
32. Arnedt JT, Conroy D, Rutt J, Aloia MS, Brower KJ, Armitage R. An open trial of cognitive-behavioral treatment for insomnia comorbid with alcohol dependence. Sleep Med. 2007;8(2):176-80.
33. Jungquist CR, O'Brien C, Matteson-Rusby S, Smith MT, Pigeon WR, Xia Y, et al. The efficacy of cognitive-behavioral therapy for insomnia in patients with chronic pain. Sleep Med. 2010;11(3):302-9.
34. Vitiello MV, Rybarczyk B, Von Korff M, Stepanski EJ. Cognitive behavioral therapy for insomnia improves sleep and decreases pain in older adults with co-morbid insomnia and osteoarthritis. J Clin Sleep Med. 2009;5(4):355-62.
35. Kapella MC, Herdegen JJ, Perlis ML, Shaver JL, Larson JL, Law JA, et al. Cognitive behavioral therapy for insomnia comorbid with COPD is feasible with preliminary evidence of positive sleep and fatigue effects. Int J Chron Obstruct Pulmon Dis. 2011;6:625-35.

22 | Hipersonias: diagnóstico diferencial e tratamento

Renata Maria de Carvalho Cremaschi
Fernando Morgadinho Coelho

INTRODUÇÃO

A sonolência excessiva diurna (SED) é definida como a necessidade de dormir durante o dia ou em horários inapropriados. A SED está muito relacionada com perda da capacidade de concentração, irritabilidade e perda da qualidade de vida. Os indivíduos com SED têm maior risco de acidentes de tráfego rodoviário e de acidentes de trabalho. A qualidade de vida cai muito, e há perdas pessoais e profissionais com risco de morte em alguns casos.

A SED é uma queixa muito prevalente nos atendimentos médicos de muitas especialidades. O conhecimento das causas, do diagnóstico e do tratamento auxilia muito os profissionais de saúde no manejo desses pacientes.

É importante ressaltar que o diagnóstico diferencial de SED constitui um grande desafio em todo o mundo. Muitas são as causas de SED, como privação de sono (PS), doenças do sono (DS), distúrbio de ritmo, uso de medicamentos com mecanismo de ação no sistema nervoso central (SNC), além de doenças clínicas e psiquiátricas.

O correto diagnóstico da SED depende da análise cuidadosa da história clínica, do exame físico, dos hábitos de sono, além de fatores culturais, familiares e geográficos. Entretanto, a grande dificuldade no manejo da SED ainda é a falta de marcadores para confirmação etiológica. Exceto pela narcolepsia tipo I, cuja hipocretina no líquido cefalorraquiano é baixa, não há marcadores biológicos para as várias causas de SED.

A quantificação da SED pode e deve ser realizada de maneira objetiva. O uso da escala da sonolência de Epworth (ESE) e de estudos neurofisiológicos como o teste de múltiplas latências do sono (TMLS) faz parte do arsenal terapêutico no manejo da SED. Rotineiramente, esses exames estão apenas disponíveis em centos de referência. Certamente, os profissionais de saúde precisam estar bem preparados e motivados para perseguirem os possíveis diagnósticos de SED. É importante ressaltar que, muitas vezes, a SED é causada por doenças ou situações clínicas mais prevalentes, mas as doenças mais raras como narcolepsia não podem ser esquecidas.

Esforços de centros de medicina do sono, de profissionais e de universidades têm sido direcionados para a educação da população e dos profissionais de saúde em relação à SED. Educação continuada no tema para público leigo e profissionais de saúde tende a facilitar o diagnóstico e melhorar o entendimento dessas doenças no país.

A identificação e a correção de doenças e distúrbios de sono, além de correção de problemas médicos e psiquiátricos, são fundamentais para a boa qualidade de sono. Uma abordagem educacional com orientações sobre higiene de sono facilita a mudança de hábitos que são benéficos para um sono saudável.

Neste capítulo, será abordada a quantificação objetiva da SED e serão discutidas as principais causas com os respectivos diagnósticos e tratamento. Serão também temas deste capítulo os distúrbios do sono que se caracterizam por SED de origem no SNC, como síndrome de Kleine-Levin (SKL) e hipersonolência idiopática (HI).

DIAGNÓSTICO E QUANTIFICAÇÃO DA SONOLÊNCIA EXCESSIVA DIURNA

Escala de sonolência de Epworth

A ESE foi desenvolvida para avaliação de SED em pacientes com narcolepsia. Entretanto, após mais de 30 anos, a ESE continua sendo a ferramenta mais utilizada para se caracterizar SED em quaisquer situações. Trata-se de um questionário simples, sem necessidade de treinamento prévio, autoaplicável e que avalia a SED nos 30 dias que antecedem o teste. A ESE avalia oito situações do cotidiano e pontua como 0, 1, 2 e 3 a chance de cochilar como nenhuma, pequena, moderada e grande, respectivamente. A somatória com valores de 10 ou mais é considerada SED (Figura 1).

Teste das múltiplas latências do sono

O TMLS inicia-se na manhã seguinte a uma polissonografia (PSG). O paciente é acordado, e todos os eletrodos da noite são desmontados, exceto os eletrodos que registram eletroencefalograma (EEG), eletro-oculograma (EOG) e eletromiografia (EMG).

Durante o dia que se segue, em um intervalo de 2 horas, o paciente será novamente posicionado deitado na cama de um quarto escuro e silencioso e

Qual a probabilidade de você cochilar ou dormir, e não apenas se sentir cansado, nas seguintes situações? Considere o modo de vida que você tem levado recentemente. Mesmo que você não tenha feito algumas destas coisas recentemente, tente imaginar como elas poderiam afetá-lo. Escolha o número mais apropriado para responder cada questão:

0 = nunca cochilaria
1 = pequena probabilidade de cochilar
2 = média probabilidade de cochilar
3 = grande probabilidade de cochilar

Situação	Probabilidade de cochilar			
Sentado e lendo	0	1	2	3
Assistindo à TV	0	1	2	3
Sentado, quieto, em um lugar público (por exemplo, em um teatro, reunião ou palestra)	0	1	2	3
Andando de carro por 1 hora sem parar, como passageiro	0	1	2	3
Ao deitar-se à tarde para descansar, quando possível	0	1	2	3
Sentado conversando com alguém	0	1	2	3
Sentado quieto após o almoço sem bebida de álcool	0	1	2	3
Em um carro parado no trânsito por alguns minutos	0	1	2	3

Figura 1   Escala de sonolência de Epworth (ESE).

orientado a tentar dormir. Serão realizados os registros do EEG, do EOG e do EMG por um total de 20 minutos ou por 15 minutos após o início do sono de cada cochilo nas cinco ocasiões.

O objetivo desse teste é quantificar a média das latências do sono durante os cinco registros e avaliar a presença de sono REM (SOREM) em cada cochilo.

É considerado sugestivo de sonolência quando a média das latências dos cinco cochilos for menor do que 10 minutos e de SED quando for menor do que 5 minutos. O diagnóstico de narcolepsia, entretanto, necessita de dois ou mais episódios de SOREM durante os cinco cochilos, e a média das latências, menor do que 8 minutos.

É importante lembrar que o tempo médio para aparecimento de SOREM após o adormecer é entre 90 a 120 minutos. O aparecimento de SOREM em 20 minutos de sono realmente não é esperado em uma pessoa sem doenças do sono ou privação crônica de sono, como nos trabalhadores de turno.

CAUSAS DE SONOLÊNCIA EXCESSIVA DIURNA

Privação de sono

A PS é a principal causa de SED. Hoje, dorme-se 25% menos do que há 100 anos, pois a sociedade trabalha em um ritmo cada vez mais acelerado.

Atropelam-se os horários das refeições e da convivência familiar para se obter maior produtividade, maior interação social, além de mais diversão com redução dramática do tempo total de sono.

Diferentes culturas educam seus filhos sem valorização do sono, com atividades excessivas que prejudicam o tempo total de sono das crianças. O aumento das atividades escolares e de trabalho, maior competitividade global, aumento das grandes cidades com o trânsito caótico, maiores jornadas de trabalho e o avanço tecnológico são parte dos fatores que se podem listar para o sono cada vez mais reduzido nos dias de hoje.

A humanidade está diante de uma pandemia de PS de dimensão mundial com consequente SED. A PS afeta as atividades diárias com prejuízos físicos e mentais e leva a perda de rendimento pessoal e profissional, aumento de acidentes, aumento do risco cardiovascular por aumento de obesidade e hipertensão arterial. Entretanto, efeitos em longo prazo dessas novas gerações expostas a essa rotina tecnológica desde o nascimento são ainda desconhecidos.

O diagnóstico da PS é realizado pelo detalhamento dos horários habituais de sono na semana e no final de semana. Algumas vezes, o diário do sono pode ajudar muito nessa avaliação.

Muitas são as estratégias que devem ser adotadas para melhorar a quantidade e a qualidade do sono. Medidas imediatas para aumentar o número de pessoas com sono suficiente devem ser tomadas. O investimento na investigação básica para identificar e entender as relações de interação e os mecanismos subjacentes ao impacto da deficiência de sono sobre a saúde contribuirá. Além disso, algumas medidas globais devem ser realizadas:

- Educar as pessoas sobre a importância do sono para a saúde e o bem-estar próprios e de seus filhos.
- Valorizar a qualidade do sono de ambos os pais e das crianças.
- Orientar práticas de pais e filhos para ajudá-los a dormir.
- Padronizar os hábitos de sono de crianças em dias de escola ou de férias.
- Conscientizar sobre o impacto do uso de vários tipos de dispositivos eletrônicos nos quartos à noite.
- Reconhecer e corrigir aspectos que prejudicam o sono, como restringir o uso de aparelhos com emissão luminosa e o consumo de cafeína durante a noite.

Alguns autores estudam o uso de óculos escuros que bloqueiam a faixa de luz azul como uma opção para melhorar a qualidade e a quantidade de sono com bons resultados. Esses óculos são usados em ambientes de luz artificial em horários noturnos.

Doenças do sono

As doenças e os distúrbios do sono podem levar à SED. As DS são responsáveis por parte das queixas de SED na população. As doenças e os distúrbios do sono como síndrome da apneia obstrutiva do sono (SAOS) e síndrome das pernas inquietas (SPI) são abordadas em detalhes em outros capítulos deste livro.

Doenças clínicas e psiquiátricas

As doenças clínicas e psiquiátricas que podem causar SED devem sempre ser pesquisadas e descartadas.

As doenças clínicas podem potencializar os fatores de risco de outras doenças, como o ganho de peso na síndrome de Cushing e o consequente aumento da prevalência da SAOS; na anemia ferropriva com piora da SPI; ou na epilepsia noturna com fragmentação de sono e consequente SED. É possível também ocorrência de SED na apresentação primária das doenças, como hipotireoidismo, hipoglicemia, hipotermia, desidratação, acidentes vasculares cerebrais, tumores do SNC, insuficiências renais e hepáticas, infecções, fibromialgia, doença de Parkinson e muitas outras.

Os distúrbios do humor, como depressão e ansiedade, também podem estar conexos com SED. Autores demonstram que a depressão leva à SED, com ataques de sono, contribuindo em muito para redução do desempenho pessoal e profissional nessa doença. A SED é um preditor do risco para a depressão em certas populações estudadas, e sua prevalência aumenta no inverno.

Uso de medicamentos

Muitas são as substâncias que podem levar à SED. O uso de drogas lícitas ou ilícitas deve ser sempre pesquisado no diagnóstico diferencial de pacientes com SED, como álcool, sedativos/hipnóticos, antialérgicos, alguns antidepressivos, neurolépticos, alguns anticonvulsivantes e medicamentos para tratamento de parkinsonismo.

A retirada desses medicamentos, no entanto, deve ser cuidadosa, e as condições clínicas de cada paciente devem ser levadas em consideração para se evitar abstinências ou reações indesejadas, como a piora da doença de base.

Distúrbios do ritmo circadiano

O controle do ciclo circadiano de claro e escuro se dá, principalmente, pela incidência da luz na retina. O ritmo humano segue o circadiano, de 24 horas, que é identificado em muitos dos seres vivos e que tem como principal *zeitgeber* a luz do sol.

Esse estímulo é fundamental para o correto funcionamento do núcleo supraquiasmático (SCN), que é o relógio circadiano central que se localiza na região paraventricular do SNC.

Distúrbios no ritmo circadiano com descontrole desse complexo mecanismo circadiano podem estar relacionados com SED. Pacientes com atraso e avanço de fase frequentemente se queixam de SED ou de insônia, assim como indivíduos com *jet lag* sofrem para ajustar os relógios biológicos internos com o ritmo social.

Os distúrbios de ritmo sempre devem ser analisados em pacientes com queixa de SED. Nesses pacientes, o diário do sono e a actigrafia são ferramentas importantes para confirmação diagnóstica.

Sonolência excessiva diurna de origem central

Quando a investigação para possíveis causas de SED forem negativas ou quando a SED vem acompanhada de outros sintomas e sinais como cataplexia ou hiperfagia, deve-se pensar na possibilidade de SED de origem central. São exemplos desse tipo de doenças a narcolepsia tipos I e II, a HI, a SKL, dentre outras.

Hipersonolência idiopática

A HI é uma doença, de causa desconhecida, que se caracteriza por SED e necessidade de muitas horas de sono durante o dia. Normalmente, não há achados comuns em pacientes com narcolepsia como cataplexia, paralisia do sono ou alucinações hipnagógicas. A HI é pouco identificada na população geral, sendo mais comum em familiares de pacientes com narcolepsia. Infelizmente, não há biomarcador para o diagnóstico da HI. Este depende da exclusão de outras causas de SED. Devem-se descartar as causas de SED discutidas anteriormente no texto. A PSG seguida por TMLS deve ser realizada. Um achado frequente é a presença do sono de ondas lentas no TMLS e a eficiência do sono muito alta (maior do que 95%). Outro achado clínico interessante é a associação com o fenômeno de Reynaud. O tratamento segue os mesmos princípios do tratamento da SED dos pacientes com narcolepsia, com abordagem comportamental e farmacológica.

Síndrome de Kleine-Levin

O paciente com SKL apresenta ataques prolongados e inexplicáveis de SED (2 a 31 dias), associados a alteração comportamental com agressividade, hiperfagia, hipersexualidade, coprolalia ou copropraxia. Não há sintomas durante os períodos de intervalos entre as crises dos pacientes. A SKL é muito rara e é vista em meninos na adolescência. A causa ainda é desconhecida, mas uma disfunção hipotalâmica por um possível distúrbio autoimune pós-infeccioso tem sido descrita. Os pacientes tendem a ter um aumento progressivo de peso ponderal. Não há nenhuma terapia específica e efetiva. O carbonato de lítio, a carbamazepina e outros fármacos têm sido utilizados, mas apresentaram pouca reposta. O curso da doença possui remissões espontâneas e melhora com o avanço da idade.

CONSIDERAÇÕES FINAIS

A SED é um problema muito prevalente e subestimado. Há a consciência de que se dorme cada vez menos e de que isso é errado, entretanto, não se dá a devida importância ao fato. Isso é uma tragédia anunciada. As futuras gerações, de filhos e netos, sofrerão impacto crescente da SED pela privação do sono imposta pelos hábitos da sociedade moderna.

O diagnóstico diferencial da SED depende do conhecimento sobre o tema e de uma investigação direcionada. Na maioria dos casos, uma investigação sofisticada não é necessária e os resultados com o tratamento é muito bom. Entretanto, em casos de suspeita de SED por causa central como SKL ou HI, por exemplo, o paciente deve ser encaminhado para um centro especializado para melhor manejo e controle dos sintomas.

REFERÊNCIAS BIBLIOGRÁFICAS

1. Zarghami M, Khalilian A, Setareh J, Salehpour G. The impact of using cell phones after light-out on sleep quality, headache, tiredness, and distractibility among students of a university in North of Iran. Iran J Psychiatry Behav Sci. 2015;9:e2010.
2. Reid KJ, Abbott SM. Jet lag and shift work disorder. Sleep Med Clin. 2015;10:523-35.
3. Hirotsu C, Bittencourt L, Garbuio S, Andersen ML, Tufik S. Sleep complaints in the Brazilian population: impact of socioeconomic factors. Sleep Sci. 2014;7:135-42.
4. Dekker K, Benjamins JS, Van Straten A, Hofman WF, Van Someren EJ. Effectiveness of internet-supported cognitive behavioral and chronobiological interventions and effect moderation by insomnia subtype: study protocol of a randomized controlled trial. Trials. 2015;16:292.
5. Sahin L, Wood BM, Plitnick B, Figueiro MG. Daytime light exposure: effects on biomarkers, measures of alertness, and performance. Behav Brain Res. 2014;274:176-85.
6. Kozaki T, Miura N, Takahashi M, Yasukouchi A. Effect of reduced illumination on insomnia in office workers. J Occup Health. 2012;54:331-5.
7. MacFarlane J, Morin CM, Montplaisir J. Hypnotics in insomnia: the experience of zolpidem. Clin Ther. 2014;36:1676-701.
8. van Maanen A, Meijer AM, van der Heijden KB, Oort FJ. The effects of light therapy on sleep problems: a systematic review and meta-analysis. Sleep Med Rev. 2015;29:52-62.
9. Martin JS, Gaudreault MM, Perron M, Laberge L. Chronotype, light exposure, sleep, and daytime functioning in high school students attending morning or afternoon school shifts: an actigraphic study. J Biol Rhythms. 2016.
10. Pattinson CL, Allan AC, Staton SL, Thorpe KJ, Smith SS. Environmental light exposure is associated with increased body mass in children. PLoS One. 2016;11:e0143578.

Narcolepsia | 23

Renata Maria de Carvalho Cremaschi
Fernando Morgadinho Coelho

HISTÓRICO

A narcolepsia, que significa ataques de sono, foi inicialmente reconhecida em 14 casos vistos por Gelineau et al. em 1889. Nos anos que se seguiram, autores como Lowenfield, Kinner e Lhernitte descreveram a cataplexia, as alucinações hipnagógicas e a paralisia do sono, respectivamente.

Na segunda década do século passado, Von Economo morando em Viena no auge do surto da gripe espanhola relatou quadro de sonolência excessiva diurna (SED) em pacientes com lesão de hipotálamo durante a infecção. Em 1930, Daniels nomeou de tétrade de Gelineau a associação de SED, cataplexia, alucinações hipnagógicas e paralisia do sono.

Após estudos eletroencefalográficos realizados por Rechschaffen em 1967, a descrição das fases do sono e principalmente dos *rapid eyes moviments* (REM) ajudou muito a iniciar a entender a fisiopatologia da doença.

A narcolepsia foi também descrita em cães da raça Dobermann, em 1973, com um padrão de transmissão mendeliana autossômica recessiva. Na década de 1980, os japoneses demostraram maior prevalência do alelo HLA-DR em pacientes com narcolepsia. Em 1995, foi descrita a associação de pacientes caucasianos com narcolepsia e cataplexia com a presença do alelo HLA-DQB1*0602 em 95% dos casos.

Em 1998, foi caracterizado um neuropeptídio produzido no hipotálamo lateral com função reguladora do sono e do apetite denominado de hipocretina ou orexina. Alguns anos depois, foi evidenciada a diminuição dos níveis de hipocretina-1 em pacientes com narcolepsia e cataplexia, por desaparecimento de células produtoras localizadas no hipotálamo.

Em 2005, a II Classificação Internacional de Doenças do Sono (ICSD-2) reconheceu a fragmentação do sono como elemento relacionado com a narcolepsia. Em 2010, um aumento dos casos de narcolepsia com cataplexia foi relacionado com a vacinação contra o vírus H1N1 na Ásia e na Europa. Estudos confirmaram a associação com a vacina GSK com o coadjuvante AS03.

O fortalecimento da teoria imunológica se deu com a identificação de diferenças nos padrões no lócus do receptor de linfócito T (TCR) e com a presença de anticorpos específicos *tribbles homolog 2*, que foram descritos em pacientes com diagnóstico de narcolepsia na primeira década deste século.

Recentemente, foi descoberta a produção de anticorpos antirreceptores de hipocretina-2 em pacientes que desenvolveram a narcolepsia pós-vacinal.

INTRODUÇÃO

A narcolepsia caracteriza-se por SED, cataplexia, alucinações hipnagógicas, paralisia do sono e fragmentação do sono. Essa doença de fisiopatologia complexa é um distúrbio primário do sistema nervoso central (SNC), decorrente de interação genética, ambiental e imunológica. A prevalência é ao redor de 0,02% na população geral, sendo mais prevalente em orientais e em judeus.

Não há predominância de sexo, e o pico de incidência é na adolescência com um segundo pico após os 40 anos de idade em mulheres. A história familiar não é relevante, e há aumento expressivo de hipersonolência idiopática (HI) em familiares de pacientes com narcolepsia. Atualmente, os pacientes com narcolepsia são divididos segundo a Classificação Internacional dos Distúrbios do Sono (ICSD-3) em tipo I e narcolepsia tipo II.

A cataplexia, as alucinações hipnagógicas e a paralisia do sono estão relacionadas com o sono REM. Nos pacientes com narcolepsia e cataplexia, há maior prevalência do alelo HLA-DQB1*0602 e diminuição da concentração de um neuropeptídio responsável pela manutenção da vigília no SNC. Esse neuropeptídio é denominado de hipocretina, e estudos *post-mortem* em pacientes narcolépticos confirmam a perda das células produtoras de hipocretina localizadas no hipotálamo lateral desses pacientes.

Estudos para definir a complexa fisiopatologia da narcolepsia têm sido realizados. Padrões específicos no lócus do TCR alfa e a presença de anticorpos específicos *tribbles homolog 2* foram recentemente caracterizados em narcolépticos com cataplexia. No entanto, não há marcadores disponíveis para confirmar a narcolepsia sem cataplexia. A presença de distúrbios psiquiátricos, doenças clínicas, trabalho em turno, privação de sono e o uso de medicamentos tornam o diagnóstico de certeza muitas vezes difícil. Esse cenário pode trazer repercussões negativas para o paciente com narcolepsia nos aspectos pessoais, profissionais e até jurídicos. Este trabalho visa a rever e discutir os conhecimentos atuais sobre a narcolepsia, focando na prática clínica.

DIAGNÓSTICO

O diagnóstico da narcolepsia é estabelecido por critérios clínicos, eletrofisiológicos e nível de hipocretina-1 no líquido cefalorraquidiano.

O critério clínico depende da caracterização da SED associada a cataplexia, paralisia do sono, alucinações hipnagógicas ou hipnopômpicas, além de fragmentação do sono. Para quantificar a SED, utiliza-se a escala de sonolência de Epworth (ESE). Escores acima de 9 já caracterizam SED, e normalmente acima de 13 pode-se pensar em uma possível doença primária, como narcolepsia ou HI.

O diagnóstico eletrofisiológico pode ser feito pelo teste de múltiplas latências do sono (TMLS), que é o estudo de cinco cochilos diurnos por 20 minutos com intervalos de 2 horas entre cada um deles. Normalmente, o TMLS é precedido de uma polissonografia de noite inteira e o paciente deve estar livre do uso de estimulantes ou de drogas de ação central, como antidepressivos, por pelo menos 4 semanas. A polissonografia prévia deve ter o mínimo de 6 horas de sono, sem a presença de distúrbios do sono que levem à SED. A ICSD-3 define o critério para narcolepsia como: TMLS com média das latências menor ou igual a 8 minutos, além de dois ou mais episódios de sono REM nos cochilos, podendo ser somando um REM precoce na polissonografia que antecede o TMLS (menor do que 15 minutos). Em casos de incerteza diagnóstica, a repetição do TMLS pode ser uma boa opção. Outro trabalho demonstra uma interessante relação entre os sonos NREM e REM, que caracteriza episódio de sono REM precedido e seguido de NREM durante os cochilos na TMLS em pacientes com narcolepsia.

Atualmente, a presença do alelo HLA-DQB1*0602 não faz parte dos critérios diagnósticos para narcolepsia e é objetivo de pesquisa.

A dosagem de hipocretina-1 no líquido cefalorraquidiano deve ser realizada sempre que houver caso de dúvida clínica ou eletrofisiológica. A hipocretina-1 abaixo de 110 pg/mL ou a queda de um terço do valor de uma dosagem anterior (crianças e adolescentes iniciando a doença) são característicos de narcolepsia tipo I.

Os pacientes com narcolepsia tipo II possuem usualmente níveis de hipocretina-1 maiores do que 200 pg/mL.

FISIOPATOLOGIA

Genética

A presença do alelo HLA-DQB1*0602, variante do gene HLA-DQB1, na população de caucasianos norte-americanos com narcolepsia e cataplexia chega a 95%, porém o alelo HLA-DQB1*0602 não é maior do que 40% em pacientes sem cataplexia.[15] Por esse motivo, o alelo HLA-DQB1*0602 não é utilizado na prática clínica. Entretanto, na predição das diferenças individuais em condições de sono normais e em privação de sono, pode vir a se tornar um importante biomarcador.

Uma transmissão mendeliana autossômica recessiva foi provada em cães das raças Dobermann e Labradora. Em 1999, ausência de receptores de hipocretina-2 foi confirmada como peça-chave da fisiopatologia da narcolepsia nesses animais.

A narcolepsia humana não possui padrão de transmissão genética mendeliana.

Hipocretina (orexina)

A hipocretina, ou orexina, é um neuropeptídio produzido no hipotálamo lateral. A narcolepsia humana tipo I caracteriza-se por baixos níveis de hipocretina-1 após perda de células hipocretinérgicas no hipotálamo lateral. A hipocretina faz interface com todo o SNC e até com o gânglio da raiz dorsal com modulação na dor.

A hipocretina possui dois receptores reconhecidos denominados de 1 e 2, usando como segundo mensageiro o GMP cíclico e ação em cálcio e NMDA, respectivamente. A hipocretina exerce ação na modulação vigília-sono, no controle do apetite e na homeostase energética. Autores demonstram que a hipocretina possui variações sazonal e circadiana, estando mais aumentada nos momentos de atenção ou atividade física.

Estudo *post-mortem* de pacientes com narcolepsia e cataplexia demonstrou a destruição da pequena população celular no hipotálamo responsável pela produção de hipocretina-1 (cerca de 50.000 a 100.000 células). A diminuição ou ausência da hipocretina-1 favorece a volubilidade do ciclo sono-vigília com episódios de ataques de sono, alucinações, paralisia do sono, cataplexia e fragmentação do sono.

Hipóteses fisiopatológicas da narcolepsia

O mecanismo fisiopatológico da narcolepsia não é completamente conhecido, mas há proposição de algumas teorias.

A teoria degenerativa defende a morte celular prematura das células produtoras de hipocretina.

A teoria genética associa a narcolepsia à maior predisposição familiar de pacientes narcolépticos e ao início mais precoce dos sinais e dos sintomas da narcolepsia nas gerações subsequentes.

A teoria ambiental observa a interação do meio como agentes físico, químico ou biológico com a perda da população celular afetada. Tem sido descrita a associação entre a narcolepsia e o vírus H1N1 e a febre reumática.

Entretanto, o alelo HLA-DQB1*0602 mais presente em pacientes com narcolepsia e cataplexia com a diminuição da população de células hipocretinérgicas direciona para um mecanismo imunológico. A melhora clínica com o uso de imunoglobulina e prednisona fortalece essa hipótese.

A associação entre a narcolepsia e o lócus do TCR alfa e a diminuição da concentração de CD40 ligante solúvel (CD40L) em pacientes com narcolepsia são fortes indícios do mecanismo autoimune.

A teoria imunológica explicaria a perda celular no hipotálamo lateral em pacientes com narcolepsia por autoagressão em virtude de um desbalanço do complexo imune formado por TCR, HLA e CD40L.

Além disso, pacientes com narcolepsia com cataplexia possuem mais anticorpos específicos *tribbles homolog 2*, que, embora estejam presentes em todos os pacientes com narcolepsia, estão mais prevalentes na fase inicial da doença.

TRATAMENTO

O tratamento da narcolepsia deve ser escolhido de maneira individual e estar norteado por normas recomendadas em diretrizes modernas na medicina do sono. O acompanhamento regular desses pacientes, em centros especializados, garante o melhor resultado com interação da equipe multiprofissional especializada. Maior risco de acidentes deve ser sempre destacado, e situações de risco potencial devem ser evitadas, mesmo em uso de medicamentos.

A identificação e o diagnóstico precoces proporcionam melhor desempenho social e intelectual aos pacientes. A integração social e familiar de pacientes com narcolepsia deve ser garantida com atenção especial à depressão e à ansiedade. O suporte e a educação continuada com informações direcionadas para pacientes e seus familiares são fundamentais.

Os pacientes devem ter boa higiene do sono com horários regulares para dormir, evitando o consumo de bebidas alcoólicas ou outras substâncias estimulantes. Além disso, os cochilos programados de cerca de 20 minutos e os exercícios regulares melhoram as queixas de sonolência diurna.

O tratamento tem por objetivo controlar a sonolência excessiva e os ataques de cataplexia.

A sonolência excessiva tem sido tratada com estimulantes típicos, como o metilfenidato, desde a década de 1960. Entretanto, mais recentemente, um estimulante atípico conhecido como modafinila despontou como importante medicamento para o tratamento da narcolepsia. A modafinila melhora a vigília nas doses de 100 a 400 mg em adultos, porém não possui nenhum efeito no controle da cataplexia.

Nova possibilidade terapêutica ainda não disponível no Brasil, denominada pitolisante, que possui ação em receptores de histamina, é uma interessante possibilidade futura para o tratamento das queixas de sonolência. Recentemente, um novo estimulante típico denominado lisdexamfetamina surgiu no mercado para tratamento de déficit de atenção. Embora alguns profissionais venham usando este estimulante para tratamento de narcolepsia, mais estudos devem ser realizados para garantir a eficácia e a segurança dessa droga.

A cataplexia pode ser tratada com antidepressivos tricíclicos e de outras classes como o citalopram, a fluoxetina e a venlafaxina. Um outro fármaco que também tem sido usado com sucesso no controle da cataplexia é o oxibato de sódio ou ácido hidroxibutírico, que infelizmente não é disponível no Brasil. Estudos recentes demonstram o benefício do uso de baclofeno na prevenção dos ataques de cataplexia, bem como doses baixas de L-carnitina, que também trazem benefício no controle da doença.

Autores têm demonstrado melhora parcial dos sintomas após tratamento com imunoglobulina no início dos sintomas. Outros autores evidenciaram melhora sintomática após o uso de prednisona. Entretanto, esses tratamentos são experimentais e estão em fase de investigação.

CONSIDERAÇÕES FINAIS

A narcolepsia é uma doença cuja investigação integra várias áreas do conhecimento como a neurologia, a imunologia, a medicina do sono, a psiquiatria e a genética. O diagnóstico da narcolepsia demora em média mais de 10 anos após o início dos sintomas. Ainda não existem marcadores suficientemente sensíveis para identificar a narcolepsia ou outras causas de sonolência diurna. Especialmente para os pacientes com doenças psiquiátricas ou com uso de medicações que afetam o sono, o diagnóstico torna-se um desafio.

A narcolepsia inicia-se na adolescência. Infelizmente, não são realizadas ações sobre o mecanismo da doença e sim sobre os seus sintomas. Os pacientes com narcolepsia têm prejuízos pessoal, profissional e familiar. Embora muitos avanços tenham sido feitos sobre essa interessante doença, a melhor ferramenta ainda é a informação para os colegas médicos e para a população em geral.

REFERÊNCIAS BIBLIOGRÁFICAS

1. Aloe F, Alves RC, Araujo JF, Azevedo A, Bacelar A, Bezerra M, et al. Brazilian guidelines for the treatment of narcolepsy. Rev Bras Psiquiatr. 2010;32:305-14.

2. Arnulf I, Mignot E. Sodium oxybate for excessive daytime sleepiness in narcolepsy-cataplexy. Sleep. 2004;27:1242-3.
3. Billiard M. Diagnosis of narcolepsy and idiopathic hypersomnia. An update based on the International classification of sleep disorders, 2nd edition. Sleep Med Rev. 2007;11:377-88.
4. Billiard M, Bassetti C, Dauvilliers Y, Dolenc-Groselj L, Lammers GJ, Mayer G, et al. EFNS guidelines on management of narcolepsy. Eur J Neurol. 2006;13:1035-48.
5. Broughton R, Valley V, Aguirre M, Roberts J, Suwalski W, Dunham W. Excessive daytime sleepiness and the pathophysiology of narcolepsy-cataplexy: a laboratory perspective. Sleep. 1986;9:205-15.
6. Coelho FM, Georgsson H, Murray JM. Benefit of repeat multiple latency testing in confirming a possible narcolepsy diagnosis. J Clin Neurophysiol. 2011;28(4):412-4.
7. Coelho FM, Pradella-Hallinan M, Alves GR, Bittencourt LR, Tufik S. Report of two narcoleptic patients with remission of hypersomnolence following use of prednisone. Arq Neuropsiquiatr. 2007;65:336-7.
8. Coelho FM, Pradella-Hallinan M, Pedrazzoli M, Soares CAS, Fernandes GBP, Gonçalves AL, et al. Traditional biomarkers in narcolepsy: experience of a Brazilian sleep centre. Arq Neuropsiquiatr. 2010;68:712-5.
9. Coelho FM, Pradella-Hallinan M. Pedrazzoli M, Soares CAS, Fernandes GBP, Murray BJ, et al. Low CD40L levels and relative lymphopenia in narcoleptic patients. Hum Immunol. 2011;72(10):817-20.
10. Coelho FM, Pradella-Hallinan M, Predazzoli Neto M, Bittencourt LR, Tufik S. Prevalence of the HLA-DQB1*0602 allele in narcolepsy and idiopathic hypersomnia patients seen at a sleep disorders outpatient unit in Sao Paulo. Rev Bras Psiquiatr. 2009;31:10-4.
11. Dauvilliers Y. Neurodegenerative, autoimmune and genetic processes of human and animal narcolepsy. Rev Neurol (Paris). 2003;159:6S83-7.
12. Dauvilliers Y, Montplaisir J, Cochen V, Desautels A, Einen M, Lin L, et al. Post-H1N1 narcolepsy-cataplexy. Sleep. 2010;33:1428-30.
13. Dean RR, Kilduff TS, Dement WC, Grumet FC. Narcolepsy without unique MHC class II antigen association: studies in the canine model. Hum Immunol. 1989;25:27-35.
14. Goel N, Banks S, Mignot E, Dinges DF. DQB1*0602 predicts interindividual differences in physiological sleep, sleepiness, and fatigue. Neurology. 2010;75:1509-19.
15. Hallmayer J, Faraco J, Lin L, Hesselson S, Winkelmann J, Kawashima M, et al. Narcolepsy is strongly associated with the T-cell receptor alpha locus. Nat Genet. 2009;41:708-11.
16. Kawashima M, Lin L, Tanaka S, Jennum P, Knudsen S, Nevsimalova S, et al. Anti-Tribbles homolog 2 (TRIB2) autoantibodies in narcolepsy are associated with recent onset of cataplexy. Sleep. 2010;33:869-74.
17. Knudsen S, Mikkelsen JD, Bang B, Gammeltoft S, Jennum PJ. Intravenous immunoglobulin treatment and screening for hypocretin neuron-specific autoantibodies in recent onset childhood narcolepsy with cataplexy. Neuropediatrics. 2010;41:217-22.
18. Lim AS, Scammell TE. The trouble with Tribbles: do antibodies against TRIB2 cause narcolepsy? Sleep. 2010;33:857-8.
19. Lin L, Faraco J, Li R, Kadotani H, Rogers W, Lin X, et al. The sleep disorder canine narcolepsy is caused by a mutation in the hypocretin (orexin) receptor 2 gene. Cell. 1999;98:365-76.
20. Littner MR, Kushida C, Wise M, Davila DG, Morgenthaler T, Lee-Chiong T, et al.; Standards of Practice Committee of the American Academy of Sleep Medicine. Practice parameters for clinical use of the multiple sleep latency test and the maintenance of wakefulness test. Sleep. 2005;28:113-21.

21. Marti I, Valko PO, Khatami R, Bassetti CL, Baumann CR. Multiple sleep latency measures in narcolepsy and behaviourally induced insufficient sleep syndrome. Sleep Med. 2009;10:1146-50.
22. Medicine AAoS. International Classification of Sleep Disorders ICSD 3. Chicago; 2014.
23. Mignot E. A commentary on the neurobiology of the hypocretin/orexin system. Neuropsychopharmacology. 2001;25:S5-13.
24. Mignot E, Lin L, Rogers W, Honda Y, Qiu X, Lin X, et al. Complex HLA-DR and -DQ interactions confer risk of narcolepsy-cataplexy in three ethnic groups. Am J Hum Genet. 2001;68:686-99.
25. Mignot E, Thorsby E. Narcolepsy and the HLA system. N Engl J Med. 2001;344:692.
26. Nevsimalová S, Vanková J, Sonka K, Faraco J, Rogers W, Overeem S, et al. Hypocretin (orexin) deficiency in narcolepsy-cataplexy. Sb Lek. 2000;101:381-6.
27. Nishino S. Narcolepsy: pathophysiology and pharmacology. J Clin Psychiatry. 2007;68 Suppl 13:9-15.
28. Peyron C, Faraco J, Rogers W, Ripley B, Overeem S, Charnay Y, et al. A mutation in a case of early onset narcolepsy and a generalized absence of hypocretin peptides in human narcoleptic brains. Nat Med. 2000;6:991-7.
29. Rechtschaffen A, Dement W. Studies on the relation of narcolepsy, cataplexy, and sleep with low voltage random EEG activity. Res Publ Assoc Res Nerv Ment Dis. 1967;45:488-505.
30. Sutcliffe JG, de Lecea L. Novel neurotransmitters for sleep and energy homeostasis. Results Probl Cell Differ. 1999;26:239-55.
31. Thannickal TC, Moore RY, Nienhuis R, Ramanathan L, Gulyani S, Aldrich M, et al. Reduced number of hypocretin neurons in human narcolepsy. Neuron. 2000;27:469-74.
32. Toyoda H, Tanaka S, Miyagawa T, Honda Y, Tokunaga K, Honda M. Anti-tribbles homolog 2 autoantibodies in Japanese patients with narcolepsy. Sleep. 2010;33:875-8.

Parassonias do sono não REM e do sono REM | 24

Gustavo Antonio Moreira
Cristiane Fumo dos Santos

INTRODUÇÃO

As parassonias são fenômenos verbais ou motores que surgem do sono ou na transição vigília-sono. Elas podem incluir movimentos ou comportamentos anormais, fenômenos sensórios, sonhos e atividade automática e são consideradas distúrbios, pois podem ocasionar lesões físicas, fragmentação do sono, efeitos psicossociais indesejáveis e prejuízo à saúde. A consciência humana é composta por três estados essenciais: vigília, sono REM e sono não REM (NREM). Nas transições sono-vigília, que ocorrem normalmente nas 24 horas, há variações do estado de consciência e dos padrões de sono. Quando há alguma ruptura da transição entre esses estados de consciência, podem advir as parassonias.

A Tabela 1 mostra a divisão da parassonias segundo a 3ª edição da Classificação Internacional dos Distúrbios do Sono (CIDS-3):[1] 1) parassonias do sono NREM (distúrbios do despertar, sonambulismo, despertar confusional, terror noturno e distúrbio alimentar associado ao sono); 2) parassonias do sono REM (distúrbio dos pesadelos, transtorno comportamental do sono REM, paralisia do sono recorrente isolada); 3) outras parassonias (enuresis associada ao sono, síndrome da explosão de cabeça, alucinação associada ao sono, decorrente de doença médica ou do uso de medicação/substância); 4) sintomas isolados (sonilóquio). As características clínicas, o exame físico e os achados polissonográficos são essenciais para o diagnóstico diferencial das parassonias.[2]

PARASSONIAS DO SONO NÃO REM

Definições

Constituem as parassonias do sono NREM o sonambulismo, o despertar confusional e o terror noturno, que são distúrbios do despertar. Elas são caracteri-

Tabela 1   Classificação das parassonias

Sono NREM	Sono REM	Outras
Sonambulismo	Distúrbio dos pesadelos	Enurese
Despertar confusional	Distúrbio comportamental do sono REM	Alucinações
Terror noturno	Paralisia do sono isolada recorrente	Síndrome da explosão de cabeça
Distúrbio alimentar do sono		Decorrente de doença médica

zadas por despertar incompleto do sono NREM, similaridade familiar/genética, precipitação por privação do sono e doenças ou estressores sociais. Ainda entre as parassonias do NREM existem as alterações alimentares associadas ao sono.[3]

Distúrbios do despertar

O despertar confusional se manifesta, comumente, entre 2 e 5 anos de idade. O paciente fica restrito à cama, observando o ambiente de maneira confusa. Muitas vezes, precede o aparecimento do sonambulismo ou pode coexistir com ele.

O sonambulismo manifesta-se geralmente entre 6 e 16 anos de idade. Em geral, começa como um despertar confusional, mas pode se iniciar com o paciente levantando-se da cama já no início do episódio. O paciente pode apresentar movimento simples (p. ex., balançar os braços) ou complexo (p. ex., abrir o armário ou arrumar a mochila). Após o episódio, o paciente pode acordar ou retornar para a cama e continuar a dormir. É comum a pessoa se locomover sem dificuldades em ambientes conhecidos.

O terror noturno geralmente se manifesta entre 4 e 12 anos de idade. A criança chora e/ou grita e apresenta sintomas autonômicos (p. ex., taquicardia, taquipneia, rubor e sudorese) e medo intenso. Na maioria dos casos, não ocorre deambulação.

Em todos os casos de despertar confusional, o paciente não responde adequadamente aos estímulos, dificilmente é acordado e, quando o é, mostra-se confuso, sem se lembrar do que ocorreu. Fatores que causam a privação do sono (p. ex., má higiene de sono, viagem, febre ou outras doenças) são precipitantes, bem como estar em situação de estresse e dormir em locais diferentes do habitual. Quadros típicos de distúrbios do despertar manifestam-se no primeiro terço da noite, ocorrem em geral menos de três vezes por noite, duram vários minutos, podem apresentar vocalização complexa (conversar) e têm apresentações diferentes a cada dia. A presença de quadros atípicos leva à suspeita de epilepsia.[3,4]

Tabela 2 Aspectos essenciais para diferenciar as parassonias do sono NREM das parassonias do sono REM

	Despertar confusional	Terror noturno	Sonambulismo	Pesadelos	DCREM
Horário da noite	Início	Início	Início	Fim	Fim
Estágio do sono	NREM	NREM	NREM	REM	REM
Grito		+++++		++	+
Ativação autonômica	+	++++	+	+	+
Atividade motora		+	+++	+	++++
Acorda				+	+
Duração (em minutos)	0,5-10	1-10	2-30	3-20	1-10
Confusão após o evento	+	+	+		
Idade	Criança	Criança	Criança	Criança/adulto	Adulto
Genética	+	+	+		
Lesão orgânica do SNC					+

DCREM: distúrbio comportamental do sono REM; SNC: sistema nervoso central.

As alterações alimentares associadas ao sono são episódios recorrentes de comer disfuncional, durante o período de sono, com a ingestão de formas peculiares (p. ex., carne crua), combinações estranhas (p. ex., batata com sorvete) ou de substâncias tóxicas (p. ex., esmaltes). São comuns as lesões relacionadas à procura de comida e as consequências adversas à saúde decorrentes do hábito de alimentação noturna (p. ex., ingestão de amendoim por alérgicos, hiperglicemia por ingestão de açúcar em diabéticos ou ganho excessivo de peso). Durante o episódio, há perda total ou parcial da consciência. É comum se apresentar como a ação de um sonho, e os alimentos altamente calóricos são os preferidos. O álcool dificilmente é consumido. Os episódios podem ocorrer em qualquer parte dos ciclos de sono. Embora seja mais comum a apresentação na terceira década de vida, pode se iniciar na infância. Comportamento alimentar alterado durante o dia e história de parassonias na infância são comuns.[1]

PARASSONIAS DO SONO REM

Definições

As parassonias do sono REM são menos comuns em crianças e adolescentes. Na CIDS-3,[1] elas são descritas como (1) distúrbio dos pesadelos, (2) distúrbio comportamental do sono REM e (3) paralisia do sono recorrente isolada.

Os distúrbios dos pesadelos são caracterizados por sonhos vívidos e prolongados, que progressivamente se tornam mais complexos e amedrontadores, terminando com um despertar e lembrança detalhada do conteúdo do sonho. Os episódios são mais frequentes na síndrome pós-traumática, no período que antecede procedimentos médicos e em casos de estresse psicológico ocasionado por catástrofes. Os pesadelos podem ser induzidos por betabloqueadores, L-dopa e inibidores da acetilcolinesterase ou por suspensão abrupta de medicações que suprimem o sono REM (p. ex., antidepressivos tricíclicos ou inibidores da recaptação da serotonina). O diagnóstico é iminentemente clínico e não necessita de exames subsidiários. No manejo de pacientes com distúrbio de pesadelos, é preciso oferecer orientação, assegurar que não existe doença grave e prover suporte psicológico a eles. Quando existe um agente (medicação) que provocou o evento, procura-se modificar horário e doses das medicações. Em situações graves e não responsivas, podem-se administrar medicações que suprimam o sono REM. Evidências na literatura sugerem que os melhores tratamentos para o distúrbio dos pesadelos são terapia de ensaio imaginário, dessensibilização sistemática e treino intenso de relaxamento muscular progressivo.

A paralisia recorrente isolada é a incapacidade de se mexer ao acordar e corresponde à falta de função motora no início do sono ou ao acordar. Relata-se o despertar amedrontador, em que se vivencia paralisia dos músculos esqueléticos, com exceção dos músculos oculares e respiratórios, mas com consciência intacta. Os episódios duram minutos e melhoram espontaneamente ou com estímulo externo. Frequentemente, ocorrem também alucinações visuais, sonoras e táteis, como dispneia, sensação de presença de um estranho no quarto, visão de sombras, ruído de passos ou sensação de toque na pele. Os episódios podem ser precipitados por privação de sono ou distúrbios do ritmo circadiano. Acredita-se que exista uma disfunção do mecanismo de controle da atonia do sono REM. O tratamento da paralisia recorrente isolada inclui assegurar ao paciente que se trata de um distúrbio benigno e evitar privação do sono, com a instituição de hábitos regulares para início e término do sono. Nos casos graves não responsivos, podem ser utilizados ansiolíticos ou antidepressivos.

O distúrbio comportamental do sono REM é caracterizado por episódios repetitivos de vocalização e/ou comportamentos complexos durante o sono REM que podem levar a lesão física ou fragmentação do sono. A presença do evento durante o sono REM pode ser documentada por polissonografia ou história clínica de encenação do conteúdo do sonho. O evento geralmente acontece na segunda metade da noite. O registro polissonográfico mostra ausência de atonia muscular durante o sono REM. Ao acordar, a pessoa está alerta, orientada e faz relato coerente da história do sonho. As ações relatadas no sonho correspondem aos comportamentos observados. As ações mais comumente relatadas são falar, discursar, dar risadas ou gargalhadas, cantarolar, assoviar, gritar, praguejar, xingar, chorar, mascar, gesticular, agarrar, bater palmas, bater, esmurrar, chutar, sentar, pular da cama, engatinhar e/ou dançar. Andar e sair do quarto são atitudes raras, e, em geral, a pessoa está de olhos fechados. Raramente, podem ocorrer situações de masturbação, movimentos do quadril ou encenações de fumar um cigarro fictício, beber, alimentar-se, urinar ou defecar. Com o passar do tempo, o conteúdo do sonho pode se tornar mais violento, complexo e desagradável. A fisiopatologia está associada à disfunção do núcleo pedunculopontino, responsável pela atonia do sono REM e por outras estruturas do tronco encefálico.[2,3]

Dados epidemiológicos

As parassonias do sono NREM são mais frequentes em crianças do que em adultos. A prevalência do despertar confusional é de 17,3% em crianças de 3 a 13 anos e de 8,9% em adolescentes e adultos de 15 a 24 anos. O terror noturno é descrito em 6,5% em crianças e em 2% dos adultos. O sonambulismo é encontrado em 17% das crianças e em 3% dos adultos. Cerca de 80% dos pacientes com sonambulismo têm um parente acometido. É descrita a associação positiva com o subtipo HLA-DQB1*05.

Os pesadelos ocorrem em 10 a 50% das crianças, e a prevalência de pesadelos frequentes, de pelos menos 1 vez por semana, é de 5,1%. A paralisia recorrente e isolada, em pelo menos um episódio, ocorre em 40 a 50% dos indivíduos normais. A estimativa do distúrbio comportamental do sono REM é de 0,5% da população e geralmente é mais frequente em homens de idade avançada e com doenças degenerativas do sistema nervoso central (sinenucleinopatias). O distúrbio comportamental do sono REM já foi descrito em crianças e adolescentes com narcolepsia e tumores cerebrais.[3]

CONSIDERAÇÕES FINAIS

Parassonias são eventos frequentes, principalmente na faixa etária pediátrica. Boa higiene do sono e segurança no local de sono são fundamentais para o manejo dos casos. Em casos atípicos, a hipótese de epilepsia deve ser considerada. Caso os episódios de parassonia do sono NREM sejam frequentes e apresentem repercussão diurna, o uso de benzodiazepínicos (clonazepan) ou L-5-hidroxitriptofano está indicado por curto período de tempo.

REFERÊNCIAS BIBLIOGRÁFICAS

1. American Academy of Sleep Medicine. International classification of sleep disorders. 3. ed. Darien: American Academy of Sleep Medicine; 2014.
2. Hopkins B, Glaze D. Disorders of arousal in children. Pediatr Ann. 2008;37(7):481-7.
3. Malhotra RK, Avidan AY. Parasomnias and their mimics. Neurol Clin. 2012;30(4):1067-94.
4. Derry CP, Davey M, Johns M, Kron K, Glencross D, Marini C, et al. Distinguishing sleep disorders from seizures: diagnosing bumps in the night. Arch Neurol. 2006;63(5):705-9.
5. Guilleminault C, Palombini L, Pelayo R, Chervin RD. Sleepwalking and sleep terrors in prepubertal children: what triggers them? Pediatrics. 2003;111(1):e17-25.

Bruxismo do sono | 25

Cibele Dal Fabbro
Milton Maluly Filho

INTRODUÇÃO, CLASSIFICAÇÃO E EPIDEMIOLOGIA

Segundo a Academia Americana de Medicina do Sono (Classificação Internacional dos Distúrbios do Sono, 3ª edição [CIDS-3]), o bruxismo do sono (BS) é classificado como um distúrbio de movimento e é definido como uma atividade repetitiva dos músculos da mastigação, caracterizado por apertar ou ranger os dentes e/ou segurar ou empurrar a mandíbula, que pode ocorrer com ou sem contato dentário.[1] Essa atividade repetitiva dos músculos da mastigação (ARMM) é monitorada pela eletromiografia dos músculos masseter e temporal, durante o exame do sono, e ocorre, por um lado, em cerca de 60% das pessoas que não têm histórico de bruxismo do sono. Por outro lado, nos pacientes com bruxismo do sono, observa-se maior frequência da ARMM, bem como maior quantidade de surtos por episódios e episódios com maior amplitude.[2]

Um consenso internacional classificou o bruxismo em bruxismo da vigília (BV) e bruxismo do sono (BS).[3] Quanto à etiologia, ele pode ser primário (idiopático) ou secundário a doenças neurológicas (p. ex., doença de Parkinson), psiquiátricas (p. ex., depressão, esquizofrenia), distúrbios do sono (movimentos periódicos de pernas, distúrbios respiratórios) ou decorrente de medicações ou drogas. Consumidores de bebidas alcoólicas, cafeína e fumantes apresentaram maior risco de BS, com uma razão de chance de 1,8, 1,4 e 1,3, respectivamente.[4]

Estudos epidemiológicos abordam o BS por questionários, entrevistas e exame clínico, em sua maioria sem polissonografia, e relatam prevalência mais alta na infância, ocorrendo em cerca de 14% das crianças, mas reduz com a idade, atingindo cerca de 8% dos adultos e 3% das pessoas acima de 65 anos de idade.[4] Estudo realizado por nossa equipe encontrou prevalência de 12,5% com questionário em 1.042 voluntários adultos da cidade de São Paulo e 5,5% quando se associou o questionário ao exame de polissonografia.[5]

ETIOLOGIA

Sua etiologia é multifatorial, e muitas teorias etiológicas têm sido propostas ao longo dos anos (Tabela 1). Por ser a etiopatogenia do BS extremamente controversa e ainda não bem definida, ressaltam-se, aqui, os indicadores de risco com maior evidência científica.[6]

Pesquisas têm mostrado que a etiopatogenia do BS está mais associada a fatores relacionados ao sistema nervoso central (SNC).[7] A inervação motora dos músculos da mastigação provém do núcleo motor no nervo trigêmeo. Embora o córtex apresente um papel importante na atividade oral motora, o tronco encefálico tem por encargo a manutenção da homesostase e o controle das funções subconscientes do corpo. Na formação reticular, no interior do tronco encefálico, existe um conjunto de neurônios que controla as atividades

Tabela 1 Indicadores de risco do bruxismo do sono descritos na literatura e evidências científicas atuais

Indicador de risco	Evidência
Morfológica	
Anatomia do esqueleto orofacial	Ausente
Morfologia da oclusão dental e articulação	Ausente
Psicossocial	
Ansiedade/estresse	Crescendo
Personalidade (p. ex., competitividade)	Crescendo
Fisiológico e biológico	
Injúria traumática	Presente
Genética (hereditariedade)	Crescendo
Despertar durante o sono	Presente
Distúrbios respiratórios durante o sono	Presente
Neuroquímicos (p. ex., catecolaminas)	Presente
Fatores exógenos	
Medicações (p. ex., inibidores da recaptação da serotonina)	Presente
Drogas ilícitas (p. ex., ecstasy)	Presente
Álcool, cafeína e nicotina	Presente

Fonte: adaptada de Lobbezoo et al., 2006.[6]

rítmicas dos músculos, como respirar, caminhar e mastigar, conhecido como centro gerador de padrões (CGP). Nakamura e Katakura (1995) propuseram que impulsos oriundos de fibras nervosas corticonucleares estimulam neurônios da formação reticular, que por intermédio de interneurônios ativam os motoneurônios do núcleo motor do nervo trigêmeo, produzindo os movimentos mandibulares.[8] Entretanto, a formação reticular, com influência de outras estruturas do SNC, pode criar atividade adicional do músculo, não relacionada com a realização de uma tarefa específica. Essas atividades podem ter efeitos dramáticos na função do sistema mastigatório.

Por muito tempo, acreditou-se que fatores periféricos, como a oclusão dentária, seriam os principais fatores etiológicos do BS. Esse conceito foi popularizado pelo clássico estudo de Ramfjord, em 1961, que concluiu que correções oclusais diminuíam ou eliminavam essa atividade motora durante o sono.[9] Entretanto, estudos mais recentes mostram que os fatores oclusais não possuem esse papel. Estudo de 2012, com um modelo de regressão logística múltipla, não verificou diferenças oclusais entre bruxistas e não bruxistas, conceito mais recentemente aceito, de modo que os fatores oclusais não constituem causas primárias do BS.[10]

Embora controverso, outro indicador de risco que parece influenciar a atividade do bruxismo é o psicossocial (p. ex., estresse, depressão, ansiedade e competitividade). Em um estudo epidemiológico realizado em 2001 com 13.057 entrevistas por telefone, com indivíduos da Alemanha, da Itália e do Reino Unido, concluiu-se que uma vida altamente estressante é um significante indicador de risco para o BS.[4] Outro estudo avaliou 100 indivíduos diagnosticados com BS, por meio de um aparelho portátil de eletromiografia, por um período de 15 dias, e concluiu que apenas oito deles apresentaram correlação positiva entre estresse e atividade eletromiográfica do músculo masseter.[11] Um estudo realizado por nossa equipe mostrou que existe uma correlação positiva moderada entre a frequência de eventos de BS e uma escala de ansiedade em um indivíduo com bruxismo acentuado acompanhado por 30 dias e 30 noites de polissonografia.[12] Talvez os fatores psicossociais estejam mais relacionados aos hábitos parafuncionais em vigília, como o BV. Essa hipótese foi confirmada em um estudo publicado em 2009, no qual se observou maior associação dos indicadores psicossociais com o bruxismo da vigília do que com o que ocorre durante o sono.[13]

Atualmente, o BS secundário ao despertar é a hipótese etiológica com maior evidência científica. A alta frequência da ARMM está associada a eventos fisiológicos relacionados ao despertar. A ARMM é a atividade motora orofacial mais frequente em indivíduos com BS e pode vir acompanhada de ranger dos dentes (com ou sem ruído), ocorre mais no sono superficial e é comumente associada com alterações polissonográficas relacionadas ao despertar (Figura 1).[7]

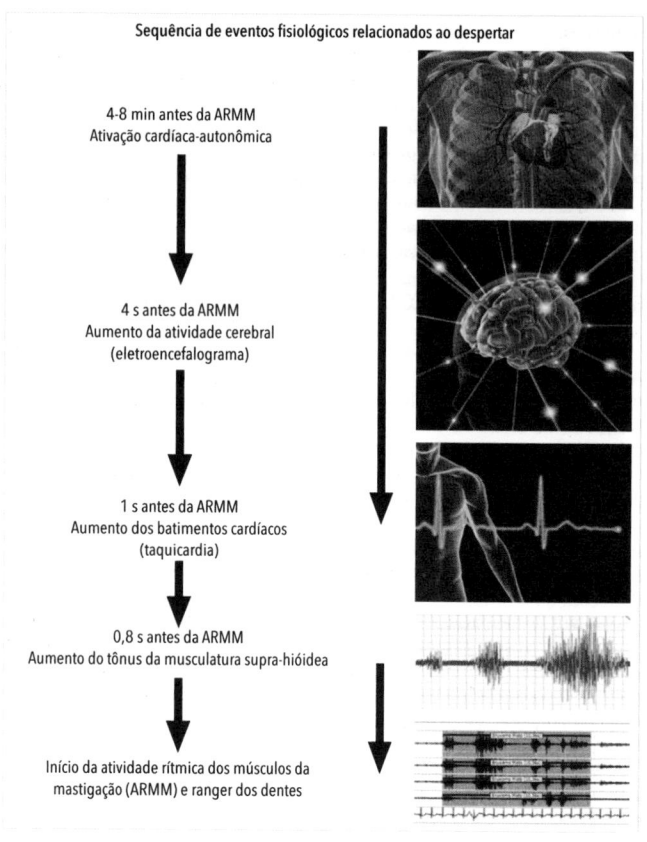

Sequência de eventos fisiológicos relacionados ao despertar

4-8 min antes da ARMM
Ativação cardíaca-autonômica

↓

4 s antes da ARMM
Aumento da atividade cerebral
(eletroencefalograma)

↓

1 s antes da ARMM
Aumento dos batimentos cardíacos
(taquicardia)

↓

0,8 s antes da ARMM
Aumento do tônus da musculatura supra-hióidea

↓

Início da atividade rítmica dos músculos da
mastigação (ARMM) e ranger dos dentes

Figura 1 Fluxograma dos eventos fisiológicos do bruxismo do sono. (Adaptada de Lavigne et al., 2007[7].) ARMM: atividade repetitiva dos músculos da mastigação.

Recente evidência na fisiopatologia do BS suporta a hipótese de que a frequência dos episódios de ARMM é modulada pelo padrão alternante cíclico (CAP). O CAP é observado no eletroencefalograma no sono não REM (*rapid eye movement*) e identifica períodos de estabilidade (fase B) e instabilidade do sono (fase A). Mais de 80% dos episódios de BS estão associados com a fase A do CAP. Segundo Carra et al., em 2011, o despertar do sono e a fase A do padrão alternante cíclico constituem uma janela permissiva que facilita o aparecimento da ARMM.[14]

Encontram-se, na literatura, estudos que suportem a hipótese de que a ARMM pode ser uma atividade motora que auxilia no restabelecimento da patência da via aérea após um evento respiratório obstrutivo durante o sono.[15] Uma hipótese alternativa considera que a ARMM é necessária para lubrificar os tecidos orofaríngeos durante o sono, período no qual o fluxo salivar e a quantidade de deglutição estão normalmente reduzidos.[16]

CRITÉRIOS DE DIAGNÓSTICO CLÍNICO E POLISSONOGRÁFICO

Inicialmente, a avaliação é baseada nos relatos de sons de ranger de dentes durante o sono e na presença de sinais e sintomas clínicos, como desgaste anormal dos dentes, hipertrofia dos músculos da mastigação, desconforto e/ou dor temporomandibular e cefaleia.[1] Entretanto, apenas a eletromiografia dos músculos da mastigação pode confirmar o diagnóstico do BS. É importante ressaltar que bruxismo não é sinônimo de disfunção temporomandibular, já que alguns pacientes apresentam dor como consequência do BS ou BV, enquanto outros apenas desgaste dental ou, ainda, cefaleia. Além disso, a presença unicamente do desgaste dental não indica bruxismo atual, podendo o hábito ser do presente ou do passado. Aparelhos portáteis têm sido desenvolvidos para monitorar a atividade dos músculos masseter e temporal durante o sono, mas eles necessitam de validação e a sua utilização pode ser considerada apenas para suporte na avaliação clínica do BS.[17] De fato, o diagnóstico do BS é geralmente clínico (Tabela 2),[1] entretanto o padrão-ouro é a polissonografia completa de noite inteira associada com monitoramento audiovisual, embora exista moderada variabilidade da frequência de eventos.[12] Os critérios polissonográficos foram recentemente revisados e estão descritos na Tabela 3.[18]

Recentemente, um sistema de classificação para diagnóstico de BS e BV foi elaborado, em 2013, por Lobbezoo et al., com mostra a Tabela 4.[3]

TRATAMENTOS DISPONÍVEIS

É importante ressaltar que não há uma única terapia no tratamento, muito menos a cura do BS. Os tratamentos disponíveis abordam o manejo e a prevenção dos potenciais danos do BS causados no sistema estomatognático. O BS pode ser tratado por estratégias comportamentais, que incluem evitar fatores de risco (cigarro, álcool, cafeína e consumo de drogas), educação do paciente (con-

Tabela 2   Critérios de diagnóstico clínico do bruxismo do sono baseados na ICSD-III[1]

Critério A associado ao critério B

A. Presença regular ou frequente de sons de ranger de dentes durante o sono

B. Presença de um ou mais dos seguintes sinais ou sintomas clínicos:
1. Desgaste anormal dos dentes consistente com o relato de ranger de dentes durante o sono
2. Dor ou fadiga transitória pela manhã na musculatura mastigatória; e/ou dor de cabeça temporal; e/ou dificuldade de abrir a boca ao amanhecer consistente com o relato de ranger de dentes durante o sono

Nota: embora a polissonografia não seja necessária para o diagnóstico do BS, como descrito na mais recente versão do Manual de estagiamento do sono e eventos associados da AASM, idealmente recomenda-se o monitoramento da atividade muscular do masseter, associado com áudio e vídeo, para aumentar a confiabilidade do diagnóstico.
AASM: American Association of Sleep Medicine; BS: bruxismo do sono; ICSD-III: Classificação Internacional de Distúrbios do Sono, 3.ed.

Tabela 3   Critérios polissonográficos do bruxismo do sono[18]

Estagiamento do bruxismo do sono

1. Critérios polissonográficos
   a. Os episódios de bruxismo consistem em elevações breves (fásicas), mantidas (tônicas) na atividade eletromiográfica do mento, com pelo menos duas vezes a amplitude do EMG basal
   b. Os episódios fásicos se caracterizam por apresentarem pelo menos 3 surtos de 0,25 a 2 segundos de duração cada, com a condição de que pelo menos três dessas elevações ocorram numa sequência regular
   c. Os episódios tônicos apresentam surtos com durações maiores que 2 segundos
   d. Um intervalo de pelo menos 3 segundos de atividade basal estável entre os episódios deve ocorrer antes de se registrar um novo evento
   e. O bruxismo é confiavelmente registrado por áudio em combinação com a polissonografia. Recomenda-se a presença de pelo menos dois ruídos audíveis de ranger de dentes na ausência de epilepsia

Nota 1: durante o sono, contrações da musculatura mastigatória ocorrem frequentemente e de duas formas: a) mantidas (tônicas), durante o apertamento ou b) uma série de breves contrações repetidas (fásicas), denominadas de ARMM, durante o ranger.
Nota 2: alterações eletromiográficas no músculo masseter são muito mais características e proeminentes do que as alterações eletromiográficas do músculo mentoniano.
ARMM: atividade rítmica dos músculos da mastigação; EMG: eletromiografia.

Tabela 4   Sistema de classificação do diagnóstico de bruxismo do sono e bruxismo da vigília fornecido por um grupo internacional de especialistas[3]

Possível: baseado em autorrelato com utilização de questionários
Provável: baseado em autorrelato com utilização de questionários e exame clínico
Definitivo: baseado em autorrelato, exame clínico e análise polissonográfica

trole dos hábitos parafuncionais em vigília), técnicas de relaxamento, higiene do sono, hipnoterapia, *biofeedback* e terapia cognitiva comportamental.[17,19]

Aparelhos oclusais têm sido extensivamente utilizados, tanto na maxila quanto na mandíbula, para tanto proteger os dentes e o periodonto quanto diminuir a atividade da musculatura mastigatória. Alguns estudos relatam a diminuição do BS nas primeiras duas semanas de tratamento, entretanto seu efeito parece ser transitório e altamente variável entre os pacientes.[20] Cumpre ressaltar que 20% dos pacientes apresentaram aumento na atividade eletromiográfica, durante o sono, quando utilizaram placas maleáveis (*softs*) no tratamento do BS.[21] Os aparelhos de avanço mandibular têm sido usados no tratamento do ronco e da apneia obstrutiva do sono. Um recente estudo mostrou efeito benéfico com o uso de aparelho de avanço mandibular em adolescentes com BS, ronco e dor de cabeça.[22]

Algumas medicações têm sido associadas com o aumento e outras com diminuição do BS, reforçando a probabilidade do envolvimento central na gênese do bruxismo. Em particular, os sistemas serotoninérgicos, dopaminérgicos e adrenérgicos são considerados na participação da atividade orofacial motora. Observou-se que doses baixas de L-dopa diminuem os episódios de ranger de dentes em indivíduos com BS em cerca de 25%.[23] Um estudo placebo controlado com 21 bruxistas e 21 controles encontrou a redução de 42 ($\pm$15%) na frequência de eventos de BS com uma única dose de clonazepam (1 mg).[24] Uma dose aguda (0,3 mg) de clonidina reduziu o BS em 60%, porém foram observados efeitos colaterais frequentes na forma de grave hipotensão ao amanhecer.[25]

Drogas antidepressivas, como os inibidores seletivos da recaptação da serotonina, podem piorar tanto o BS como o BV, pois diminuem os disparos dopaminérgicos das vias mesocortical e nigroestriatal, desinibindo o córtex pré-frontal e acarretando movimentos oromandibulares e de ranger os dentes.[26]

É preciso ressaltar que substâncias como anfetaminas, neurolépticos, álcool, cafeína, nicotina e drogas ilícitas, como ecstasy e cocaína, podem levar ao estado hiperdopaminérgico, causando manifestações como discinesia tardia e ranger de dentes.[6]

Shim et al. investigaram o efeito da toxina botulínica em indivíduos com BS e concluíram que ela não promove redução da frequência, do números de surtos ou da duração dos episódios da ARMM, porém diminui a amplitude dos surtos nos episódios do BS.[27]

CONSIDERAÇÕES FINAIS

Como se observa, a fisiopatologia do BS não está completamente elucidada e ainda há falta de evidência científica quanto à eficácia e à segurança da utilização de medicamentos nos indivíduos com BS. Por esse motivo, a terapia farmacológica deve ser considerada apenas em pacientes afetados gravemente pelo BS e ainda utilizada em curto espaço de tempo. Sabe-se que o BS é uma condição crônica e que as terapias conservadoras constituem as abordagens de eleição para o tratamento, tanto na forma de placas oclusais acrílicas, como na conscientização e na higiene do sono, por se mostrarem mais seguras para os pacientes, que apresentam um distúrbio crônico e ainda pouco compreendido.

REFERÊNCIAS BIBLIOGRÁFICAS

1. American Academy of Sleep Medicine. International classification of sleep disorders. 3. ed. Darien: American Academy of Sleep Medicine; 2014.
2. Lavigne GJ, Rompré PH, Poirier HH, Kato T, Montplaisir JY. Rhythmic muscle activity during sleep in humans. J Dent Res. 2001;80(2):443-8.
3. Lobbezoo F, Ahlberg J, Glaros AG, Kato T, Koyano K, Lavigne GJ, et al. Bruxism defined and graded: an international consensus. J Oral Rehabil. 2013;40(1):2-4.
4. Ohayon MM, Li KK, Guilleminault C. Risk factors for sleep bruxism in the general population. Chest. 2001;119:53-61.
5. Maluly M, Andersen ML, Dal-Fabbro C, Garbuio S, Bittencourt L, de Siqueira JT, et al. Polysomnographic study of the prevalence of sleep bruxism in a population sample. J Dent Res. 2013;92(7 Suppl):97S-103S.
6. Lobbezzo F, Van Der Zaag J, Naeije M. Bruxism: its multiple causes and its effects on dental implants. An updated review. J Oral Rehabil. 2006;33(4):293-300.
7. Lavigne GJ, Huynh N, Kato T, Okura K, Adachi K, Yao D, et al. Genesis of sleep bruxism: motor and autonomic-cardiac interactions. Arch Oral Biol. 2007;52:381-4.
8. Nakamura Y, Katakura N. Generation of masticatory rhythm in the brainstem. Neurosci Res. 1995;23(1):1-19.
9. Ramfjord SP. Bruxism, a clinical and electromyographic study. J Am Dent Assoc. 1961;62: 21-44.
10. Manfredini D, Visscher CM, Guarda-Nardini L, Lobbezoo F. Occlusal factors are not related to self-reported bruxism. J Orofac Pain. 2012;26(3):163-7.
11. Pierce CJ, Chrisman K, Bennett E, Close JM. Stress, anticipatory stress, and psychologic measures related to sleep bruxism. J Orofac Pain. 1995;9:51-6.
12. Dal Fabbro C. Estudo linear de um paciente através da análise eletromiográfica do músculo masseter. Avaliação polissonográfica e psicológica. 1996. 181 f Tese (Mestrado em Odontologia, Área de Concentração em Prótese Dentária). Bauru: Faculdade de Odontologia de Bauru da Universidade de São Paulo.
13. Manfredini D, Lobbezoo F. Role of psychosocial factors in the etiology of bruxism. J Orofac Pain. 2009;23(2):153-66.
14. Carra MC, Rompré PH, Kato T, Parrino L, Terzano MG, Lavigne GJ, et al. Sleep bruxism and sleep arousal: an experimental challenge to assess the role of cyclic alternating pattern. J Oral Rehabil. 2011;38(9):635-42.
15. Khoury S, Rouleau GA, Rompré PH, Mayer P, Montplaisir JY, Lavigne GJ. A significant increase in breathing amplitude precedes sleep bruxism. Chest. 2008;134(2):332-7.
16. Miyawaki S, Tanimoto Y, Araki Y, Katayama A, Fujii A, Takano-Yamamoto T. Association between nocturnal bruxism and gastroesophageal reflux. Sleep. 2003;26(7):888-92.

17. Stuginski-Barbosa J, Porporatti AL, Costa YM, Svensson P, Conti PC. Diagnostic validity of the use of a portable single-channel electromyography device for sleep bruxism. Sleep Breath. 2016;20(2):695-702.
18. Berry RB, Brooks R, Gamaldo CE, Harding SM, Lloyd RM, Marcus CL, et al. The AASM manual for the scoring of sleep and associated events: rules, terminology and technical specifications, version 2.3. Darien: American Academy of Sleep Medicine; 2016. Disponível em: www.aasmnet.org.
19. Ommerbom MA, Schneider C, Giraki M, Schafer R, Handschel J, Franz M. Effects of an occlusal splint compared with cognitive-behavioral treatment on sleep bruxism activity. Eur J Oral Sci. 2007;115(1):7-14.
20. Matsumoto H, Tsukiyama Y, Kuwatsuru R, Koyano K. The effect of intermittent use of occlusal splint devices on sleep bruxism: a 4-week observation with a portable electromyographic recording device. J Oral Rehabil. 2015;42(4):251-8.
21. Okeson JP. The effects of hard and soft occlusal splints on nocturnal bruxism. J Am Dent Assoc. 1987;114(6):788-91.
22. Carra MC, Huynh NT, El-Khatib H, Remise C, Lavigne GJ. Sleep bruxism, snoring, and headaches in adolescents: short-term effects of a mandibular advancement appliance. Sleep Med. 2013;14(7):656-61.
23. Lobbezoo F, Lavigne GJ, Tanguay R, Montplaisir JY. The effect of catecholamine precursor L-dopa on sleep bruxism: a controlled clinical trial. Mov Disord. 1997;12(1):73-8.
24. Saletu A, Parapatics S, Anderer P, Matejka M, Saletu B. Controlled clinical, polysomnographic and psychometric studies on differences between sleep bruxers and controls and acute effects of clonazepam as compared with placebo. Eur Arch Psychiatry Clin Neurosci. 2010;260(2):163-74.
25. Huynh N, Lavigne GJ, Lanfranchi PA, Montplaisir JY, de Champlain J. The effect of 2 sympatholytic medications – propranolol and clonidine – on sleep bruxism: experimental randomized controlled studies. Sleep. 2006;29(3):307-16.
26. Bostwick JM, Jaffee MS. Buspirone as an antidote to SSRI-induced bruxism in 4 cases. J Clin Psychiatry. 1999;60(12):857-60.
27. Shim YJ, Lee MK, Kato T, Park HU, Heo K, Kim ST. Effects of botulinum toxin on jaw motor events during sleep in sleep bruxism patients: a polysomnographic evaluation. J Clin Sleep Med. 2014;10(3):291-8.
28. Parkin DM, Clayton D, Black RJ, Masuyer E, Friedl HP, Ivanov E, et al. Childhood leukaemia in Europe after Chernobyl: 5 years follow-up. Br J Cancer. 1996;3(2):1006-12.

26 | Movimentos periódicos dos membros durante o sono: diagnóstico e tratamento

Gilmar Fernandes do Prado
Luciane Bizari Coin de Carvalho
Lucila Bizari Fernandes do Prado

INTRODUÇÃO

Os movimentos periódicos dos membros durante o sono (conhecidos pela sigla inglesa PLMS – *period limb movement in sleep*), também chamados de mioclonias do sono, são caracterizados por movimentos involuntários durante o sono.[1,2] Os portadores podem ou não ser acordados com seus próprios movimentos. São comuns em indivíduos acima de 65 anos (45%) e entre 18 e 65 anos (7,56%).[1] Os PLMS afetam ambos os sexos, inclusive as crianças, que podem se queixar de dificuldade em manter o sono. São mais comuns em pernas, mas podem ocorrer em braços também. Sendo periódicos, sua duração varia de poucos minutos até horas.[1]

Como ocorrem durante o sono, dificuldade na manutenção dele não é incomum, causando sintomas diurnos relacionados, como sonolência diurna, irritabilidade e alterações de humor, o que caracteriza os distúrbios dos movimentos periódicos dos membros durante o sono (PLMSD).[1,2]

Em 80 a 89% dos pacientes que sofrem de síndrome das pernas inquietas ou doença de Willis-Ekbom (SPI/DWE), ocorre PLMS concomitante, mas nem todos os que têm PLMS têm também SPI/DWE.[3] O parceiro de cama pode acordar com os movimentos, porém, muitas vezes, eles são imperceptíveis.

DIAGNÓSTICO

O diagnóstico do PLMS é clínico (queixa de fadiga e ou sonolência) e feito por polissonografia, exame no qual são encontrados os movimentos periódicos durante o sono não REM, principalmente antes do primeiro ciclo de sono REM. Ocorrem quatro ou mais surtos de movimentos musculares no canal de registro dos eletroneuromiograma de membros, com duração de 0,5 a 10 segundos, em intervalos de 5 a 90 segundos. O índice de PLMS é considerado normal em caso de até 15 movimentos por hora de sono em adultos e de até 5 em crianças.[4]

O aumento do índice de PLMS está associado com alto risco para doenças cardiovasculares, AVC, hipertensão arterial e mortalidade, pelo aumento de atividade do sistema nervoso simpático.[5]

Sua fisiopatologia envolve o sistema dopaminérgico e o ferro, como na SPI/DWE. As causas são desconhecidas, mas podem envolver hereditariedade, como na SPI/DWE. Também se correlaciona com outras causas semelhante à SPI/DWE, como anemia, deficiência de ferro, problemas no sistema nervoso central e doença renal crônica. Os PLMS podem ser desencadeados por medicamentos, como antidepressivos inibidores da recaptação da serotonina, antidepressivos tricíclicos, lítio, antagonistas dopaminérgicos. Menor evidência em relação a álcool, dor e privação de sono. Os PLMS podem estar presentes em outras doenças do sono, como síndrome da apneia obstrutiva do sono, narcolepsia, distúrbio comportamental do sono REM e SPI/DWE.[1,2]

Os PLMSD são considerados outra entidade nosológica primária quando houver PLMS com sintoma de fadiga sem outra causa definida.[1,2]

O diagnóstico diferencial é definido com epilepsia noturna epilepsia mioclônica, abalos do início do sono, atividade fásica normal do sono REM e mioclonia fragmentária do sono.[1]

TRATAMENTO

Os PLMS podem ser tratados com benzodiazepínicos ou agonistas dopaminérgicos (pramipexol). Quando os sintomas são leves ou moderados, exercícios de relaxamento, ioga ou meditação podem ser úteis. Algumas vezes, banhos quentes e massagens nas pernas antes de dormir previnem o aparecimento do PLMS.[1,2]

REFERÊNCIAS BIBLIOGRÁFICAS

1. American Academy of Sleep Medicine. International Classification of Sleep Disorders. 3.ed. Darien: American Academy of Sleep Medicine; 2014.
2. Allen RP, Picchietti DL, Garcia-Borreguero D, Ondo WG, Walters AS, Winkelman JW, et al. RLS/WED diagnostic criteria: update IRLSSG consensus criteria. Sleep Med. 2014;15(8):860-73.
3. Montplaisir J, Boucher S, Poirier G, Lavigne G, Lapierre O, Lesperance P. Clinical, polysomnographic, and genetic characteristics of restless legs syndrome. Mov Disord. 1997;12:61-5.
4. Berry RB, Brooks R, Gamaldo CE, Harding SM, Lloyd RM, Marcus CL, et al. The AASM Manual for the scoring of sleep and associated events: rules, terminology and technical specifications. Version 2.3. Darien: American Academy of Sleep Medicine; 2016. Disponível em: http://www.aasmnet.org.
5. Walters AS, Rye DB. Evidence continues to mount on the relationship of restless legs syndrome/ periodic limb movements in sleep to hypertension, cardiovascular disease, and stroke. Sleep. 2010;33:287.

27 | Síndrome das pernas inquietas: doença de Willis-Ekbom

Gilmar Fernandes do Prado
Luciane Bizari Coin de Carvalho
Lucila Bizari Fernandes do Prado

INTRODUÇÃO

Síndrome das pernas inquietas (SPI) é uma doença neurológica do movimento caracterizada por urgência irresistível em mover as pernas associada à sensação desagradável e inexplicável que ocorre no repouso e que melhora ou atenua com a movimentação.[1] Os sintomas interferem no sono e na qualidade de vida e são influenciados por genética, ambiente e fatores clínicos. Embora o acometimento seja predominantemente nas pernas, o termo "pernas inquietas" é um nome inadequado, já que de 21 a 57% dos pacientes descrevem sensações nos braços e no pescoço, daí a preferência atual por doença de Willis-Ekbom (DWE), já que Thomas Willis em 1685 descreveu a doença tal como ela é hoje, e Ekbom em 1945 definiu as características clínicas e deu nome de SPI.[2,3]

Os descritores mais comuns em adultos para as "sensações" são: inquietas, desconforto, urgência em mover, pernas que se movem por vontade própria, friagem, aflição, dor no osso, choque, ruindade, comichão, fisgada, queimação, gastura, fisgada, cansaço, coceira, formigamento, cócegas, irritação, entre outros.[1,4,5]

EPIDEMIOLOGIA

A prevalência varia entre 5 e 10% em estudos americanos e europeus. No Brasil, a prevalência foi estimada em 6,4%.[5] Relaciona-se com sexo feminino e com aumento da idade. Há associação com história familiar positiva para SPI/DWE e com deficiência de ferro (ferritina menor que 50 mg/dL). A gravidez também tem um papel importante no risco de desenvolver a doença.[6] Há medicamentos que precipitam ou agravam os sintomas, como os anti-histamínicos sedativos, alguns antagonistas dopaminérgicos (os de atividade em receptores centrais) e muitos antidepressivos, com exceção da bupropiona, que é promotora da atividade dopaminérgica. A prevalência da SPI/DWE aumenta de 2 a 5 vezes em pacientes com falência renal crônica e que remite 1 mês após transplante renal. Há relação também com privação de sono, neuropatia periférica, radiculopatias, dor, uso de cafeína, tabaco ou álcool.

FISIOPATOLOGIA

Envolve deficiência de ferro no cérebro, regulação da dopamina no sistema nervoso central e mecanismos genéticos. O ferro é importante na produção de dopamina, na densidade das sinapses, na síntese de mielina e na produção de energia. A conexão entre SPI/DWE e baixo ferro cerebral é baseada em dados de necropsia, ressonância magnética, sonografia cerebral e análise de líquido cefalorraquidiano. A disfunção do sistema dopaminérgico é embasada em inúmeros ensaios clínicos com drogas dopaminérgicas, ressonância magnética, tomografia por emissão de pósitrons e dados de necropsia, que mostram o desbalanço dos níveis de dopamina cerebral. Vários são os genes envolvidos, sendo os principais *BTBD9*, *MEIS1*, *MAP2K5/LBXCOR* e *PTPRD*, que estão localizados nos cromossomos 12q22-23,14q13-21 e 9p24-22.[1]

DIAGNÓSTICO

Há cinco critérios diagnósticos essenciais para o diagnóstico de SPI/DWE, isto é, todos precisam estar presentes:[1,2]

- Urgência em mover os membros, acompanhada ou causada por uma sensação ou desconforto nos membros.
- A urgência em movimentar os membros e as sensações desconfortáveis que acompanham, começam ou pioram durante períodos de descanso ou de inatividade, como deitar ou sentar.
- A urgência em movimentar os membros e as sensações desconfortáveis que acompanham são parcial ou totalmente aliviadas pelo movimento, como andar, esfregar ou massagear os membros.
- A urgência em movimentar os membros e as sensações desconfortáveis que acompanham, durante o repouso ou a inatividade, somente ocorrem ou pioram no fim da tarde ou à noite.
- A ocorrência dos sintomas acima não é mais bem explicada por outras doenças ou condições clínicas ou comportamentais, como mialgia, estase venosa, edema de membros, artrite, cãibras ou desconforto posicional.

Os critérios específicos para o curso clínico da doença são:

A. SPI/DWE crônica persistente: os sintomas, quando não tratados, ocorreriam, em média, pelo menos duas vezes por semana no último ano.
B. SPI/DWE intermitente: os sintomas, quando não tratados, ocorreriam, em média, menos que duas vezes na semana no último ano, com pelo menos cinco eventos durante a vida toda.

Os sintomas de SPI/DWE causam significante estresse ou prejuízo social, ocupacional, educacional ou outra área importante de atuação, pelo seu impacto no sono, energia, vitalidade, atividade diária, comportamento, cognição ou humor.[2]

Os critérios de suporte para o diagnóstico de SPI/DWE são: história familiar positiva para a doença (parentesco de primeiro grau), resposta ao tratamento dopaminérgico, curso clínico da doença e índice elevado de movimentos periódicos de membros (PLM) na polissonografia.

A polissonografia pode ser utilizada para avaliação do índice de PLM durante o sono.

O teste da imobilização sugerida avalia o componente sensorial da SPI/DWE durante o repouso na vigília.

A actigrafia pode ser também utilizada.

A escala de gravidade do grupo internacional de SPI/DWE ajuda a quantificar os sintomas relacionados à doença.[7]

DIAGNÓSTICO DIFERENCIAL

Acatisia hipotensiva, acatisia induzida por neurolépticos, neuropatia periférica, radiculopatias lombar, claudicação neurogênica, claudicação vascular, síndrome da dor crônica, fibromialgia, artrite dos membros inferiores, desconforto posicional, cãibras noturnas, mioclonias do sono, depressão com sintomas somáticos, movimentos voluntários, insuficiência vascular periférica, prurido, síndrome das pernas dolorosas e movimentos dos artelhos, maldição de Vésper, delírio de infestação.[4]

TRATAMENTO FARMACOLÓGICO

Levodopa

É efetiva por curto período de tempo, mas é utilizada quando necessária, em situações pontuais em que há maior chance de os sintomas ocorrerem, como viagens, espetáculos, sala de espera, entre outras. Quando utilizada por longos períodos, há maior chance do fenômeno de aumentação ou *augmentation* (sintomas ocorrem mais cedo que o habitual, com maior gravidade e expansão para regiões do corpo não atingidas previamente. Aparece com aumento da dose e melhora com sua redução).[8]

Agonistas dopaminérgicos

Podem ser divididos em dois grupos: os derivados não ergot (pramipexol, piribedil, ropinirol, rotigotina) e os derivados ergot (pergolide, lisuride, cabergolina e bromocriptina).[4]

Os derivados não ergot são bem tolerados e podem ser usados em doses muito baixas. O principal efeito colateral é o aumento que é dependente de longa ingestão. O principal efeito colateral dos derivados ergot é a fibrose (de válvula cardíaca pulmonar, de pleura, de pericárdio e de retroperitônio).

Pramipexol

É um agonista de receptor dopaminérgico D1, D2 e D3, com grande afinidade pelo D3. Sua meia-vida é de 8 a 12 horas, com início de ação 1 a 2 horas após sua ingesta. Recomenda-se 0,125 mg 2 horas antes do início dos sintomas, aumentando-se gradualmente a dose de acordo com a resposta terapêutica.[4]

Piribedil

É um agonista de receptor D2/D3 e antagonista alfa-2-adrenérgico. Alcança a máxima concentração plasmática em 1 hora após ingesta, com meia-vida de 1,7 a 6,9 horas.[4]

Ropinirol

É um agonista dopaminérgico que atua principalmente em receptores D2 e D3 com afinidade em D3. Sua concentração máxima plasmática ocorre 1 a 2 horas após sua ingestão com meia-vida de 6 horas. Não está disponível no Brasil.[4]

Rotigotina

Agonista atuando em receptores D1, D2, D3, D4 e D5, além do agonista do receptor de serotonina 1A e alfa-2-adrenérgico. Sua utilização é transdérmica uma vez ao dia na dose de 2 a 4 mg. Não está disponível no Brasil.[4]

Pergolide

Tem alta afinidade por receptores D1 e D2. Possui também efeito nos receptores de serotonina 1A, 1B, 2A, 2B, 2C. Embora seja efetivo no tratamento da SPI/DWE, há risco de valvulopatia cardíaca, o que fez cair seu uso nos Estados Unidos.[4]

Bromocriptina

Agonista dopaminérgico com ação nos receptores D1 e D2 com grande afinidade pelo D2 e receptor de serotonina 2B, além de efeito adrenérgico. A maior concentração plasmática ocorre em 70 minutos após ingesta via oral, e a meia-vida é de 6 a 8 horas. Também aumenta o risco de fibrose valvular cardíaca.[4]

Lisuride

Agonista dopaminérgico com ação nos receptores D2, D3 e D4, agonista de receptor de serotonina 1A e 2A e antagonista de 2B. A maior concentração plasmática ocorre em 1,1 a 1,3 horas, e sua meia-vida é de 1 a 3 horas. Não é comercializado no Brasil.[4]

Cabergolina

Agonista preferencial de receptor D2 e agonista de receptor de serotonina 2B. Sua meia-vida é longa, de 65 horas, e tem pico de nível plasmático em 3 horas após ingesta.[4]

Agentes alfa-delta ligantes

Gabapentina

É um agonista da subunidade alfa2-delta1 do complexo de canal de cálcio voltagem-dependente presente nos neurônios. A dose máxima é de 3.600 mg por dia, dividida em três a quatro doses.[9,10]

Pregabalina

Tem mesma ação agonista da gabapentina, e sua dose máxima é de 600 mg por dia, dividida em duas doses.[9,10]

Opioides

Os mais utilizados são codeína, metadona (5 a 40 mg), tramadol (50 a 400 mg), oxicodona (média de 10 mg, 2 horas antes dos sintomas) e propoxifeno. Os efeitos colaterais mais comuns são a obstipação intestinal, a sedação e o possível risco de apneia central.[11]

Clonazepam

Observou-se aumento do tempo total de sono e sua eficiência, redução no número de microdespertares e do tempo de acordado após o início do sono. Há também melhora subjetiva do desconforto e diminuição dos movimentos periódicos dos membros durante o sono.[12]

Ferro

Vários pacientes beneficiam-se de seu uso, tanto na diminuição dos sintomas como no uso coadjuvante com outros medicamentos. O tratamento, seja por via oral ou endovenosa, é indicado para manter os níveis de ferritina sérica acima de 100 mg/dL. A dose de ferro elementar via oral é de 50 a 60 mg, dividida em uma a duas doses ao dia. Para o tratamento endovenoso, utiliza-se o ferro III na forma de sacarato de hidróxido férrico, sendo na dose de 200 mg diluída em 500 mL de solução fisiológica em dias alternados, em um total de três doses.[13]

TRATAMENTO NÃO FARMACOLÓGICO

Exercícios físicos

Recomenda-se a atividade física como adjunto ao tratamento de SPI. Tanto a atividade como exercício podem ser importantes na diminuição do risco de aparecimento dos sintomas e de comorbidades, além de proporcionarem estimulação mental e alívio dos sintomas.[14]

Terapia cognitivo-comportamental

Aborda a higiene do sono, horários regulares de dormir e acordar, substâncias que melhoram e pioram a SPI/DWE, alimentação e hábitos de sono. É utilizada no manejo da ansiedade relacionada ao aparecimento ou ao aumento dos sintomas.

Grupo de apoio

Proporciona melhor compreensão da doença, abrindo possibilidades às demandas psicosociais e clínicas, visando à melhora da qualidade de vida e diminuindo a ansiedade, com o alívio do sofrimento inerente a uma doença crônica.[15]

REFERÊNCIAS BIBLIOGRÁFICAS

1. American Academy of Sleep Medicine. International Classification of Sleep Disorders. 3.ed. Darien: American Academy of Sleep Medicine; 2014.
2. Allen RP, Picchietti DL, Garcia-Borreguero D, Ondo WG, Walters AS, Winkelman JW, et al. Restless legs syndrome/Willis-Ekbom disease diagnostic criteria: updated International Restless Legs Syndrome Study Group (IRLSSG) consensus criteria – history, rationale, description, and significance. Sleep Med. 2014;15:860-73.

3. Carlos K. Prado LBF, Carvalho LBC, Prado GF. Willis-Ekbom disease or restless legs syndrome? Sleep Med. 2015;16:1156-9.
4. Fröhlich AC, Eckeli AL, Bacelar A, Poyares D, Pachito DV, Stelzer FG, et al. Brazilian consensus on guidelines for diagnosis and treatment for restless legs syndrome. Arq Neuropsiquiatr. 2015;73:260-80.
5. Eckeli AL, Gitaí LL, Dach F, Ceretta H, Sander HH, Passos AD, et al. Prevalence of restless legs syndrome in the rural town of Cassia dos Coqueiros in Brazil. Sleep Med. 2011;12:762-7.
6. Alves DG, Carvalho LB, Morais JF, Prado GF. Restless legs syndrome during pregnancy in Brazilian women. Sleep Med. 2010;11:1049-54.
7. Masuko AH, Carvalho LB, Machado MA, Morais JF, Prado LB, Prado GF. Translation and validation into the Brazilian Portuguese of the restless legs syndrome rating scale of the International Restless Legs Syndrome Study Group. Arq Neuropsiquiatr. 2008;66:832-6.
8. Conti CF, Oliveira MM, Andriolo RB, Saconato H, Atallah NA, Valbuza JS, et al. Levodopa for idiopathic restless legs syndrome: evidence-based review. Mov Disord. 2007;22:1943-51.
9. Conti CF, Oliveira MM, Valbuza JS, Prado LB, Carvalho LB, Prado GF. Anticonvulsants to treat idiopathic restless legs syndrome: systematic review. Arq Neuropsiquiatr. 2008;66:431-5.
10. Conti CF, Oliveira MM, Saconato H, Prado GF. Anticonvulsants for restless legs syndrome. (Protocolos de Revisões Cochrane). The Cochrane Library 2008; ID:CD006940.
11. Conti CF, Oliveira MM, Saconato H, Prado GF. Opioids for restless legs syndrome. (Protocolos de Revisões Cochrane). The Cochrane Library. 2008; ID:CD006941.
12. Conti CF, Oliveira MM, Saconato H, Prado GF. Benzodiazepines for restless legs syndrome (Protocolos de Revisões Cochrane). The Cochrane Library. 2008; ID:CD006939.
13. Trotti LM, Bhadriraju S, Becker LA. Iron for restless legs syndrome. Cochrane Database Syst Rev. 2012;5:CD007834.
14. Caleghari MR. Eficácia e a segurança dos tratamentos utilizando exercícios para síndrome das pernas inquietas. [Tese]. São Paulo: Universidade Federal de São Paulo; 2013.
15. Varela MJ, Coin-Carvalho JE, Carvalho LB, Varela MV, Potasz C, Prado LB, et al. Restless legs syndrome: a qualitative analysis of psychosocial suffering and interdisciplinary attention. J Health Psychol. 2013;18:1341-52.

Distúrbios circadianos: visão geral e prática

28

Anna Karla Alves Smith

INTRODUÇÃO

Os ritmos biológicos são fenômenos fisiológicos endógenos que promovem a adaptação dos seres vivos às ocorrências cíclicas da natureza (dia e noite, estações do ano, etc.), gerando comportamentos antecipatórios (hibernação, migração e reprodução), que auxiliam na sua preservação.[1] O ciclo sono-vigília é uma dessas adaptações ao ciclo claro-escuro, persistindo mesmo na ausência de pistas temporais.[2] Existem três tipos de ritmos que são classificados quanto a sua frequência: os ritmos ultradianos, cujos eventos se repetem em uma frequência menor que 20 horas; os infradianos, que se repetem em uma frequência maior que 28 horas; e os circadianos, que são eventos que se repetem entre 20 e 28 horas. Nos mamíferos, esses ritmos circadianos são gerados e modulados pelo sistema de temporização circadiana (STC), mediados geneticamente, controlados pelo relógio endógeno central (núcleo supraquiasmático – NSQ) e sincronizados por meio de sinais ambientais (sincronizadores ou *zeitgebers*).[2-5] Existem ainda diferenças individuais geneticamente determinadas entre esses ritmos – os cronotipos circadianos –, que podem ser definidos pelo questionário de matutinidade-vespertinidade (QMV), desenvolvido por Horne e Östberg em 1976. Entre eles, há variações no ritmo circadiano e na temperatura corporal, atingindo temperatura mínima mais cedo nos matutinos do que nos vespertinos.[6] O principal componente anatomofisiológico é o NSQ do hipotálamo (marca-passo), cuja principal aferência é o trato retino-hipotalâmico (TRH), formado pelos axônios das células ganglionares da retina levando a pista ambiental da luminosidade. O NSQ, junto com o sistema nervoso central (SNC), regula o ritmo de secreção da melatonina, neuro-hormônio sintetizado principalmente na glândula pineal e em outros tecidos (medula óssea, pele, retina, fígado, rins, etc.) e guiado pelas condições de iluminação do ambiente.[7,8]

Em condições de baixa luminosidade, a liberação de melatonina aumenta desde o pôr do sol (*dim light melatonin onset* – DLMO) até a madrugada, quando atinge um pico máximo em fase inversa à temperatura corporal central. A luz ambiente (luz solar) ou a iluminação artificial inibem a sua síntese (Figura 1).[7,8]

A dessincronização dos ritmos circadianos pode acarretar efeitos adversos sobre a saúde e é a base dos distúrbios do sono por alterações do ritmo circadiano.[9]

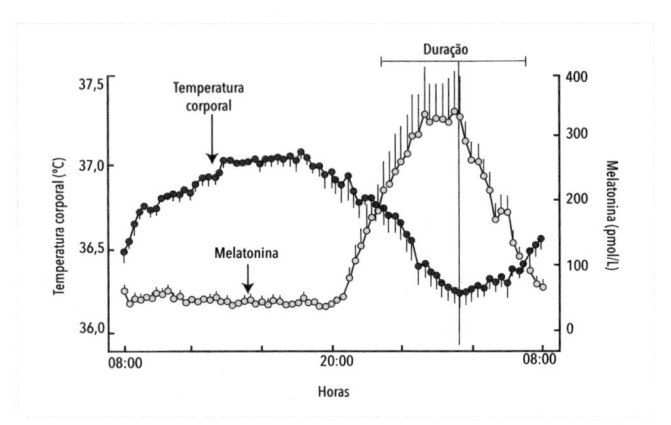

Figura 1   Modelo de 24 horas dos níveis de melatonina e sua duração em relação à temperatura corporal. Fonte: Tufik, 2008.[8]

PRINCIPAIS DISTÚRBIOS DO SONO POR ALTERAÇÃO DO RITMO CIRCADIANO

Atraso de fase do sono

O distúrbio do sono por alteração do ritmo circadiano (DSRC) do tipo fase atrasada do sono, ou síndrome da fase atrasada do sono (SAFS),[10] é caracterizado pela permanência crônica do paciente em um horário de sono atrasado em relação ao desejado ou convencionalmente estabelecido.[7] É o mais comum dos DSRC, com prevalência de 0,3 a 0,17% na população em geral e de 5 a 16% entre os adolescentes e adultos jovens.[3,4,11]

Seu mecanismo de disparo não é conhecido, embora alguns fatores possam interferir: horários de trabalho adversos e/ou viagens frequentes em vários fusos horários, baixa exposição à luz natural pela manhã e excessiva no fim da tarde e a influência de hábitos sociais (jogos eletrônicos, computadores, exercícios físicos, etc.).[3,11] Polimorfismos genéticos dos genes *clock*, predisposição a variantes longas de ritmos circadianos ou mudanças na curva de resposta humana à luz também podem estar envolvidos.[3,4,11,12] Esses pacientes têm dificuldade em adormecer e acordar pela manhã e acabam tendo dificuldades escolares, sociais, no trabalho e distúrbios de humor (depressão).[3,4,11,12]

Para o diagnóstico, devem-se excluir doenças clínicas e psiquiátricas, outros distúrbios do sono, bem como o uso de drogas.[11] A actigrafia e o diário de sono (no mínimo 7 dias) são úteis por documentar horários de sono atrasados.[3,4,11] O QMV pode auxiliar, identificando o cronotipo vespertino, que é mais propenso a SAFS.[3,4,11] A polissonografia (PSG) é útil para excluir outros distúrbios do sono.[11]

O objetivo do tratamento da SAFS é sincronizar o ritmo circadiano com o ciclo de 24 horas de claro-escuro.[11] As orientações de higiene do sono visam a manter um horário de sono regular e a exposição à luz solar pela manhã, evitando exposição à luz brilhante à noite, exercícios físicos noturnos e uso de substâncias estimulantes antes de deitar, etc.[4] Um calendário de sono individualizado pode ajudar a reajustar o ritmo. Dependendo do tempo de atraso, é possível programar um avanço ou retardo de ritmo circadiano, até atingir o período de sono em um horário adequado às suas atividades sociais e laborais.[3,4] A fototerapia por meio da exposição à luz brilhante na parte da manhã (entre as 6 e as 9 horas) promove alerta matinal com avanço da temperatura mínima corporal,[3,4,11] mas deve-se evitar a exposição à luz no fim da tarde.[4] Em relação ao uso da melatonina, a dose e o horário de administração não são padronizados, sugerindo-se entre 1,5 a 6,5 horas antes do DLMO, com doses entre 0,3 e 5 mg, visando à ressincronização do relógio biológico e à ação hipnótica.[4,11] Não há evidência clínicas demonstrando a eficácia e a segurança na administração de hipnóticos à noite e drogas estimulantes pela manhã.[11,13]

Avanço de fase do sono

O DSRC tipo fase avançada do sono, ou síndrome do avanço de fase de sono (SAvFS), é definido quando o paciente dorme cronicamente em um horário de sono várias horas antes do desejado ou convencionalmente definido.[3,4,10,11] Pouco diagnosticado (< 2% dos DSRC), sua incidência aumenta com a idade, na qual se estima ter uma prevalência de 1%,[3,4,11] e apresenta pouco impacto sociolaboral. Às vezes, torna-se difícil a diferenciação com a tendência natural do cronotipo matutino que se evidencia com a idade.[11]

O mecanismo que desencadeia a SAvFS não é conhecido, mas é relacionado a fatores ambientais e genéticos. Um déficit ocasional nos sincronizadores ambientais, como a falta de atividades sociais, pode adiantar o horário do sono.[11] Variantes mais curtas de ritmos circadianos também podem estar envolvidas, e uma forma familiar é descrita com mutações genéticas autossômicas dominantes.[3,4,11] Os pacientes apresentam despertar precoce, dificuldade para dormir mais tarde e sonolência vespertina.[3,4,11]

Para diagnosticar a SAvFS, devem-se descartar outras causas de insônia com despertar precoce, como a depressão.[3,11] A actigrafia e o diário de sono ajudam documentando o avanço dos horários de sono, e o QMV pode evidenciar um cronotipo matutino na maioria dos pacientes.[3,4,11] Já a PSG é útil para excluir outros distúrbios do sono com mesmos sintomas.[4,11]

O tratamento da SAvFS com a cronoterapia consiste em tentar atrasar gradualmente 1 a 3 horas o início do sono a cada 2 dias, por pelo menos 2 semanas, até obter o horário desejado,[3,11] porém ainda requer estudos para comprovar a eficácia. A fototerapia por exposição à luz brilhante por 1 ou 2 horas, no final da tarde ou entre as 20 e 23 horas, tem resultados ainda controversos, mas a sua prática é justificada pela melhora subjetiva. Em relação à melatonina, há relato do uso de doses baixas no início da manhã, porém com risco de reduzir o nível de alerta pela manhã.[3,4,13]

Padrão irregular do ciclo sono-vigília

O distúrbio do sono tipo padrão irregular do ciclo vigília-sono é caracterizado por um padrão de sono-vigília desorganizado sendo o sono distribuído ao longo do dia,[3,10,11] com o período de sono noturno mais longo das 2 às 6 horas. É raramente diagnosticado (< 2% dos DSRC), e a disfunção dos mecanismos neurológicos centrais responsáveis pela geração de ritmos circadianos seria determinante na sua patogênese.[4,11] É frequentemente associado a lesões cerebrais,[3,4] demência e retardo psicomotor em crianças.[11,12,13] A má higiene do sono ocasiona dificuldade de integrar adequadamente sincronizadores ambientais (luz, atividades físicas e sociais), e o avanço da idade torna-se um fator de risco em virtude do inadequado processamento da luz por déficit visual ou pelas comorbidades psiquiátricas como a doença de Alzheimer (DA).[3,4,11-13]

Para seu diagnóstico, outras doenças e distúrbios do sono devem ser descartados.[4] A actigrafia e o diário do sono podem auxiliar desde que as condições do paciente permitam sua realização.[11,13] Há um atraso de fase na temperatura central e uma redução de amplitude do ritmo circadiano da melatonina na DA.[11]

A medida mais eficaz para o tratamento desse DSRC é a combinação de várias linhas terapêuticas.[11] É importante melhorar os hábitos de higiene do sono, incentivando a prática de atividades durante a vigília tanto quanto possível, aumentando a exposição à luz brilhante 1 a 2 horas após acordar e limitando a exposição à luz da tarde (natural e brilhante).[3,4,13] A fototerapia em idosos com Alzheimer melhora esse DSRC.[11] Com a administração exógena de melatonina, a diminuição da secreção endógena noturna é suprida.[11] Há melhora em crianças com atraso psicomotor após a administração de cerca de 3 mg de melatonina no final da tarde, reduzindo a sonolência diurna[3,4,13] e a latência de sono noturno e aumentando a duração total de sono noturno.[4,14] Há controvérsias do seu uso em pacientes com DA institucionalizados por não diminuir a agitação noturna.[3,4,11] Em vez disso, esses pacientes podem se beneficiar dos agonistas dos receptores de melatonina (Figura 2). Hipnóticos usados com cautela devem ser a segunda escolha após a melatonina.[11,13]

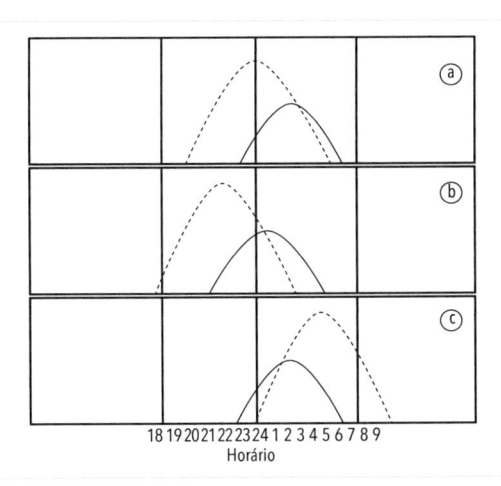

Figura 2 Diagramas representando a secreção de melatonina (tracejado) e o período de sono (linha cheia) em indivíduos normais (a), indivíduos com fase do sono avançada (b) e indivíduos com a fase atrasada (c). Em normais, a secreção de melatonina começa ao anoitecer e atinge o pico por volta da meia-noite, quando a pessoa deita e adormece sem dificuldade; ao levantar, o efeito da melatonina já se extinguiu e a pessoa levanta sem sonolência. Na fase avançada, a melatonina atinge o pico às 22 horas, causando sonolência irresistível, e encerra sua ação às 4 horas, propiciando acordar precoce. Na fase atrasada, se o indivíduo tentar deitar às 23 horas, terá dificuldade de iniciar o sono, pois a melatonina ainda não iniciou a se elevar; ao levantar pela manhã, a melatonina estará próxima ao pico e a sonolência será máxima, causando sintomas que podem levar à confusão com os transtornos respiratórios do sono.
Fonte: Martinez et al., 2008.[16]

Síndrome do ciclo vigília-sono diferente das 24 horas

O distúrbio do sono do tipo em "livre curso", ou síndrome do ciclo sono-vigília diferente de 24 horas,[10] é caracterizado pela presença de ritmo circadiano maior que o ciclo de 24 horas.[3,4] Muito prevalente entre pessoas com cegueira total (40 ou 50%),[3,4] estabelece-se na ocasião da perda visual,[13] sendo raro entre pessoas saudáveis e nesse caso relacionado a longos períodos de baixa exposiçao à luz, nos quais pode haver maior dificuldade no ajustamento com os marcadores ambientais.[3,4,11] Os pacientes são incapazes de manter um horário de sono regular. Têm insônia, despertar precoce e sonolência diurna por cerca de 23 dias até voltar a sincronizar (quando o acúmulo de 1 hora atinge o horário convencional).[3,4,7,11] Para diagnosticar esse DSRC, devem-se descartar má higiene do sono, outras causas de hipersonia e transtornos do humor.[4] A actigrafia e o diário sono são métodos úteis para verificar a irregularidade dos horários a cada dia.[4,7] A identificação do ritmo de secreção de melatonina pode ser útil quando realizada em intervalos de 1 semana, especialmente em cegos.[7,11]

O objetivo do tratamento é reajustar a vigília-sono para mais próximo das 24 horas do ciclo claro-escuro. Medidas de higiene do sono e atividades físicas e sociais são indicadas.[4,11,13] A fototerapia pode ser utilizada quando não há cegueira total, e a melatonina é considerada eficaz para os casos não responsivos à fototerapia ou nos casos de cegueira total em dose que varia de 0,5 até 10 mg. Não há dados que indiquem o uso seguro de hipnóticos e/ou indutores do sono.[3,4,11,13]

DSRC INDUZIDOS POR USO DE SUBSTÂNCIAS E ABUSO DE DROGAS

O uso agudo ou crônico de álcool e tabaco também altera o ritmo circadiano, sendo que o abuso de drogas pode ter como fatores de risco o cronotipo vespertino e alguns genes *"Clock"*, afetando de maneira negativa o ritmo circadiano ao promover atraso de fase.[15]

CONSIDERAÇÕES FINAIS

A sincronização entre o ritmo endógeno dos seres humanos e o meio ambiente é muito importante para a sua homeostase. A integridade do SNC e de suas vias, em condições de luminosidade adequada, mantém essa sincronização, modulada por genes específicos. Situações em que há perda dessa sincronização ocasionam distúrbios do sono, no qual o horário de dormir está em discordância com o ciclo claro-escuro e as necessidades sociais, causando insônia, sonolência diurna, fadiga, risco para doenças crônicas e distúrbios do humor.[7,11] O diagnóstico desses distúrbios utiliza o QMV, a actigrafia, o diário do sono e as medidas de alguns marcadores de fase (melatonina e temperatura corporal). O tratamento visa à ressincronização desses ritmos por meio de algumas estratégias, como a fototerapia e a melatonina exógena. Muitos estudos ainda são necessários para elucidar as melhores opções terapêuticas com eficácia e segurança.

REFERÊNCIAS BIBLIOGRÁFICAS

1. Anokhin PK. Systems analysis of the integrative activity of the neuron (1974). Pavlov J Biol Sci. 1984;19(2):43-101.
2. Aschoff J. Human circadian rhythms in activity, body temperature and other functions. Life Sci Space Res. 1967;5:159-73.
3. Barion A, Zee PC. A clinical approach to circadian rhythm sleep disorders. Sleep Med. 2007;8:566-77.
4. Lu BS, Zee PC. Circadian rhythm sleep disorders. Chest. 2006;130:1915-23.
5. Haus E, Smolensky M. Biological clocks and shift work: circadian dysregulation and potential long-term effects. Cancer Causes Control. 2006;17:489-500.
6. Horne JA, Östberg O. A self-assessment questionnaire to determine morningness-eveningness in human circadian rhythms. Int J Chronobiol. 1976;4:97-110.
7. Morgenthaler TI, Lee-Chiong T, Alessi C, Friedman L, Aurora RN, Boehlecke B, et al.; Standards of Practice Committee of the American Academy of Sleep Medicine. Pratice parameters for the clinical evaluation and treatment of circadian rhythm sleep disorders. Sleep. 2007;30(11):1445-59.
8. Tufik S. Medicina e biologia do sono. Barueri: Manole; 2008.
9. Erren TC, Reiter RJ. Defining chronodisruption. J Pineal Res. 2009;46:245-7.
10. ICSD-3. The international classification of sleep disorders: diagnostic and coding manual. 2.ed. Darien: American Academy of Sleep Medicine; 2014.
11. Sack RL, Auckley D, Auger RR, Carskadon MA, Wright KP Jr, Vitiello MV, et al. American Academy of Sleep Medicine. Circadian rhythm sleep disorders: part I, basic principles, shift work and jet lag disorders. An American Academy of Sleep Medicine review. Sleep. 2007;30:1460-83.
12. Okawa M, Uchiyama M. Circadian rhythm sleep disorders: characteristics and entrainment pathology in delayed sleep phase and non-24-h sleep-wake syndrome. Sleep Med Rev. 2007;11:485-96.
13. Auger RR, Burgess HJ, Emens JS, Deriy LV, Thomas SM, Sharkey KM. Clinical practice guideline for the treatment of intrinsic circadian rhythm sleep-wake disorders: advanced sleep-wake phase disorder (ASWPD), delayed sleep-wake phase disorder (DSWPD), non-24-hour sleep-wake rhythm disorder (N24SWD), and irregular sleep-wake rhythm disorder (ISWRD). An update for 2015: an American Academy of Sleep Medicine Clinical Practice Guideline. J Clin Sleep Med. 2015;11(10):1199-236.
14. Sajith SG, Clarke D. Melatonin and sleep disorders associated with intellectual disability: a clinical review. J Intellect Disabil Res. 2007;51:2-13.
15. Adán A, Prat G, Sánchez-Turet M. Effects of nicotine dependence on diurnal variations of subjective activation and mood. Addiction. 2004;99:1599-607.
16. Martinez D, Lenz Mdo C, Menna-Barreto L. Diagnósticos dos transtornos do sono relacionados ao ritmo circadiano. J Bras Pneumol. 2008;34(3):173-80.

29 | *Jet lag* e trabalho em turnos: diagnóstico, tratamento e *up-to-date*

Anna Karla Alves Smith

JET LAG

O distúrbio do sono por alteração do ritmo circadiano (DSRC) do tipo *jet lag* é caracterizado por um desalinhamento entre o ritmo endógeno das pessoas afetadas e o ambiente, após uma mudança de fuso horário (viagens aéreas) de, pelo menos, dois fusos horários.[1,2] Sabe-se que o relógio endógeno tende a adaptar-se gradativamente ao horário de destino, sincronizando-se aos estímulos ambientais (luz, calor, umidade, altitude, hábitos socioculturais, etc.),[3] mas enquanto isso não ocorre instala-se essa incompatibilidade de ritmos cujos sintomas são autolimitados.[4-7]

Quando vários fusos horários são cruzados, o *jet lag* é menor em viagens para o oeste, pois o relógio biológico deverá ser atrasado, e o ritmo circadiano, prolongado para cerca de 25 horas. Em viagens para o leste, o relógio deve ser adiantado.[4,6] A adaptação é mais difícil quando há menos sincronizadores no destino para ajudar a modular os ritmos endógenos, como em viagens no inverno com menos luminosidade,[7] e os sintomas podem ser mais intensos em idosos,[3] sem predomínio entre gêneros.[7] Há fatores predisponentes que podem exacerbar os sintomas, como a privação de sono antes da viagem, consumo excessivo de cafeína ou álcool durante a viagem, possibilidade de dormir durante a viagem e a chegada ao destino antes do meio-dia em viagem para o leste cruzando 10 fusos horários.[7]

Os sintomas geralmente começam entre o primeiro e o segundo dia no destino e melhoram em cerca de 1 semana.[3] A temperatura central corporal leva cerca de 1 dia para cada fuso horário cruzado até a adaptação.[5,8] Entre os sintomas, encontram-se insônia (principalmente em viagens para o leste), sonolência excessiva diurna (especialmente em viagens para oeste), desorientação, tontura, déficit de atenção, impaciência, falta de apetite e energia, mal-estar gastrointestinal e geral, depressão leve, cefaleia, etc.[3,4,6] Semelhantemente ao trabalho por turnos, a tripulação de voos transmeridianos estaria exposta a um risco maior de carcinogênese.[9]

Para diagnosticar o *jet lag*, a actigrafia e o diário de sono são as ferramentas recomendadas,[7] sendo também úteis para avaliar as respostas terapêuticas. A polissonografia (PSG) é pouco utilizada pela transitoriedade dos sintomas. A escala de *jet lag* de Columbia foi validada para avaliar a presença a gravidade dos sintomas por meio de questionário. Alguns marcadores de fase do ritmo circadiano (temperatura cutânea e central, secreção e concentração de melatonina, cortisol, GH e TSH) podem ser úteis para verificar a resposta terapêutica.[7,8]

Em termos de tratamento, sabe-se que o *jet lag* resolve-se por si só, lentamente, com uma fase de ajuste de cerca de 60 minutos/dia em viagens para o leste e 90 minutos/dia em viagens para o oeste.[7] Entretanto, as medidas terapêuticas a seguir podem acelerar o processo:[7] em viagem longa, é aconselhável usar roupas soltas e fazer algum tipo de atividade física no trajeto, como caminhar e alongar-se a cada 2 horas para prevenir a trombose venosa profunda, manter hidratação adequada, consumir frutas e evitar a ingestão de álcool e cafeína em excesso e, ao chegar ao destino, deve-se nos primeiros dias facilitar a interação com os sincronizadores ambientais: exercício à luz natural e atividades sociais em momentos apropriados, ajustando horários das refeições, etc.[3,4,6] Antes de viagens de longa distância, com duração de 1 ou 2 dias, é recomendado manter os hábitos e os horários do local de origem.[7] Já em viagens de maior duração, é recomendado planejar a viagem, ajustando gradualmente horários de sono para o destino.[9] Já no destino e para adaptação mais rápida, devem-se evitar cochilos longos, que poderiam corresponder ao sono noturno que se teria no local de origem. Em viagens para o oeste, deve-se deitar cedo e acordar sem pressa, enquanto, para viagens para o leste, recomenda-se exercitar-se no final da tarde e acordar mais cedo.[4,9]

Em relação à fototerapia, faltam dados para justificar a exposição programada à luz brilhante (solar ou artificial) para acelerar a adaptação.[5,8] Em geral, quando mais de seis a oito fusos horários são cruzados, deve-se evitar a exposição à luz natural na parte da manhã após viagens feitas para o leste e no final da tarde quando são para o oeste.[4,6,7] Para minimizar a sonolência diurna, podem ser usadas drogas estimulantes, como modafinil, dextroanfetamina e cafeína.[4] Para induzir ao sono noturno, podem ser usados hipnóticos de curta ação, como zolpidem e zopiclone em doses de 10 e 7,5 mg, respectivamente, durante 3 dias após o desembarque, ou em associação com a melatonina.[4,6,7] Esta pode ser administrada antes de dormir, em viagens de pelo menos quatro fusos horários,[8] para induzir a avanço da fase na dose de 2 a 5 mg dose, por no máximo 4 dias,[3,4,6] e em voos transmeridianos por sete a oito fusos horários, recomenda-se iniciar o tratamento de 2 a 3 dias antes da partida até 5 dias após o desembarque. Os agonistas do receptor de melatonina (ramelteon e agomelatina) são alternativas terapêuticas.[9]

TRABALHO EM TURNOS

Trata-se de DSRC decorrente de trabalho por turno quando o horário de trabalho coincide com o período de sono habitual, seja todas as noites ou de maneira alternada, sem que haja adaptação a esse ciclo vigília-sono.[3,6] Afeta todas as idades e ambos os sexos,[7] com prevalência de 32,1% para o trabalho noturno e 26,1% entre os trabalhadores por turnos alternados.[10]

O ritmo sono-vigília invertido não fisiológico pode causar sonolência durante a noite, insônia diurna e sono não reparador, encurtado (cerca de 1 a 4 horas a menos).[3,4,6,11] A presença de sonolência noturna associada à insônia estaria relacionada a um polimorfismo no gene *PER3*.[8] A privação do sono e a dessincronização circadiana acabam por causar cansaço no trabalhador noturno, gerando impacto sobre a sua vida social, familiar e no trabalho (diminuição do desempenho cognitivo, menor produtividade do trabalho e maior risco de acidentes).[3,4,6,11] São mais propensos a estresse, doenças cardiovasculares como a hipertensão arterial (perda do descenso noturno),[12] diabete e obesidade, distúrbios gastrointestinais, depressão e abuso de drogas (Figura 1).[5,9] O trabalho noturno durante anos pode aumentar a incidência de alguns tipos de câncer (endométrio, próstata, mama, cólon, etc.), fato que poderia ser explicado pelo papel dos genes *clock* na carcinogênese e por um ritmo mais curto de secreção de melatonina,[13] diminuindo sua capacidade antioxidante, oncostática, imunomoduladora e antiestrogênica (Figura 2).[14]

Para diagnosticar tal DSRC, as queixas clínicas de insônia diurna e/ou sonolência excessiva durante o trabalho devem ter duração de pelo menos 30 dias. Actigrafia e/ou diário de sono (durante pelo menos 7 dias) podem mostrar o desajuste entre o horário de sono-vigília real (estabelecido pelo trabalho) e o desejado.[6,9] É necessário descartar doenças, distúrbio do sono ou uso de drogas que justifiquem os sintomas.[13] O Questionário de Matutinidade-Vespertinidade (QMV) é o mais útil para identificar o cronotipo vespertino com maior capacidade de adaptação e menos sonolência durante o turno de trabalho.[7-9]

O tratamento tem dois principais objetivos: readequar o ritmo de sono-vigília ao horário de trabalho e melhorar as características de seu sono e vigília (por terapias comportamentais e farmacológicas).[4] Para evitar a sonolência no trabalho, recomenda-se tirar cochilos antes do início ou durante a primeira metade do turno de trabalho.[3,4,7] A fototerapia está indicada com a finalidade de retardar o ritmo circadiano de sono durante a noite para a primeira metade da manhã

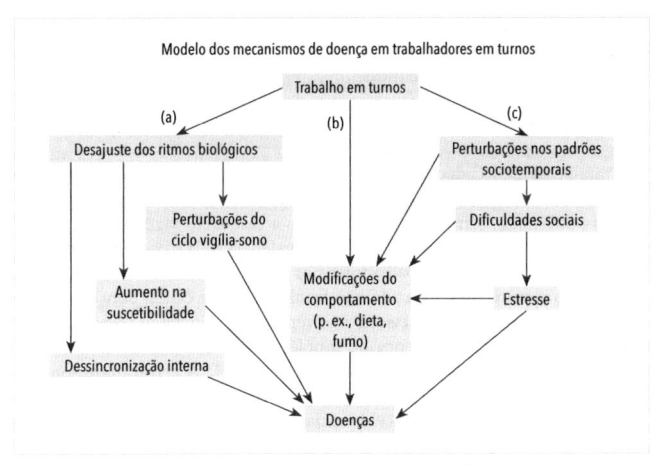

Figura 1   Consequências do trabalho em turnos. Fonte: Knutsson, 1989.[15]

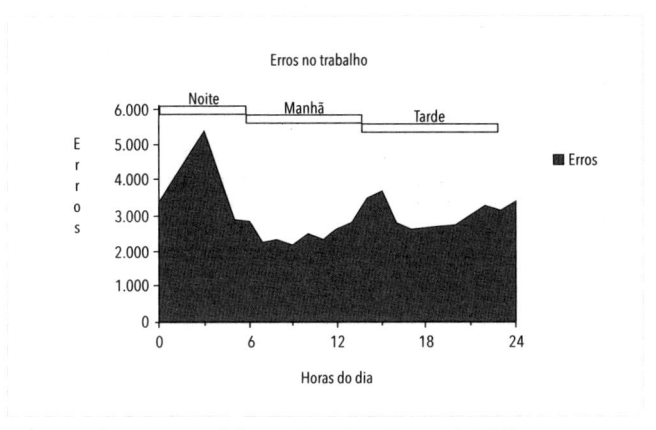

Figura 2   Tendência a erros no trabalho nas 24 horas. Fonte: Bjerner et al., 1955.[16]

por meio da exposição à luz natural ao entardecer ou uma luz brilhante (3.000 a 5.000 lux) no trabalho.[3,4,6,8,9] No período da manhã, deve-se evitar luz natural, dormindo em quarto escuro e tranquilo e usando óculos escuros no período de folga. Para minimizar a sonolência no trabalho, o modafinil, em dose de 200 mg, administrado 30 a 60 minutos antes do turno pode ser usado, e a combinação de cafeína e cochilos poderia aumentar o nível de alerta noturno.[4,6,7,8] Para melhorar o sono diurno, podem ser usados hipnóticos de ação curta, como zolpidem 10 mg ou melatonina exógena, esta última com dose variável (0,5 a 10 mg).[4,6,8,9]

CONSIDERAÇÕES FINAIS

Os DSRC relacionados a turnos de trabalho inadequados ou viagens transmeridianas (*jet lag*) englobam situações em que o meio externo acaba por determinar uma dessincronização do ritmo endógeno. A capacidade de se readaptar vai determinar maior exuberância de sintomas. No caso do *jet lag*, sendo uma situação transitória, a prevenção e as medidas recomendadas podem minimizar e encurtar o quadro. No caso do trabalho em turnos, a importância do diagnóstico, o reconhecimento dos sintomas e o tratamento individualizado podem ajudar a minimizar suas consequências cada vez mais impactantes à saúde do trabalhador e a prevenção de acidentes.

REFERÊNCIAS BIBLIOGRÁFICAS

1. American Psychiatric Association, DSM-5 Task Force. Diagnostic and statistical manual of mental disorders:DSM-5. 5.ed. Washington: American Psychiatric Association; 2013. p.xliv. p.947.
2. ICSD-3. The international classification of sleep disorders: diagnostic and coding manual. 2.ed. Darien: American Academy of Sleep Medicine; 2014.
3. Martinez D, Lenz MC. Circadian rhythm sleep disorders. Indian J Med Res. 2010;131:141-9.
4. Barion A, Zee PC. A clinical approach to circadian rhythm sleep disorders. Sleep Med. 2007;8:566-77.
5. Zee PC. Science of circadian rhythms. Sleep Medicine Clinics. 2015;10(4).
6. Lu BS, Zee PC. Circadian rhythm sleep disorders. Chest. 2006;130:1915-23.
7. Sack RL, Auckley D, Auger RR, Carskadon MA, Wright KP Jr, Vitiello MV, et al. American Academy of Sleep Medicine. Circadian rhythm sleep disorders: part I, basic principles, shift work and jet lag disorders. An American Academy of Sleep Medicine review. Sleep. 2007;30:1460-83.
8. Auger RR, Burgess HJ, Emens JS, Deriy LV, Thomas SM, Sharkey KM. Clinical practice guideline for the treatment of intrinsic circadian rhythm sleep-wake disorders: advanced sleep-wake phase disorder (ASWPD), delayed sleep-wake phase disorder (DSWPD), non-24-hour sleep-wake rhythm disorder (N24SWD), and irregular sleep-wake rhythm disorder (ISWRD). An update for 2015: an American Academy of Sleep Medicine clinical practice guideline. J Clin Sleep Med. 2015;11(10):1199-236.

9. Haus E, Smolensky M. Biological clocks and shift work: circadian dysregulation and potential long-term effects. Cancer Causes Control. 2006;17:489-500.
10. Drake CL, Roehrs T, Richardson G, Walsh JK, Roth T. Shift work sleep disorder: prevalence and consequences beyond that of symptomatic day workers. Sleep. 2004;27:1453-62.
11. Waage S, Moen BE, Pallesen S, Eriksen HR, Ursin H, Akerstedt T, et al. Shift work disorder among oil rig workers in the North Sea. Sleep. 2009;32:558-65.
12. Smolensky MH, Hermida RC, Castriotta RJ, Portaluppi F. Role of sleep-wake cycle on blood pressure circadian rhythms and hypertension. Sleep Med. 2007;8:668-80.
13. Haus E. Chronobiology in oncology. Int J Radiat Oncol Biol Phys. 2009;73:3-5.
14. Eismann EA, Lush E, Sephton SE. Circadian effects in cancer-relevant psychoneuroendocrine and immune pathways. Psychoneuroendocrinolog. 2010;35(7):963-76.
15. Knutsson A. Shiftwork and coronary disease. National Institute for Psychosocial Factors and Health Institute Karolinska; 1989.
16. Bjerner B, Holm A, Swensson A. Diurnal variation in mental performance; a study of three-shift workers. Br J Ind Med. 1955;12(2):103-10.

30 | Doenças neuropsiquiátricas associadas ao sono

Artur Filhou José
Lúcio Huebra Pimentel Filho

INTRODUÇÃO

Doenças sistêmicas apresentam relação complexa com o ritmo circadiano, o sono e os distúrbios do sono (DS). Algumas síndromes demonstram intensificação de seus sintomas em determinado período do dia, como logo ao despertar, próximo ao horário de dormir ou mesmo durante o sono. Diversas condições, sobretudo as doenças neurológicas e psiquiátricas, podem se apresentar como fatores precipitantes ou perpetuantes de DS e estes, por sua vez, podem ser fatores agravantes de sintomas de diversas doenças. Portanto, faz-se importante a adequada abordagem dos DS em pacientes acometidos por outras patologias, mas, para isso, é necessário conhecer os principais sintomas do sono relacionados com a doença de base e saber como investigá-los, para possibilitar o tratamento adequado e com isso a melhora da qualidade de vida. Este capítulo irá se ater às doenças neuropsiquiátricas mais importantes por sua prevalência e associação com o sono. São elas: transtornos psiquiátricos (transtornos de ansiedade e transtorno depressivo maior), doença de Parkinson, doença de Alzheimer, epilepsia, doenças neuromusculares e fibromialgia.

TRANSTORNOS PSIQUIÁTRICOS E SONO

Como foi mencionado, distúrbios do sono são achados frequentes nos transtornos psiquiátricos. A coexistência é comum e pode influenciar ou agravar um ao outro. Nos últimos anos, vários estudos têm demonstrado a provável relação bidirecional entre eles, muitas vezes não sendo possível definir relação de causalidade.[1] Outra possível relação entre eles é que muitos medicamentos usados nos transtornos psiquiátricos podem afetar de modo positivo ou negativo os problemas de sono.

Pacientes com transtornos psiquiátricos apresentam melhor evolução quando são adequadamente tratados também dos sintomas de alterações de sono concomitantes. Estudos demonstram que indivíduos com DS apresentam maior risco de desenvolver doença mental, aumentando a chance de recaída e pior resposta ao tratamento. A presença de insônia crônica aumenta o risco de início de depressão, transtornos de ansiedade e problemas com uso de álcool, drogas ilícitas e nicotina.

Pacientes com DS, transtornos psiquiátricos ou com associação de ambos são altamente frequentes nos serviços de cuidados primários de saúde, por isso é importante que os médicos clínicos estejam bem informados e preparados para a detecção e o tratamento precoce, pois a demora no tratamento piora o prognóstico. Em todos os pacientes psiquiátricos, é necessário pesquisar queixas de sono e, nos pacientes com DS, deve-se procurar por sintomas psiquiátricos.

Em um serviço de atendimento psiquiátrico, 80% dos pacientes relataram problemas com sono, sendo que 72% dos casos são de insônia. Apesar da maioria dos pacientes relatar problemas de sono, somente 46% desses pacientes tinham anotação dessas queixas no seu registro médico.[2]

O estudo de Ford e Kamerow[3] em uma comunidade de 10.534 indivíduos verificou que, dos indivíduos que apresentavam insônia e hipersonia, 40,4% e 46,5%, respectivamente, tiveram diagnóstico de transtorno psiquiátrico, enquanto entre as pessoas que não apresentavam queixas de sono apenas 16,4% apresentavam doença psiquiátrica.

Praticamente todos os transtornos psiquiátricos podem apresentar alterações do sono. Neste capítulo, são abordados os dois mais frequentes transtornos psiquiátricos e suas relações com o sono: transtornos de ansiedade (transtorno de ansiedade generalizada, transtorno de pânico e transtorno de estresse pós-traumático) e depressão maior.

TRANSTORNOS DE ANSIEDADE E SONO

Os transtornos de ansiedade (TA) se manifestam como estados de medo ou sentimentos subjetivos de apreensão e angústia. Diante de uma situação de estresse, é comum uma resposta inadequada na sua intensidade ou na sua duração. O indivíduo reage de forma caótica ou com paralisia. Há prejuízo no funcionamento global, ocupacional, familiar e social do indivíduo. São frequentes os seguintes sinais e sintomas:

- Autonômicos: taquicardia, vasoconstrição, sudorese, aumento do peristaltismo, boca seca, náusea, midríase e piloereção.

- Musculares: dores, contraturas e tremores.
- Cinestésicos: parestesias, ondas de calor, calafrios e adormecimentos.
- Cardiorrespiratórios: taquicardia, hiperventilação, sensação de afogamento.
- Gerais: alterações de sono e apetite.
- Psíquicos: tensão, nervosismo, irritabilidade, apreensão, insegurança, dificuldade de concentração, despersonalização e desrealização.

Transtornos de ansiedade generalizada (TAG)

Caracteriza-se por ansiedade crônica e apreensão em relação à maioria das atividades. Preocupação e ansiedade na maior parte do tempo, por pelo menos 6 meses, acompanhadas por inquietação, fadiga, falta concentração, irritabilidade, tensão muscular e alteração do sono. Ocorre dificuldade de iniciar e manter o sono, sendo este não reparador. A polissonografia demontra:

- Aumento da latência sono.
- Aumento dos estágios mais superficiais do sono.
- Aumento do número de despertares.
- Diminuição do sono REM.

Transtorno de pânico (TP)

Caracteriza-se por ataques súbitos recorrentes e inesperados de ansiedade, acompanhados de sintomas físico-autonômicos e medo acentuado de ter outra crise. A queixa mais comum de sono costuma ser insônia inicial e de manutenção, com sono não reparador e fragmentado, e ataques de pânico noturnos podem ocorrer durante o sono geralmente entre os estágios 2 e 3. Os ataques de pânico noturnos são, muitas vezes, confundidos com parassonias do sono NREM, sobretudo terror noturno, uma vez que ambos apresentam despertar súbito associado com ativação autonômica exuberante. A diferenciação está no nível de consciência durante o episódio, prejudicado nos pacientes com terror noturno, que não se recordam do ocorrido, e na dificuldade para retomar o sono dos pacientes com ataque de pânico por conta dos sintomas ansiosos. A polissonografia demonstra:

- Diminuição da eficiência do sono.
- Aumento da latência do sono.
- Que os ataques de pânico ocorrem geralmente no final do estágio 2 e no início do 3.

Transtorno de estresse pós-traumático

Os sintomas ocorrem geralmente em torno dos primeiros 3 meses após o evento traumático e são revividos persistentemente, com comportamento de esquiva a estímulos relacionados ao trauma. Ocorrem despertares ansiosos causados por pesadelos e dificuldade de iniciar e manter o sono. A polissonografia demonstra:

- Redução da eficiência do sono.
- Redução do tempo total do sono.
- Aumento da latência do sono REM.

O tratamento dos transtornos de ansiedade consiste em orientações gerais e de higiene do sono e psicoterapias, sendo a terapia cognitivo-comportamental (TCC) a mais estudada, além de tratamento farmacológico. São usados antidepressivos com ação mais sedativas, e os mais usados são os inibidores seletivos de recaptação da serotonina (ISRS) e os hipnóticos não benzodiazepínicos, como o zolpidem. Como adjuvantes: anticonvulsivantes e neurolépticos sedativos ou benzodiazepínicos (BDZ), de preferência por um curto período de tempo, evitando seu uso em pacientes idosos ou com síndrome da apneia obstrutiva do sono (SAOS).

TRANSTORNO DEPRESSIVO MAIOR E SONO

O transtorno depressivo maior (TDM) caracteriza-se por cinco ou mais dos seguintes sintomas: humor deprimido, diminuição do interesse e do prazer, perda ou ganho de peso, insônia ou hipersonia, agitação ou retardo psicomotor, fadiga ou perda de energia, sentimentos de inutilidade ou culpa, diminuição da concentração e capacidade de pensar e pensamentos de morte, por pelo menos duas semanas. Os sintomas causam sofrimento significativo e/ou prejuízo no funcionamento social, ocupacional ou outras áreas da vida do indivíduo.

O TDM é um grande problema de saúde pública no Brasil, por sua gravidade e alta prevalência, em torno de 3 a 15%, e é mais comum em mulheres. Considerado subdiagnosticado e subtratado, pode piorar a evolução de várias doenças. Entre os pacientes com depressão maior, cerca de 75% queixam-se de insônia ou hipersonia.[3] Na remissão da depressão maior, a insônia costuma ser o sintoma residual mais frequente, aumentando o risco de recorrência.

No tratamento, são indicadas as orientações gerais e de higiene do sono, além de TCC e antidepressivos sedativos associados ou não a hipóticos não BDZ, como o zolpidem. Em situações específicas, pode-se avaliar caso a caso o uso de BDZ, de preferência por um curto período de tempo, evitando seu uso em pacientes idosos ou com SAOS ou mesmo anticonvulsivantes e neurolépticos sedativos. A polissonografia demonstra:

- Redução da eficiência do sono.
- Redução do tempo total do sono.
- Redução da latência do sono REM.
- Aumento da densidade de REM.
- Redução do sono de ondas lentas.
- Aumento do número de despertares.
- Aumento da vigília após início do sono.
- Despertar precoce.

DOENÇA DE PARKINSON E SONO

A doença de Parkinson (DP) é um transtorno neurodegenerativo caracterizado primariamente por bradicinesia associada a tremor de repouso, rigidez e/ou perda de reflexos posturais. De acordo com suas características fisiopatológicas, está incluída no grupo de doenças neurodegenerativas conhecidas como sinucleinopatias, apresentando semelhanças em sua apresentação clínica, tanto por conta da presença dos sintomas motores já citados como pela ocorrência de sintomas não motores, como alterações do olfato, perda da sensibilidade visual para distinção de cores, constipação intestinal e distúrbio do sono do tipo transtorno comportamental do sono REM.

Transtornos do sono são vistos em 50 a 60% dos pacientes com DP e apresentam importante impacto na qualidade de vida. Os distúrbios apresentados podem ser diversos, e as queixas relatadas variam entre insônia, sonolência excessiva diurna, sono não reparador, fragmentação noturna do sono ou sono agitado.[4]

A insônia nos pacientes portadores de DP pode ocorrer por diversos motivos, desde condições gerais independentes da doença de base, como má higiene do sono e ambiente inadequado, como também pelo uso de medicações e transtornos específicos nessa população. A selegilina (inibidor da monoamino-oxidase B) é metabolizada em anfetaminas e pode gerar estado de alerta, causando dificuldade para início do sono de acordo com o horário de uso da medicação. Uso de levodopa, amantadina e triexifenadil também pode prejudicar a qualidade de sono. Pacientes com DP e insônia devem ser sempre submetidos a tratamento não farmacológico com orientação sobre higiene do sono, TCC específica para insônia, regularidade de horários e o estabelecimento de uma rotina de atividades ativas durante o dia. Tratamento farmacológico, quando indicado, pode ser instituído com hipnóticos não BDZ como zolpidem, zopiclona, zaleplona ou mesmo quetiapina em baixas doses.[5]

Nos pacientes com dificuldade para início do sono, sintomas de síndrome das pernas inquietas (SPI) devem ser sempre questionados, uma vez que, mesmo gravemente sintomáticos, os pacientes não se queixam dessa condição. A SPI tem prevalência aumentada entre os parkinsonianos, atingindo de 10 a 20% dos casos. O tratamento de primeira linha é o uso de agonistas dopaminérgicos, como pramipexol e rotigotine. Gabapentina, opioides e clonazepam podem ser usados como segunda linha ou em caso de síndrome de aumentação com o uso do agonista dopaminérgico.[6]

Agitação durante a noite pode ter importante impacto social, gerando medo e apreensão nos familiares e nos cuidadores. Os pacientes portadores de DP apresentam comumente sonhos vívidos e pesadelos decorrentes do uso de terapia dopaminérgica. Movimentação rítmica excessiva dos membros inferiores pode surgir no contexto de movimentos periódicos de membros durante o sono (do inglês, PLMS). Caso haja vocalização e movimentos complexos vivenciando os sonhos, transtorno comportamental do sono REM (TCSREM), deve ser lembrado, pois ele atinge cerca de 15 a 30% dos pacientes com DP e pode preceder até décadas o início dos sintomas motores da doença e o momento do diagnóstico clínico.[4] Durante os episódios dessa parassonia, os pacientes apresentam importante melhora dos sintomas parkinsonianos com aumento do volume da voz, maior agilidade de movimentos e ausência de tremor. Os episódios tendem a ser agressivos e podem gerar traumas para o próprio paciente ou seu parceiro, até mesmo com lesões graves. A suspeita clínica de TCSREM deve ser investigada por meio da realização de polissonografia basal com eletromiografia de quatro membros e monitoração por vídeo, investigando episódios de perda da atonia durante o sono REM e alterações comportamentais de vivência dos sonhos. Os sintomas, em geral, apresentam boa resposta ao tratamento com o uso de baixa dose de clonazepam ou melatonina.

Sonolência excessiva diurna é outra importante queixa dos pacientes portadores de DP, sendo na maioria das vezes de cunho multifatorial. Motivo frequente e geralmente pouco valorizado é a fragmentação noturna do sono à custa de sintomas parkinsonianos durante o sono. A presença de rigidez significativa com dificuldade de movimentação durante a noite ou a presença de tremores podem gerar múltiplos despertares.

A SAOS também é mais frequente entre esses pacientes, devendo ser investigada sempre que houver outros sinais e sintomas sugestivos, como presença de roncos, xerostomia, cefaleia matinal, noctúria, sobrepeso e sono não reparador.

Ataques de sono, caracterizados como sonolência súbita, podem ocorrer em 5,3% dos pacientes em monoterapia com agonista dopaminérgico e 7,3% daqueles em uso combinado de levodopa e agonista dopaminérgico.[4]

A polissonografia demonstra:

- Redução da eficiência do sono.
- Fragmentação noturna do sono.
- Aumento do índice de movimentos periódicos de membros (PLMS).
- Aumento do índice de apneia e hipopneia (IAH).
- Perda da atonia do sono REM.

DOENÇA DE ALZHEIMER E SONO

Doença de Alzheimer (DA) é um transtorno neurodegenerativo caracterizado por declínio cognitivo progressivo com prejuízo de memória, linguagem, orientação temporoespacial, funções executivas e de outros domínios. É considerada a principal causa irreversível de demência no idoso.

Alterações do sono fazem parte do processo normal de envelhecimento, com aumento da fragmentação noturna do sono, despertares noturnos e maior tendência a sonolência durante o dia. A prevalência de DS em DA é estimada em 25% nos casos leves e chega a 50% nos casos moderados a graves. Os DS podem assumir diferentes formas, como sonolência excessiva durante o dia, dificuldade para dormir à noite, fragmentação do sono noturno e despertar precoce. Alterações do sono podem ser fatores comuns de estresse e ter impacto negativo na qualidade de vida dos pacientes e seus cuidadores, além de serem fatores de risco importantes para institucionalização precoce.[7]

A origem dos DS em pacientes com DA parece ser multifatorial, pela combinação da neurodegeneração de mecanismos que regulam os mecanismos do sono e comorbidades somáticas e psiquiátricas. O DS mais comum nos pacientes portadores de demência é o fenômeno do pôr do sol (do inglês, *sundowning*), que corresponde a um estado confusional agudo, com surgimento ou exacerbação de sintomas neuropsiquiátricos, sobretudo agitação, ansiedade, confusão e agressividade no fim do dia e no início da noite.

Alterações do ritmo circadiano de sono-vigília são frequentes nesses indivíduos, apresentando dificuldades para início do sono noturno, manutenção do sono e sonolência diurna. Em casos extremos, pode haver completa inversão do padrão sono-vigília com maior período de sono durante o dia. É possível observar a redução da amplitude do ritmo circadiano e o atraso de fase do sono. Essas alterações do ritmo possivelmente estão relacionadas com degeneração do núcleo supraquiasmático na evolução da DA. Apesar de não haver acometimento da glândula pineal na DA, há comprovação de redução do nível liquórico de melatonina, o que pode ser um fator contributivo para esse processo.[8]

Outros DS, que habitualmente são mais comuns nos idosos independentemente da função cognitiva, podem surgir de forma comórbida nos pacientes acometidos por DA. SAOS, SPI e insônia podem levar à má qualidade de sono desses pacientes e com isso prejudicar a consolidação da memória durante o sono, agravando o comprometimento cognitivo dessa população.

O tratamento dos DS em pacientes com DA deve ser direcionado para os sintomas predominantes e, geralmente, demanda terapias farmacológicas e não farmacológicas. Higiene do sono, exposição à luz solar e uso de melatonina podem auxiliar os pacientes com alterações de ritmo circadiano. Doses baixas de antipsicóticos atípicos, antidepressivos hipnóticos ou mesmo hipnóticos não BDZ podem ser usados em caso de insônia. A polissonografia demonstra:

- Redução do tempo total de sono.
- Redução do sono de ondas lentas.
- Redução da quantidade de grafoelementos do sono (fusos do sono e complexos-k).
- Aumento da atividade delta durante o sono NREM.
- Redução da quantidade de sono REM.
- Aumento do número de episódios de sono REM.
- Lentificação temporoparietal e frontal do EEG durante o sono REM.

EPILEPSIA E SONO

Epilepsia, que é uma das doenças neurológicas mais comuns, é caracterizada como um transtorno cerebral com predisposição duradoura a apresentar crises epilépticas com consequências neurobiológicas, sociais, cognitivas e psicológicas. A epilepsia apresenta relação complexa e recíproca com o sono e os DS, uma vez que a má qualidade de sono pode levar à maior dificuldade de controle das crises epilépticas, os fenômenos epilépticos podem ter impacto negativo no sono e as crises epilépticas noturnas podem simular transtornos do sono.

Aproximadamente 20% dos pacientes apresentam crises epilépticas apenas durante a noite, 40% apenas durante o dia e cerca de 35% apresentam crises diurnas e noturnas. Atividades epileptiformes são geralmente ativadas durante o sono, por isso é recomendada a realização de EEG em sono, sempre que o exame não é elucidativo durante a vigília.[9]

Algumas síndromes epilépticas específicas apresentam comportamentos peculiares em relação ao sono e ao ritmo circadiano. A epilepsia mioclônica juvenil apresenta importante cronodependência e associação com o sono, já que as crises geralmente ocorrem nas primeiras 2 horas após o despertar, sendo a privação de sono um importante gatilho para surgimento de crises. Crises epilépticas generalizadas do tipo tônico-clônicas ao despertar podem constituir uma entidade isolada ou estar inseridas no contexto de epilepsia mioclônica juvenil, epilepsia ausência juvenil ou outras síndromes generalizadas.

Epilepsia noturna do lobo frontal é uma condição de difícil diagnóstico, porque as crises ocorrem de forma predominante ou exclusiva durante o sono, sendo portanto difícil a diferenciação com parassonias e outras desordens do sono não epileptogênicas. Caracteriza-se por três formas diferentes de apresentação clínica:

- Despertar paroxístico: duração de cerca de 2 a 20 segundos em que o paciente abre subitamente os olhos, levanta a cabeça e o tronco, apresenta postura distônica dos membros com expressão de medo ou surpresa e, algumas vezes, com grito.
- Distonia paroxística noturna: duração de cerca de 20 segundos a 2 minutos em que o paciente apresenta inicialmente o despertar paroxístico, porém evolui com movimentos bruscos e violentos e posturas distônicas ou discinéticas.
- Perambulações noturnas episódicas: maior duração, com cerca de 1 a 3 minutos, caracterizando-se por movimentação agitada, estereotipada, pulos e gritos.[9]

Apresenta maior gravidade o espectro das síndromes de status *epilepticus* durante o sono, que consiste em um padrão do EEG caracterizado por atividade quase contínua do tipo espícula-onda durante o sono de ondas lentas. Associa déficits cognitivos e alterações comportamentais. A síndrome de Landau-Klefner, uma variante, caracteriza-se por afasia adquirida, epilepsia e espículas lateralizadas, bitemporais ou difusas durante o sono NREM.[10]

Por outro lado, fenômenos não epilépticos durante o sono podem também simular crises epilépticas. Na transição do sono para vigília, pode ocorrer uma falha de integração de processos visuais, auditivos, vestibulares, táteis, proprioceptivos, cinestésicos ou motores, levando a transtornos de movimentos rítmicos (*jactatio capitis nocturna, headbanging, headrolling*), mioclonias hipnagógicas ou mioclonias proprioespinhais da transição sono-vigília, que se assemelham clinicamente com crises epilépticas. A diferenciação de parassonias do sono NREM e crises epilépticas pode ser difícil, porém a soma de algumas características peculiares contribui para a diferenciação. São fatores que corroboram a natureza epiléptica de um evento noturno:

- Movimentos estereotipados.
- Alta frequência com tendência a ocorrer em séries.
- Horário em que acontece no período noturno (parassonias do NREM acontecem em geral após 2 horas de início do sono, enquanto crises epilépticas podem ocorrer em qualquer momento).
- Semiologia dos eventos (movimentos tônicos unilaterais).
- Duração dos eventos (parassonias tendem a apresentar maior duração quando comparadas com as crises epilépticas noturnas).
- Idade do paciente (parassonias do sono NREM em geral são limitadas à infância, enquanto crises epilépticas tendem a persistir durante a vida adulta).[11]

A polissonografia demonstra:

- Atividade epileptiforme pode ser flagrada no registro da polissonografia basal, porém é necessário o registro de EEG com sistema 10 a 20 completo (montagem neurológica) para obtenção de melhor estudo de atividade epileptiforme durante o sono. Monitoração por vídeo é importante para a caracterização das manifestações clínicas dos eventos noturnos.
- Fragmentação do sono.
- Aumento do número de microdespertares.

DOENÇAS NEUROMUSCULARES E SONO

Doenças neuromusculares consistem em um grupo heterogêneo de doenças crônicas cujos pacientes acometidos podem apresentar diferentes padrões de lesão com diversos graus de fraqueza muscular, podendo, inclusive, afetar musculatura respiratória e ventilação. Dependendo da doença de base, da idade do paciente, do tempo de evolução e do tipo de acometimento muscular, pode haver diferentes tipos e gravidade de doença respiratória relacionada com o sono, como apneia obstrutiva do sono, aumento da resistência de via aérea superior, hipoventilação ou apneia central.

A prevalência de DS em pacientes com doença neuromuscular é estimada em 27 a 62% nas crianças e em 36 a 53% nos adultos.[12] Quando não tratados, podem contribuir para aumento do risco cardiovascular, prejuízo cognitivo e redução do tempo de vida. Distúrbios respiratórios do sono podem preceder falência respiratória em vários anos, por isso devem ser investigados antes de sinais diurnos de acometimento ventilatório. Presença de roncos, aumento dos despertares noturnos, sonolência excessiva diurna e cefaleia matinal devem ser questionados e, quando presentes, requerem polissonografia basal para investigação de distúrbios respiratórios durante o sono.

Testes de função pulmonar durante vigília não apresentam nenhuma correlação direta com distúrbios respiratórios durante o sono, porém alguns achados indicam a realização de polissonografia: redução da FEV1 abaixo de 40% do predito, *base excess* maior que 4 mmol/L, $PaCO_2$ maior que 54 mmHg e hipoxemia.[12]

O tratamento será direcionado de acordo com o distúrbio respiratório do sono diagnosticado, sendo geralmente necessário o uso de algum mecanismo de ventilação não invasiva durante o sono. O uso do dispositivo de ventilação garante melhora da hipóxia noturna, hipoventilação, índice de distúrbio respiratório, número de despertares, arquitetura do sono, pressão arterial, sonolência diurna e outros sintomas. A modalidade ventilatória mais comum nesse perfil de pacientes é a ventilação com pressão positiva em dois níveis (*bilevel positive airway pressure ventilation* – BLPAP).

FIBROMIALGIA, DOR CRÔNICA E SONO

A fibromialgia é uma doença crônica caracterizada por queixas dolorosas neuromusculares difusas e pela presença de pontos dolorosos em posições anatômicas específicas. Acompanha outras manifestações, como fadiga, DS e alterações do humor. Em pacientes com fibromialgia, DS são tão comuns que, na última revisão dos critérios clínicos diagnósticos de 2010, foram incluídos sintomas como insônia, sono não reparador e fadiga.

Ao se avaliar pacientes com fibromialgia, cerca de 73 a 85% apresentam fadiga, DS (insônia ou sono não reparador) e rigidez matinal. A combinação de dor e má qualidade de sono nesses pacientes funciona como um sistema de perpetuação dos sintomas, em que sintomas dolorosos, especialmente noturnos, prejudicam a qualidade do sono e, por sua vez, a privação de sono exacerba a dor. Evidências mostram que a melhora da qualidade de sono implica a redução dos sintomas dolorosos.[13]

Em pacientes com fibromialgia, principalmente aqueles com queixa de sono não reparador, podem ser encontradas doenças primárias do sono, como apneia obstrutiva do sono e SPI. Assim, apesar de ser comum a queixa de má qualidade do sono e geralmente estar associado diretamente com a fibromialgia, outros DS devem ser lembrados e investigados.

O tratamento deve objetivar obter a melhora dos sintomas álgicos, assim como dos DS. Está indicado o uso de terapias não farmacológicas, como atividade física e higiene do sono, e terapias farmacológicas. Algumas medicações usadas para controle dos sintomas da fibromialgia podem ter benefício adicional naqueles pacientes que também se queixam de insônia. Entre essas medicações, é posível citar amitriptilina, nortriptilina, gabapentina, pregabalina e duloxetina.

Pacientes com quadros álgicos crônicos, sobretudo aqueles refratários ao tratamento habitual, podem necessitar do uso de analgésicos mais potentes, como os opioides. O uso de analgésico opioide, em doses mais altas, ou mesmo o uso abusivo podem levar a consequências respiratórias graves durante o sono, causando apneias centrais.

Observa-se na polissonografia:

- Aumento da latência para início do sono.
- Aumento do número de microdespertares.
- Aumento do tempo acordado após início do sono.
- Padrão alfa-delta do sono NREM.
- Redução do sono de ondas lentas.
- Redução do sono REM.

CONSIDERAÇÕES FINAIS

Qualidade do sono deve ser sempre questionada no acompanhamento de pacientes portadores de doenças e síndromes crônicas. Apenas pelo questionamento dirigido sobre sintomas relacionados ao sono, como dificuldade para início ou manutenção do sono, despertar precoce, roncos, pausas respiratórias, sonolência diurna, agitação durante a noite e sono não reparador, é possível aventar-se a hipótese de DS associado e, então, iniciar-se a investigação para diagnóstico e posterior tratamento. O tratamento dos DS comórbidos a doenças crônicas é importante para se obter melhor controle dos sintomas da doença de base, maior aderência ao tratamento e melhora global na qualidade de vida.

REFERÊNCIAS BIBLIOGRÁFICAS

1. Winokur A. The relationship between sleep disturbances and psychiatric disorders. Psychiatr Clin N Am. 2015;38:603-14.
2. Berlim RM, Litovitz GL, Diaz MA, Ahmed SW. Sleep disorders on a psychiatric consultation service. Am J Psychiatry. 1984;14(4):582-4.
3. Ford D, Kamerow D. Epidemiologic study of sleep disturbances and psychiatric disorders. JAMA. 1989;262(11):1470-84.
4. Riquer IA, Bergareche A, Campos V. Sleep disorders in Parkinson disease. The Neurologist. 2011;17(6 Suppl 1):S38-42.
5. Thenganatt MA, Frucht SJ. Treatment option for sleep dysfunction in Parkinson's disease. Curr Treat Options Neurol. 2011;13:473-87.
6. Rye DB. Parkinson's disease and RLS: the dopaminergic bridge. Sleep Medicine. 2004;5:317-28.
7. Bliwise DL. Review: sleep in normal aging and dementina. Sleep. 1993;16:40-81.

8. Peter-Derex L, Yammine P, Bastuji H, Croisile B. Sleep and Alzheimer's disease. Sleep Medicine Reviews. 2015;19:29-38.
9. Schmitt B. Sleep and epilepsy syndromes. Neuropediatrics. 2015;46(3):171-80.
10. Vetrugno R, Montagna P. Sleep-to-wake transition movements disorders. Sleep Medicine. 2011;12(Suppl 2):S11-6.
11. Boursoulian LJ, Schenck CH, Mahowald MW, Lagrange AH. Differentiating parasomnias from nocturnal seizures. J Clin Sleep Med. 2012;8:108-12.
12. Arens R, Muzumdar H. Sleep, sleep disordered breathing, and nocturnal hypoventilation in children with neuromscular diseases. Paeditr Respir Rev. 2010;11(1):24.
13. Roizenblatt S, Neto NS, Tufik S. Sleep disorders and fibromyalgia. Curr Pain Headache Rep. 2011;15(5):347-57.

LEITURA SUGERIDA

1. Kryger MH, Roth T, Dement WC. Principles and practice of sleep medicine. 6.ed. Philadelphia: Elsevier; 2016.
2. Berry RB, Wagner MH. Sleep medicine pearls. 3 ed. Philadelphia: Elsevier Saunders; 2015.

Índice remissivo

A

Abalos hipnagógicos 39
Abuso de drogas 230
Acatisia
   hipotensiva 220
   induzida por neurolépticos 220
Acetilcolina 12
Achados eletrográficos
   da vigília 8
   do sono NREM 8
   do sono REM 8
Ácido gama-aminobutírico 12
Acidose respiratória 74
Acromegalia 46
Actigrafia 151, 180, 228
Acupuntura 183
Adiponectina 57
Agentes alfa-delta ligantes 222
Agomelatina 165, 169
Agonistas dopaminérgicos 221
Agressividade 191
Álcool 79, 230
Almorexant 174
Alterações
   alimentares associadas ao sono 204
   comportamentais 191
   da voz 115
   do sono em razão de hipoventilação 32

Alternate leg muscle ativation (ALMA) 38
Alucinações hipnagógicas 33, 194
Amantadina 242
Amigdalectomia 115
Amitriptilina 165, 168
Amnésia 35
Análise facial 129
Anemia ferropriva 104
Ansiedade 154
Antagonistas dos receptores de
        hipocretina 174
Anticonvulsivantes 171
Antidepressivos sedativos 165
Anti-histamínicos 171
Antipsicóticos atípicos 170
Aparelho(s)
   de avanço mandibular 91
   de pressão positiva 83, 84, 87, 91
      contínua nas vias aéreas 109
      na via aérea superior 84
   intraoral 91, 109
      de avanço mandibular 93
      efeitos colaterais 95, 96
      tipos 91
      tratamento com 97
   oclusais 213
   retentor lingual 92
Apneia 21, 49
   central do sono 31

com respiração de Cheyne-Stokes 141, 142
   diagnóstico 141
   central emergente ao tratamento 142, 144
   complexa 142
   do sono 56
   obstrutiva do sono 31, 79
      diagnóstico 24
Arquitetura do sono 20
Arritmias cardíacas 50
Articulação temporomandibular 129
Artrite 220
Aspectos neurofisiológicos do ciclo vigília-sono 7
Ataques de sono 193
Ativação alternada da musculatura de pernas 38
Ativação muscular de membros inferiores 39
Atividade física 79
Atraso de fase do sono 226
Avanço
   de genioglosso 70, 130
   maxilar 131
   maxilomandibular 130

B

Base da língua 123
Benzodiazepínicos 164
Bicarbonato sérico 74
Bilevel 145
Bipaps 130
Bodyrocking 38
Bromocriptina 221, 222
Bruxismo
   da vigília 212
   do sono 207
      classificação 212
      critérios de diagnóstico 212
      critérios polissonográficos 212
      estagiamento 212

eventos fisiológicos 210
indicadores de risco 208
tratamentos disponíveis 211
relacionado ao sono 37

C

Cabergolina 221, 222
Cafeína 39
Cãibras noturnas 37, 220
   relacionadas ao sono 37
Carbamazepina 192
Carbonato de lítio 192
Carcinoma de células escamosas 123
Cataplexia 33, 194, 198
Catatrenia 32
Cauterização linear 109
Cefalometria 129
Ciclopirrolona 164
Ciclo sono-vigília 2, 11, 225
Cirurgia
   bariátrica 76, 79
   da base da língua 117
   da orofaringe 117
   de suspensão de base da língua 123, 124
   faríngea 114, 116
   robótica transoral 123
Citalopram 198
Classificação
   da gravidade da apneia obstrutiva do sono 23
   dos tipos de registro para diagnóstico da apneia obstrutiva do sono 24
   Internacional dos Distúrbios do Sono (ICSD-3) 30, 43
Claudicação
   neurogênica 220
   vascular 220
Clonazepam 222, 243
Coblation 123, 125
   endoscopic lingual lightening (CELL) 126

Colapso faríngeo 83
Componente psicoeducacional 181
Controle
  de estímulos 181
  do ciclo circadiano 190
Coprolalia 191
Copropraxia 191
Correção de desvios septais 109
Cortisol 10
CPAP 84, 87, 145
Critérios polissonográficos 67
Cronoterapia 228
Cronotipo vespertino 230

D

Dano cardiovascular 48
Deficiência anteroposterior maxilomandibular 131
Deficiência de ferro no cérebro 219
Déficit de sono 58
Demências 154
Depressão 152, 220
Despertar 20
  confusional 34, 35, 202
  paroxístico 246
Desvio septal 108
Diário do sono 150, 180, 228
Difenidramina 171
Diferenças entre pacientes com SRVAS e SAOS 67
Discrepância maxilomandibular 131
Disfagia 115
Dislipidemia 59
Dispositivos de avanço mandibular 92
Dissecção em base de língua 123
Distonia paroxística noturna 246
Distúrbio(s)
  comportamental do sono REM 35, 36, 205
  da alimentação 35
  de ambiente do sono 39
  de livre-curso 34
  de movimento 37
    periódico dos membros inferiores 37
    relacionado ao sono 36
    rítmico relacionado ao sono 37, 38
  de ritmo 186
    circadiano 33, 34, 190
  do atraso de fase 33
  do ciclo sono-vígilia 34
  do comer-beber relacionado ao sono 35
  do humor 190
  do sono do tipo em "livre curso" 230
  do sono por alteração do ritmo circadiano 226
  dos pesadelos 36, 204
  dos trabalhadores de turno 34
  respiratórios do sono 31, 43
  respiratórios obstrutivos do sono 41
  respiratórios relacionados ao sono 140
Doença(s)
  cardiovasculares 155
  de Alzheimer e sono 244
  de Parkinson 154
    e sono 242
  de Willis-Ekbom 216, 218
  do sono 186, 190
  neurodegenerativas 34, 36
  neuromusculares e sono 247
Dor crônica e sono 248
Dormidor curto 148
Dormidores longos 33
Doxepina 165, 168

E

Efeito de Bernoulli 43
Eficiência do sono 22
Eixo corticotrófico 60
Eletroestimulação do nervo hipoglosso 118
Epiglotoplastia 125
Epilepsia e sono 245
Eplivanserina 166

Ergot 221
Escala da sonolência de Epworth 186
Escala
  de fadiga 70
  de *jet lag* de Columbia 233
  de sonolência de Epworth 70, 85, 95, 187, 188
Escleroterapia 118
Estadiamento da Unifesp 116
Estadiamento de Friedman 116
Estagiamento do sono 18, 19
Estudo
  Sleep Heart Health 51
  Wisconsin Sleep Cohort 50
Eszopiclona 164
Etanercepte 59
Eventos
  cardíacos 20
  respiratórios 20, 68
Expansão esfincteroplástica 115
Expansão rápida da maxila cirurgicamente assistida 130

F

Faringe 42, 113
Faringoplastia lateral 115
Fase do sono 227
Fechamento das lojas amigdalianas 115
Ferro 223
  cerebral 219
Fibrilação atrial 50
Fibromialgia 154, 220, 248
Flap uvulopalatal 115
Fluoxetina 198
Fonação 129
Fototerapia 229, 233
Fragmentação do sono 23, 68, 70, 194

G

Gabapentina 171, 222, 243
Gaboxadol 171

Genes "Clock" 230
Gestação 103
Glicina 12
Glossectomia 118
  de linha média 124
  mediana 118
  parcial 117
Glutamato 12

H

Headbanging 38
Hidroxizina 171
Higiene de sono 181, 187
Hioideopexia 130
Hiperaldosteronismo 61
Hipercapnia 61, 74, 75
Hipercitocinemia 58
Hiperfagia 191
Hipersexualidade 191
Hipersonia 25, 32
  idiopática 33
Hipersonolência 73, 74
  idiopática 187, 191
Hipertensão arterial sistêmica 49, 85
Hipertrofia
  da tonsila lingual 123
  de conchas inferiores 108
Hipnóticos 229
  seletivos de receptor GABA-A 162
Hipocretina 33, 195, 196
Hipoplasia de maxila 109
Hipopneia 21, 41, 49
Hipotireoidismo 46
Hipoventilação 21, 32, 75
Hipoxemia 49, 61
  associada ao sono 32
  da alta atitude 59
Hipóxia
  e déficit de sono 58
  intermitente 58, 60
Homeostato do sono 3
Hormônio do crescimento 10, 60

I

Impacto da SAOS no sistema cardiovascular 49
Implantes palatais 118
Índice de apneia e hipopneia 23, 78, 85, 108, 114, 144
Índice de Mallampati 44, 115
Insones 149
Insônia 31, 103, 106, 147, 161, 242
   causas 149
   consequências 155
   diagnóstico 150
   diagnóstico diferencial 147
   diurna 234
   e síndrome da apneia obstrutiva do sono 154
   exames complementares 150
   tratamento farmacológico 162
Insuficiência
   cardíaca 51
   velofaríngea 115
Intenção paradoxal 182

J

Jet lag 232

L

Laser-assisted uvuloplasty 70
Leptina 56, 75
Levodopa 220, 242
Limitação ao fluxo aéreo 67
Língua volumosa 44
Lisuride 221, 222
LTBR (*low temperature bipolar radiofrequency ablation*) 126

M

Má higiene do sono 228
Maldição de Vésper 220
Marcadores inflamatórios 59
Máscara nasal 83
Mastigação 129
Mecanismos neurais do ciclo vigília-sono 3
Medidas comportamentais 78
   alimentação excessiva 80
   ingestão de álcool 79
   perder peso 78
   privação de sono 81
   tabagismo 80
   terapia posicional 80
   uso de sedativos 81
Meditação tradicional 183
Melatonina 10, 166, 170, 226, 243
Mentoplastia 135, 137
Micrognatia 67
Mindfulness 183
Mioclonia
   benigna do sono da infância 37
   do sono 216, 220
Mioclônus
   benigno da infância 38
   fragmentado excessivo 38
   proprioespinal no início do sono 37
Mirtazapina 165, 169
Modafinil 236
Modelo de Borbély 2
Mortalidade cardiovascular 52
Movimentos periódicos dos membros durante o sono 216
   diagnóstico 216

N

Não ergot 221
Narcolepsia 25, 32, 33, 187, 188, 191, 193, 194
   diagnóstico 195
   hipóteses fisiopatológicas 196
   pós-vacinal 194
   tratamento 197
Nasofibrolaringoscopia 115

Nasofibroscopia 110
  flexível 45
Neuropatia periférica 220
Neurotransmissores do ciclo sono-vigília 12
NREM 18
Núcleo supraquiasmático 191

O

Obesidade 59, 73, 74, 78
Obstrução nasal 108
Oclusão dental 129
Óculos escuros que bloqueiam a faixa de luz azul 189
Olanzapina 170
Opioides 222
Orexina 196
Oroscopia 45
Osteotomia
  de Powell 132
  do tipo Lefort I 131
  mandibular com miotomia 70
  sagital mandibular 136
  tipo Le Fort I 133
Out of Center Sleep Testing 70

P

Palato
  mole 44
  ogival 109
Paralisia
  do sono 33, 194
  isolada recorrente do sono 35, 36
  recorrente isolada 205
Parassonias 34, 201
  classificação 202
  do sono não REM 201
  do sono REM 204
Perambulações noturnas episódicas 246
Pergolide 221
Period limb movement in sleep 216

Pesadelos 35
Pilares tonsilares 44
Piribedil 221
Pitolisante 198
Policitemia 74
Polissonografia 16, 17, 74, 150, 180
  análise polissonográfica 17
  de noite inteira 43
  montagem polissonográfica 17
  relatório polissonográfico 22
  tipo *split-night* 143
Pramipexol 221
Pregabalina 171, 222
Pressão
  extrínseca ou extraluminal 42
  intrínseca ou intraluminal 42
  positiva com dois níveis de fluxo (BPAP) 84
  positiva com titulação automática 84
  positiva contínua nas vias aéreas 55, 65, 70, 113
  positiva contínua na via aérea superior (CPAP) 84
  transmural 42
Privação de sono 59, 186, 188
Procedimentos
  minimamente invasivos do palato 118
  palatais minimamente invasivos 116
Prolactina 11
Prolene® 124
Prometazina 171

Q

Questionário de Matutinidade-Vespertinidade (QMV) 225, 234
Quetiapina 170, 243

R

Radiculopatia lombar 220
Radiofrequência

das conchas nasais inferiores 109
do palato 118
Ramelteon 171
Receptores de histamina 198
Receptores GABA-A 162
Redução
de base de língua 130
de tecido lingual via endoscópica 126
Reestruturação cognitiva 182
Refluxo gastroesofágico 81
Região retrolingual 117
Registro eletroencefalográfico da vigília 7
Regulação do ciclo vigília-sono 2
Relação médico/dentista 97
Relógio
biológico 3
endógeno 10
REM-off 4
REM-on 4
Reposição hormonal 106
RERA (*respiratory-effort related arousal*) 21
Resistência aérea nasal 131
Respiração de Cheyne-Stokes 21, 84
Resseção
lingual submucosa minimamente invasiva 125
do palato *web* 115
Restrição do sono 59
Retentores linguais 91
Retrognatia 45, 67, 109
Rinomanometria 110
Rinometria acústica 110
Rinoscopia anterior 110
Ritmo
circadiano 10, 226, 230
sono-vigília 234
Ronco 32, 108
primário 41
Ropinirol 221
Rotigotina 221

S

SAOS
tratamento da SAOS 93
Secreção de melatonina 229
Sedativos 81
Septoplastia 70, 109
Serotonina 166
Servoventilador 84, 145
Síndrome
da apneia central do sono 145
tratamento 145
da apneia obstrutiva do sono 41, 48, 55, 65, 73, 78, 83, 103, 108, 113, 129, 147
doença cardiovascular 60
fisiopatologia 55
obesidade 56
resistência à insulina 57
tratamento 130
tratamento cirúrgico 130
da dor crônica 220
da face longa 67
da fase atrasada do sono 33, 226
da obesidade 32
da resistência das vias aéreas superiores 41, 65, 85
diagnóstico 66, 70
das pernas inquietas 37, 103, 155, 190, 216, 218
de Cushing 190
de Kleine-Levin 32, 187, 191
de Landau-Klefner 246
de Pickwick 73
de Prader-Willi 73
depressiva 152
de Willis-Ekbom 37
do avanço de fase de sono 227
do ciclo sono-vigília 230
diferente das 24 horas 230
do sono insuficiente 33
dos ovários policísticos 101

Sistema
    ativador reticular ascendente 5
    de temporização circadiana 225
    gabaérgico do núcleo pré-óptico
        ventrolateral 6
    histaminérgico 166
    nervoso simpático 60
SMILE-R 126
SMILE (*submucosal minimally invasive
    lingual excision*) 125
Sonambulismo 34, 35, 202
Sono da mulher gestante 102
Sonoendoscopia 97
Sonolência excessiva 34, 197
    diurna 33, 65, 85, 94, 186, 187,
        188
        causas 188
        de origem central 191
Sonolência no trabalho 236
Sono
    na mulher 100
        menopausa 104
        período pós-parto 103
        pós-menopausa 104
        sono durante a gravidez e o pós-
            -parto 102
        sono na fase reprodutiva 100
        sono na pós-menopausa 104
    não REM 34, 201
    NREM 3, 6
    REM 4, 6, 34, 194, 201
    vigília 34
Suspensão do osso hioide 70, 117

T

Tabaco 230
Técnicas
    de plena atenção 183
    de relaxamento 182
Telerradiografias 130
Tensão pré-menstrual 101
Terapia
    cognitiva nos transtornos da má
        percepção do sono 182
    cognitivo-comportamental 223
    com aparelhos intraorais 91
    comportamental cognitiva para insônia
        180
        técnicas comportamentais e
            cognitivas para TCCI 181
    hormonal 105
Terror noturno 34, 202
Teste
    de função pulmonar durante vigília
        248
    de múltiplas latências do sono 25, 33,
        186, 187
Tiagabina 171
Tireo-hioideopexia 132
Tonsila palatina 44
Toxina botulínica 213
Trabalho em turnos 234
Transições sono-vigília 34
Transtorno(s)
    cognitivos 156
    da insônia 148
    de ansiedade e sono 239
    de ansiedade generalizada 240
    de estresse pós-traumático 241
    de movimentos rítmicos 246
    de pânico 240
    depressivo maior e sono 241
    do ritmo circadiano 155
    metabólicos 155
    psiquiátricos e sono 238
Traqueostomia 131
Trazodona 165, 167
Tremor hipnagógico de pé 38, 39
Triexifenidil 242
Troponina cardíaca 86
Tumores
    de base de língua 123
    nasais 109
Turbinectomia 70, 109
Turbinoplastia 109

U

Úvula
  espessa 44
  longa 44
Uvulopalatofaringoplastia 70, 114, 122, 130
Uvulopalatoplastia 130

V

Valeriana 174
Venlafaxina 198
Vigília 5, 201, 246
Volinanserina 166

W

Web 44

Z

Zaleplona 164, 243
Zetafaringoplastia 115
Zolpidem 163, 241, 243
Zopiclona 70, 164, 243